# 국어과 교육과정론

박영목

강현출판사

# 국어과 교육과정론

박영목

2011. 11.

강현출판사

이 책은 2009학년도 홍익대학교 학술 연구 진흥비에 의해 지원되었음.

# 머리말

국가 수준의 국어과 교육과정은 학교 현장에서의 국어과 교수학습 과정에 지대한 영향을 미칠 뿐만 아니라 국어과 교육의 질 관리와도 깊은 연관을 맺는다. 그러나 이처럼 중요한 의미를 지닌 국가 수준의 국어과 교육과정에 대한 이론적이고 체계적인 연구는 매우 부족한 편이다. 이러한 상황에서 이 책에서는 국어과 교육과정의 구성 방향과 체제 분석, 국어 교과의 특성과 과목 구조 분석, 국어 교과의 과목별 성격과 목표 분석, 국어 교과의 과목별 내용 체계 및 내용 분석, 국어 교과의 과목별 교수학습 방법 분석, 국어 교과의 과목별 평가 방법 분석, 국어과 교육과정과 국어과 교과서의 관계 분석 등을 도모하였다. 이 책의 내용은 국가 수준의 국어과 교육과정을 체계적으로 이해하고 문제점을 개선하는 데 유용하게 활용될 수 있을 것이며, 초중등학교 현장의 국어과 교육과정 운영에 있어서 가치 있는 지침으로서도 활용될 수 있을 것으로 기대한다.

교육과정의 개정은 지금까지 주기적이고도 전면적인 방식으로 이루어져 왔다. 교육과정 개정 주기는 제4차 교육과정까지는 대체로 10년이었으며, 제5차 교육과정부터 제7차 교육과정까지는 6년이었다. 그리고 교육과정 개정 방식은 총론으로부터 각론에 이르기까지 일정기간 동안에 모든 내용을 국가적 차원에서 전면적으로 개정하는 방식을 취하여 왔다. 이러한 교육과정 개정 방식은 국가 수준의 사회·정치적 필요를 교육과정으로 수렴하기 용이하며, 교육과정과 관련을 맺고 있는 정책과 이들 변인들을 반영할 수 있고, 전국 단위의 교육과정 관리를 쉽게 하는 장점을 가진다. 그러나 빠른 속도로 변화하고 있는 사회적·학문적 변화에의 적응을 느리게 하고, 일시에 자료 개발과 교원 연수를 해야 하는 어려움이 따르며, 교사들이 능동적으로 접근하기 보다는 수동적으로 받아들임으로써 전문성 신장을 어렵게 하고, 지역적인 학교의 특성을 살리는 교육과정 운영에 제한을 가지게 된다. 이러한 문제점에 대한 인식을 바탕으로 2007 교육과정부터는 수시 개정과 부분 개정의 체제를 유지하고 있다.

국어과 교육과정을 연구 개발하는 과정에서 가장 핵심이 되는 일은 교육과정의 내용을 일정한 체계에 따라 선정하고 구성하는 일일 것이다. 국어 교과서를 편찬하거나 학교 현장에서의 국어과 수업을 설계하고 운영하는 데 있어서 직접적인 지침으로 활용되는 것이 국가 수준의 국어과 교육과정에 제시된 내용이기 때문이다. 새로운 국어과 교육과정의 내용 구성 과정에서 가장 기초가 되는 일은 바로 국어 교과의 특성을 정확하게 인식하는 일이다.

새로운 국어과 교육과정의 내용을 구성하기 위해서는 국어과 교육 내용을 구조화하고 체계화 하는 일, 지식 생산 능력으로서의 국어 활동 능력을 효과적으로 길러 주기 위한 교육 내용을 체계적으로 정선하는 일, 건전한 인성과 가치관을 길러 주기 위한 교육 내용을 체계적으로 정선하는 일, 제대로 된 수준별 교육과정의 실현을 위해 국어과 영역별 교육 내용의 수준과 범위와 성취 수준을 체계적으로 제시하는 일 등이 필요하다.

이 책은 모두 여덟 장으로 구성하였다. 제1장에서는 국어과 교육과정의 이론적 기초가 되는 교육과정의 의미와 교육과정 연구 유형, 교육과정의 구성 요소, 교육과정의 수준과 교육과정의 법적 근거 등에 대해 다루었고, 제2장에서는 교수요목에서부터 2011 교육과정에 이르기까지 국어과 교육과정의 변천을 개관하였다. 제3장에서는 국어 교과의 성격을 다루었고, 제4장에서는 국어 교과의 목표를 다루었고, 제5장에서는 국어 교과의 내용 체계를 다루었다. 제6장에서는 효과적인 국어과 수업을 위한 교수 학습 일반 모형과 국어과 교육과정에 제시된 교수학습 방법에 관한 일반 지침을 중심으로 하여 국어과 교육과정과 교수 학습에 관한 내용을 다루었고, 제7장에서는 국어교육 평가의 질 관리 방안, 국어과 교사의 학생 평가 전문성 일반 기준, 국어과 교육과정에 제시된 평가에 관한 일반 지침 등을 중심으로 하여 국어과 교육과정과 평가에 관한 내용을 다루었다. 끝으로 제8장에서는 검정 도서로서의 국어 교과서 개선 방향과 국어과 교육과정의 구현을 위한 국어과 교과서 개발의 실제에 관한 내용을 다루었다.

이 책은 여러 가지로 미흡한 점이 많다. 저자의 연구 실적과 연구 노력이 부족한 탓에 이 책에 수록된 내용들 중에는 앞으로 보완되고 수정되어야 할 부분들이 많다. 이처럼 미흡한 내용의 책을 세상에 내어 놓게 된 이유는 앞에서도 말한 바와 같이 국어과 교육과정의 개선을 위한 논의에 조금이라도 보탬이 될 수 있을 것이라는 기대 때문이다. 이 책의 출판을 가능케 해 주신 강현출판사의 오동석 사장님과 편집부 여러분께 감사드린다.

2012년 11월 1일 와우산 기슭에서 박영목 씀.

# 차 례

# 제 1 장

# 국어과 교육과정의 이론적 기초

1. 교육과정의 의미와 교육과정 연구 유형
2. 교육과정의 구성 요소
3. 교육과정의 수준과 법적 근거

# 제1장 국어과 교육과정의 이론적 기초

## 1. 교육과정의 의미와 교육과정 연구 유형

교육과정의 개념은 지식, 인간, 자연, 환경, 문화 등을 보는 관점에 따라 다양하다. 학교에서 이루어지는 교육과정은 학생이 경험하는 총체 또는 학교가 제공하는 경험의 총체라는 광의의 개념으로 정의할 수 있다. 또한 학교에서 계획하고 실천하는 교육과정은 의도적이고 계획적인 행위라고 할 수 있다. 이러한 의도적이고 계획적인 행위는 달성하고자 하는 교육 목적 및 목표가 존재한다. 그러므로 학교에서 계획하고 실천하는 교육과정은 학교의 교육 목적 및 목표를 달성하기 위해 교육내용을 선정하고 조직하고 실천하고 평가하는 제 행위를 가리키는 것이라고 할 수 있다. 따라서 의도적이고 계획적인 학교 교육에 적용하고자 하는 교육과정은 '교육 목표와 내용, 방법, 평가를 체계적으로 조직한 교육 계획'으로 정의할 수 있다(김종서 외, 1988).

교육과정의 의미는 교육과정 이론에 따라 다르다. 교육과정에 대한 접근 방식에 따라 교육과정은 교수요목으로서의 교육과정, 결과로서의 교육과정, 과정으로서의 교육과정, 실천으로서의 교육과정 등으로 구분할 수 있다(Smith, 2000). 교수요목으로서의 교육과정에서는 전수되어야 할 일련의 지식 혹은 내용이 중시된다. 결과로서의 교육과정에서는 교육을 통하여 학생들에게 성취시키고자 하는 목표가 중시된다. 과정으로서의 교육과정에서는 학생과 교사와 지식의 상호작용이 중시된다. 실천으로서의 교육과정에서는 인간 정신의 해방과 복지가 중시된다.

교육과정의 목표와 내용에 있어서 무엇을 강조하느냐에 따라 교육과정은 학문 중심 교육과정, 인지발달 과정 중심 교육과정, 사회재건 중심 교육과정, 인간 중심 교육 과정, 경험 중심 교육 과정 등으로 구분할 수 있다(곽병선, 1991). 학문 중심 교육과정에서는 학생들로 하여금 학문 분야에 대한 지식을 갖춤으로써 학교교육을 마친 뒤에 더욱 넓은 사회에서 계속적으로 성장할 수 있는 기본 개념과 학습하는 방법을 습득할 수 있기를 기대한다. 인지발달 과정 중심 교육과정에서는 학교교육에서 문제해결력, 창의적 사고력, 비판적 사고력 등 사고의 양식 또는 정신 과정을 강조해야 한다는 입장을 취한다. 사회재건 중심 교육과정에서는 학교 교육이 단순히 학생들을 기존의 사회체제에 적응시키는 것만으로 만족해서는 안 되고, 더욱 이상적인 사회를 위해서 새로운 목표를 설정하고 사회 변화를 효과적으로 끌고나갈 수 있는 능력을 갖추어 주어야 한다는 입장을 취한다. 인간 중심 교육 과정에서는 교육에서 각 개인에게 만족스럽고 의미 있는 경험을 제공해 주어야 한다는 입장을 취한다. 경험 중심 교육 과정에서는 교육의 수단과 목적이 하나의 과정, 즉 경험과 분리될 수 없다는 입장을 취하며 교사와 학생 간의 상호 작용을 중시한다.

교육과정 연구 방법에는 교육과정 문제에 대한 실천적 해답을 추구하는 전통주의 입장, 교육과정 문제에 대한 인과 관계의 설명을 중시하는 개념적 경험주의 입장, 교육과정 문제에 대한 주관적 이해를 중시하는 재개념주의 입장의 세 가지가 있다. 다음에서는 Pinar(1981)와 곽병선(1991)의 연구를 바탕으로 하여 이들 세 가지 입장을 간단히 정리해 보기로 한다.

### (1) 전통주의

전통주의자들은 교육의 목적을 인간 행동의 바람직한 변화에 두고 있다. 행동주의적 사고에 기초한 전통주의적 교육과정에서는 관찰 가능한 교육 목표를 진술하는 일을 중시하며, 진술된 행동 목표는 일정한 평가 방법을 통하여 목표 달성이 확인되어야 한다는 입장을 취하고, 지식을 앎의 과정으로 인식하지 않고 구체적 사실로서 인식하는 경향을 보인다. 전통주의 모형은 교육과정에 관한 연구의 방법을 처음으로 체계화시킨 Tyler(1949)의 개념모형을 계승·발전시키고 있는 모형이다. 전통주의 모형은 교육과정 탐구의 가치를 교육과정 개발과 같은 실제적 업무에 유용한 지침이나 방법을 찾는 데 두고 있다. 전통주의자들은 Tyler(1949)의 네 가지 기본적 질문에 따라 정립한 교육 목표의 설정, 학습 경험의 선정, 학습 경험의 조직, 교육평가의 네 단계로 된 구성된 교육과정 순환모형에서 각 단계마다 교육과정 개발 전문가가 고려하여야 할 원칙들을 기술하고 처방하는 데 관심을 기울여 왔다.

전통주의적 교육과정 연구는 실천 지향적이며, 따라서 그 연구는 학교에 관한 연구에 초점을 두고 있다. 전통주의자들은 기초 연구나 이론의 개발에 관심을 두기보다는, 일반적으로 교실과 학교상황에서 나타나는 일련의 실제적 상황들에 더 관심을 갖는다. 학교의 개선에 주된 관심을 두는 교육과정 연구자들은 기존의 교육과정 구조를 그대로 수용하며, 학교의 개선에 대한 기여를 높이 평가한다. 교육과정의 변화는 의도했던 목표와 결과적으로 나타나는 행동들 간의 비교에 의하여 평가된다.

전통주의적 교육과정 이론가 중에서 가장 대표적인 교육과정이론가라고 할 수 있는 Tyler(1949)의 원리는 그 원리가 추상적이고 학교에서 일어나는 상황과 대개 일치하지 않는다는 점에서 의문시될 수 있다. Tyler 원리의 목적은 교육과정에 관심을 가지고 있는 장학행정가들을 지도하고 조력하는 데 있다. 물론 이러한 목적은 광범위한 것이다. 대부분의 교사는 적어도 일상적인 수업계획의 차원에서 만큼은 이러한 관심에 일치할 수 있다. 그러나 교육과정은 교수의 요인뿐만 아니라 평가, 장학, 교육과정 개발 및 시행과 같은 문제들을 포함한다.

전통주의 모형은 체제 접근 모형으로서의 특성을 지닌다. 이것은 Tyler(1949)의 모형 자체가 교육과정을 교육목표 설정, 학습경험 선정, 학습경험 조직, 교육평가 등 네 가지 요인의 순환 과정으로 파악한 종합적 관점에서 비롯된 것이다. 전통주의 모형은 교육과정에 관한 사고의 출발점을 교육목표에 두고, 그 이하의 절차와 활동들은 목표를 효과적으로 달성하도록 돕는 수단으로 보았다. 이처럼 교육목표를 우위에 두고 모든 교육활동을 목표 달성을 위한 수단으로 취급한다는 점에서 전통주의 모형은 비판의 대상이 되어 왔다.

### (2) 개념적 경험주의

개념적 경험주의자들은 모든 학문에 내재하는 지식의 구조를 중시하며, 실증주의적 합리성에 근거한 양적 연구 방법을 주로 사용한다. 교육과정 내용의 원천이 될 수 있는 것으로서 학습자의 경험과 흥미, 생활 문제 및 사회적 문제, 학문적 탐구를 통하여 축적된 지식의 구조 등을 생각할 수 있는데, 개념적 경험주의자들은 학문적 탐구를 통하여 축적된 지식의 구조만을 교육과정의 원천으로 생각하는 경향이 있다. 그런데 학문적 탐구를 통하여 구조화된 지식의 구조는 해당 학문과 관련되는 기능과 태도를 포함하지 않거나 포함할 수 없다는 문제점을 지니게 된다.

개념적 경험주의자들 중에는 총체적으로 유용 가능한 문화를 교육과정의 근거로 삼아야 한다는 주장을 내세우기도 한다. 개념적 경험주의자들은 해당 학문 내에서의 분석적 방법을 통해서 밝혀진, 잠재적으로 매우 중요한 가치를 지닌 요소를 중심으로 교육과정의 내용을 삼아야 한다고 주장한다. 이들은 교육과정의 내용 요소로서 어떠한 내용을 선정해야 할 것인지를 결정하는 기준으로서, 그 내용 요소들이 해당 학문 분야에서 얼마나 근본적이고 중요한 위치를 차지하는지, 해당 학문의 구조를 얼마나 잘 설명해 주는지, 해당 학문의 특징적인 사고 과정과 탐구 양식을 얼마나 적절하게 반영하는지를 고려할 것을 주장하고 있다.

개념적 경험주의자들은 교육과정에 관한 연구에 있어서 과학적 방법을 중시한다는 데서 그 특성을 찾을 수 있다. 교육과정에 관한 전통주의적 연구들이 대체로 교육과정 현상을 과학적으로 접근하기 보다는 교육 활동에 대한 규범적 처방 위주의 연구였으나 개념적 경험주의 연구들은 교육과정의 문제 해결을 위해서 교육과정 현상을 체계적이고 학문적으로 연구하는 일을 중시한다.

개념적 경험주의자들은 교육이 하나의 독립적인 학문이 아니며 여러 학문에 의하여 탐구되어야 할 영역이라는 관점을 취한다. 개념적 경험주의자들은 사회과학자들이 전형적으로 쓰는 '개념적'이고 '경험적인' 용어들을 사용하고 있기 때문에, 그 용어를 빌어서 '개념적 경험주의자'로 불리어진다. 개념적 경험주의자들의 연구가 지닌 특성은 사회과학의 방법론적 특성인 가설의 개발과 그 가설의 검증에 있다.

개념적 경험주의자들은 교육과정 분야가 하나의 탐구영역이나 학문으로서 인정받기 위해 많은 논쟁점을 제기할 필요가 있다고 주장한다. 가장 우선적으로 들 수 있는 논쟁점은 교육과정에 관한 전문적 또는 기술적 언어가 모호하게 쓰이지 않도록 정련될 필요가 있다는 것이며, 다음으로 중요한 논쟁점은 교육과정에서 다루어지는 논쟁점들을 명료하게 분류하고, 상황성과 연관 지어 탐구해야 한다는 것이다.

교육과정을 하나의 탐구 영역이나 이론 형성을 위한 영역으로 인식하는 일은 교육과정 설계와 교육과정 공학과 관련된 모든 현상들을 개념과 과정에 의해서 정의를 내리는 일과 직결된다 (Beauchamp, 1981). 이와 연관하여 교육과정 이론가가 수행해야 될 과제는 교육과정 설계 및 공학과 관련된 일련의 다양한 사상들을 규명·분류·설명하는 일이다. 어떤 교육과정 이론가들은 그들 자신의 과제를 전체적인 교육과정 차원에서 다루지 않고, 하나 또는 몇 가지 차원에 국한시켜서 다루려는 경향이 있다. 그러나 이러한 발상은 각 이론가가 교육과정 설계 및 교육과정 공학에 있어서 수행하는 이론적 과업이 전체적인 교육과정이론 분야의 종속적 하위 구성요소라는 사실을 전략적으로 인식하는 경우를 제외하고는 근본적으로 오류를 범하는 것이라고 판단된다. 그러므로 교육과정 이론을 하나의 탐구영역으로서 상정시킨다고 하는 것은 교육과정 분야를 전체적인 혹은 총체적인 차원에서 탐구해야 함을 의미한다(곽병선, 1991).

### (3) 재개념주의

재개념주의자들은 교육과정을 더욱 넓은 사회 구조와 질서 속에서 거시적으로 파악하려고 하며, 학교 사회에서의 지식과 문화와 권력과 사회적 통제 사이의 관계를 중시하고, 개인의 실존적 경험, 주관성, 의미, 저항 등의 문제를 심층적으로 해석하고자 한다. 재개념주의자들은 개념적 경험주의자들이 강조하는 지식에 대하여 비판적 모형을 취한다. 이들은 객관적 사실의 영역으로서 다루어지는 지식, 즉 외재적 지식은 인간의 의미나 간주관적 교류와는 무관한 것으로서, 학습자에 의하여 질문되고 분석되고 협상되는 것이 아니라 교사에 의하여 관리되고 습득되어지는 것으로 해석한다. 외재적 지식의 강조는 결과적으로 왜 이것을 알아야 하는가와 같은 질문을 경시하게 되고 이러한 지식을 습득하는 가장 효과적인 방법은 무엇인가와 같은 질문만을 중시하게 된다는 것이다. 객관적이고 외재적인 지식은 일상적인 의미 체계를 생성하는 자아 형성 과정 혹은 인식 주체와 인식 대상 간의 해석적 관계 설정의 과정으로부터 배제 될 수밖에 없다고 이들은 주장한다.

재개념주의자들은 교육과정의 내용으로 중시해야 할 지식은 객관적이고 외재적인 지식이 아니라 비판적 이해와 해방을 지향하는 자기 지식이라는 점을 강조한다. 또한, 새로운 양식의 교육과정은 가치 중립성이라고 하는 이데올로기의 가면을 벗어야 하고, 교육과정의 내용으로 다루어지는 지식은 외부에서 주어지는 것으로 인식할 것이 아니라 의문시되고 분석되고 논쟁과 의사소통을 통하여 교실 사회 풍토에 융해되어야 하는 것으로 인식해야 한다는 점을 강조한다.

재개념주의자들의 일반적인 특징을 든다면 그것은 교육과정의 구체적이고 실제적인 일, 즉 교육과정에 관한 의사 결정을 내리고 설계하는 것과 같은 상황에 대한 관심보다 교육적 경험에 대한 관념적, 목적론적, 본질적, 비판적 이해에 관심을 두고 있는 관점이다. 간단히 말해서 교육과정의 본질을 이해하려는 데 관심을 쏟고 있는 것이다. 재개념주의자들은 그들의 논의에서 감각과 이성뿐만 아니라 직관과 통찰도 사용한다. 재개념주의자들의 등장으로 교육과정에 대한 인식의 폭이 크게 확대되었다고 볼 수 있다.

재개념주의자들이 논의하는 방식은 대체로 가치 지향적이고, 목적 지향적이며, 이념 지향적이기 때문에 가치중립성과 객관성을 지향하는 과학적 태도와는 상충하는 바가 있다. 그러나 이들의 주장에는 미래 지향적인 교육과정 개발에 도움을 줄 수 있다. 그러나 재개념주의자들 중에는 과학적 태도를 경시하는 사람도 있고,

때로는 실증적 경험을 기초로 하는 교육연구의 중요성을 경시하는 경향도 있다.

## 2. 교육과정의 구성 요소

교육과정의 구성 요소가 무엇인지에 대해서는 교육과정에 대한 접근 방식에 따라 차이가 날 수 있다. 교육과정의 구성과 전개 문제에 관하여 체계적이고도 종합적인 모형을 제시한 학자는 Tyler(1949)이다. 다음에서는 Tyler(1949), Tyler(1981), 이종승(1988) 등의 연구를 바탕으로 하여 교육과정을 구성하는 요소들에 대해서 정리해 보기로 한다.

Tyler(1949)는 교육과정 구성을 위한 핵심적 요인으로서 교육목표의 설정, 학습 경험의 선정, 학습 경험의 조직, 학습 경험의 평가 등 네 가지를 제시하였다. 이들 네 가지 요인 중 어떤 것이 먼저 다루어지든지 간에 합리적 교육과정 개발을 위해서는 이들 네 요소를 모두 포함해야만 한다. 다음에서는 이들 네 가지 구성 요소에 대하여 차례로 살펴보기로 한다.

### (1) 교육 목표 설정

교육과정 설계는 어떤 엄밀한 규칙에 기초를 두고 이루어지는 과정은 아니고, 비판적 분석과 인문학적 판단과 경험적인 검증 과정 등을 포함하는 일련의 예술적 설계에 의해서 이루어진다. 교육목표를 설정하는 데 있어서 교육과정 설계가는 직업, 공공생활, 가정, 오락 등 사회생활의 각 분야별 문제에 관해서 현재의 요구가 무엇이고 앞으로 어떻게 해야 할 것인지를 고려해야 한다. 교육 목표의 설정 과정에서 주어진 교과 영역에 공통적으로 포함될 수 있는 것은 개념, 일반화, 탐구 문제, 탐구 방법, 기능, 태도, 사실 등이다.

Tyler(1949)는 학교교육 장면에서의 목표를 설정함에 있어 교육철학을 '하나의 여과체' 또는 '준거 틀'로 활용할 것을 제안하였다. 아울러 특정한 학교 학습 과정에서 주어진 목표를 달성하는 데 있어서 그 가능성을 평가하는 '체' 또는 '틀'은 학습심리학적 지식을 활용할 것을 제안하였다. 교육과정 설계에 있어서 교육목표의 설정 및 정의는 복잡한 문제이기는 하지만 필수적이고 계속적으로 수행해야만 하는 과제임에는 틀림없다. 그리고 이 목표는 교육과정 과제가 수행되고 있는 동안에는 물론 수행되고 난 후에도 계속적으로 중시되어야 한다.

교육목표의 설정은 결국 선택의 문제이기 때문에 학교교육에 책임이 있는 사람들의 가치 판단을 중시해야 한다. 그런데 이러한 판단은 교육과정 설계자의 교육 철학에 의해서 결정될 문제라고 할 수 있다. 교육목표를 추출하고 결정하는 과정에서 타당한 선택과 판단을 하려면 그러한 판단에 필요한 정보를 충분히 가지고 있어야 하며, 이러한 정보는 교육에 직접 혹은 간접으로 영향을 끼치는 여러 가지 자원으로부터 얻을 수 있다. Tyler(1949)는 교육목표 추출의 자원으로서 학습자에 관한 연구, 학교 바깥의 현재 생활에 관한 연구, 교과 전문가의 제안 등 세 가지를 들고, 각각의 자원에 대하여 무엇을 어떻게 알아보아야 할 것인가에 관해 비교적 자세히 설명하였다. 이와 같은 자원으로부터 얻어진 교육목표는 다시 교육철학과 학습심리라는 두 가지 여과 장치에 의하여 다듬어진 이후에 최종 교육목표로 설정되어야 한다는 것이다.

학습자와 현재 생활 그리고 교과의 세 가지 자원으로부터 추출된 교육목표들은 서로 중복 되거나 논리적으로 모순될 수도 있다. 그러므로 가장 중요하고도 서로 모순되지 않는 목표들을 선정하기 위해서는 일정한 준거와 방법으로서의 여과 장치가 필요하다. Tyler(1949)는 이러한 여과 장치의 역할을 교육철학과 학습심리에서 찾고 있다. 교육철학과 학습심리는 교육목표를 추출하는 과정에서 추출된 교육목표의 타당성을 점검하는 준거의 역할을 담당한다.

교육철학의 가장 중요한 역할은 잠정적으로 추출된 교육목표들 중에서 대단히 중요하고도 일관성을 갖춘 소수의 목표들을 골라내는 데 있다. 예를 들어 민주사회에서 주이되는 철학적 가치는 각 개인의 중요성에 대한 인식, 사회적 활동에 대한 폭넓은 참여 기회, 다양한 유형의 인성 존중, 주요 문제 해결 수단으로서 지성의 중요성에 대한 믿음 등이다.

교육철학이 교육 목표의 선정에 있어서 일련의 기준 혹은 여과 장치로서 기능하기 위해서는 교육철학적 진술에 있어서 교육목표가 드러내고자 하는 핵심 요인을 명료하게 나타낼 필요가 있다. 명료하고도 분석적 진술은 잠정적으로 추출된 교육목표들을 평가하는 데 이용될 수 있다. 또한 선정된 교육목표가 다른 교육목표들과 조화를 이루는지 여부를 점검하는 데도 이용될 수 있다.

학습심리에 관한 지식은 특정한 학교 학습상황 하에서 주어진 목표를 달성하는 데 있어서 그 가능성을 평가하는 '체' 또는 '틀'로서 활용할 필요가 있다. 교육목표는 학습을 통하여 성취하고자 하는 목표이다. 만약에 이들 교육목표가 학습에 내재하는 조건들과 합치되지 않는다면 그 교육목표들은 쓸모가 없는 교육목표라고 할 수 있다. 따라서 교육철학이라는 체로 일단 걸러진 목표들은 다시 학습심리라는 두 번째 체를 가지고 걸러 낼 필요가 있다.

가장 낮은 수준에서 볼 때 학습심리에 관한 지식은 학습의 과정으로부터 기대할 수 있는 변화와 기대할 수 없는 변화를 구별할 수 있게 해 준다. 예를 들어 아동들이 학습 과정을 통하여 건강에 관한 습관과 지식은 개발해 나갈 수는 있지만 그들의 신장을 직접 늘릴 수는 없는 것이다.

가장 높은 수준에서 볼 때 학습 심리에 관한 지식은 일정 기간 동안에 달성이 가능한 목표와 해당 학년 수준에서 달성이 불가능한 목표를 구별할 수 있게 해 준다. 예를 들어 아동의 인성 구조는 유치원이나 초등학교 기간 동안에는 어느 정도 수정이 가능하지만 16세 학생의 인성 구조는 쉽게 수정하거나 변화시킬 수 없는 것이다.

학습심리에 대한 지식은 교육목표를 각 학년 수준에 알맞게 배치하는 데 이용될 수 있다. 학습심리에 대한 지식은 교육목표를 달성하는 데 요구되는 시간과 학습 활동이 가장 효과적으로 이루어질 수 있는 학년 수준을 결정하는 데 이용될 수 있다. 연령이나 학년 수준이 다양한 학습자들을 대상으로 전반적안 교육과정을 개발할 때에는 학습심리에 관한 지식을 이용하여 교육목표를 학년 수준 또는 연령 수준에 맞게 배열할 필요가 있다.

교육목표 추출의 자원에는 학습자, 현재의 생활, 교과 전문가 등이 있다. 교육목표를 타당하게 추출하고 설정하기 위해서는 그에 필요한 정보를 갖추고 있어야 한다. Tyler(1949)는 교육 정보 추출의 핵심적인 정보원으로 학습자에 관한 사실, 현재 생활에 관한 사실, 교과 전문가의 견해 등을 들 고 있다. 다음에서는 이들 세 가지 정보원에 대하여 간단히 정리해 보기로 한다.

학습자의 요구와 흥미를 파악하는 일은 교육목표를 추출하고 결정하는 과정에서 타당한 선택과 판단을 하는 데 있어서 매우 중요하다. 교육목표의 설정에 시사를 주는 학습자의 요구에는 교육적 요구와 심리적 요구의 두 가지가 있다. 교육적 요구는 교육을 통하여 추구하는 어떤 이상적인 소망 상태와 학습자의 현재 상태 사이에 차이가 있을 때 나타나는 요구이다. 심리적 요구는 심리학에서 사용하는 욕구 또는 동기의 개념과 관련된다.

현재의 생활에 대한 분석 결과 또한 교육목표 추출의 중요한 정보원으로 활용될 수 있다. 현재의 생활은 복잡다양하고 끊임없이 변화하고 있는데 다양하고도 엄청난 양의 지식 중에서 취사선택을 하기 위해서 그리고 급변하는 사회문화에 적응할 수 있는 교육을 하기 위하여 현재 생활에 대한 분석이 필요하다. 현재의 생활을 연구해야 할 필요성은 훈련의 전이에 관한 사실에서도 찾을 수 있다. 만약 학교교육이 개인의 사회생활에 전용되지 않는다면 그 교육은 의의를 상실하게 된다. 그런데 여기서 한 가지 주의할 점은 현재 생활에 관한 여러 가지 정보는 그 자체가 그대로 교육의 목표와 방향이 될 수는 없다는 점이다. 교육목표를 설정할 때에는 사회 현실을 토대로 하되, 그 밖에 다른 요인들도 종합적으로 고려해야 한다.

교과 전문가들의 제안은 교육 목표 추출의 또 다른 중요 정보원이 된다. 교과 전문가는 교과별 교육목표나 단원을 설정하는 데 있어서 매우 귀중한 의견을 제시할 수 있다. 각 교과가 가지고 있는 교육적 기능은 그 교과만이 고유하게 공헌할 수 있는 기능과 그 교과에 고유한 것은 아니지만 넓은 의미에서 교육에 이바지할 수 있는 기능으로 구분할 수 있다. 교과전문가들의 제안에서 우리는 이러한 각 교과의 교육적 기능을 가려낼 수 있다.

학습자, 현재 생활, 교과의 세 가지 정보원으로부터 교육과정 개발자는 매우 풍부하고 다양한 교육목표들을 시사 받을 수 있다. 그러나 이질적 목표로 구성된 일단의 교육목표들 중에서 가장 중요하고 상호 모순되지 않는 소수의 목표들을 골라내기 위해서는 일정한 준거와 방법이 있어야 한다. 이와 연관하여 교육철학과 학습심리는 교육목표를 추출하는 과정과, 추출된 교육목표의 타당성을 점검하는 준거의 역할을 담당할 수 있다.

교육목표 설정 과정에서 교육철학은 다음과 같은 질문에 답을 마련해 줄 수 있다. 교육 받은 사람은 현재의 사회 질서를 그대로 받아들이면서 현 사회에 적응해야 하는가? 교육 받은 사람은 현재 살고 있는 사회를 개선해야 하는가? 이와 같은 질문에 답하는 방식에 따라 학교교육의 기능은 달라진다. 학교교육의 기능들 중에서 어떤 기능을 중요시하는가에 따라 교육목표의 설정 또한 달라질 수밖에 없다. 이처럼 교육철학의 관점은 교육목표의 설정에 영향을 미친다. 학습자, 현재 생활, 교과의 세 가지 정보원으로부터 추출된 수많은 교육목표들은 일차적으로 교육철학에 의하여 그 경중을 가리고 위계를 정해서, 논리적으로 타당하고 일관성 있는 중요한 목표들을 정선하는 일이 필요하다.

교육목표란 결국 학습을 통하여 달성하고자 하는 목표이므로, 학습의 원리와 조건에 합치되는 교육목표라야 타당한 것이지, 만약 합치되지 못한다면 실제에 있어서 달성하기 어려운 쓸모없는 목표가 될 수밖에 없다. 그러므로 '교육철학'이라는 체로 일단 걸러진 목표들을 다시 '학습심리'라는 두 번째 체를 가지고 걸러 낼 필요가 있다. 즉, 추출된 교육목표는 학습심리의 원리에 비추어 그 타당성을 검토 받을 필요가 있다는 것이다. 학습심리의 원리에 기초하여 교육목표들은 각 학년 또는 각 연령 수준에 맞게 달성될 수 있도록 배열해야 한다. 교육목표는 학습과정을 통해서 달성코자 하는 행동의 변화이기 때문에, 타당한 교육목표를 설정하기 위해서는 학습심리의 지식과 원리를 활용해야 된다.

교육목표의 진술은 학습 경험을 선정하고 수업을 지도하는 데에 좋은 지침이 될 수 있도록 명확해야 한다. 교육목표 진술 방식의 유형에는 다음 세 가지가 있다. 첫째 방식은 지도교사가 해야 할 일들로 교육목표를 진술하는 방식이다. 이와 같은 목표 진술 방식은 학습의 결과로서 학생에게 나타나야 할 행동의 변화나 학습 성과가 분명치 않다는 문제점이 있다. 둘째 방식은 교과에서 다루는 내용 요소들로 교육목표를 진술하는 방식이다. 이러한 방식의 목표들, 즉 주제 개념 원리 등의 내용 요소만을 나열한 목표들은 학습자가 그 내용을 어떻게 학습해야 하는가에 관해서 아무런 답을 주지 못한다는 문제점이 있다. 셋째 방식은 교육목표를 일반화된 행동 유형 형식으로만 진술하고, 그 행동이 적용될 생활 영역이나 내용 영역을 구체적으로 나타내지 않는 방식이다. 이와 같은 방식은 그 목표를 달성하기 위하여 구체적으로 어떤 내용의 학습 경험이 계획되어야 할 것인가에 관해서는 분명한 시사를 주지 못한다는 문제점이 있다.

따라서 교육목표의 진술은 교사의 행동이 아니라 학습자의 행동으로 진술하되, 학생에게 걸러져야 할 행동의 종류와 그러한 행동이 작용되는 내용 영역의 두 측면을 함께 표시하는 것이 가장 유용한 형식이다. 이처럼 내용과 행동의 형식으로 진술된 일단의 교육목표들을 간단명료하게 정리하기 위해서는, 내용과 행동의 두 차원으로 이루어진 교육목표 2원분류표를 작성하는 것이 좋다.

교육과정에 있어서 목표의 설정 및 정의는 복잡한 문제이기는 하지만 필수적이고 계속적으로 수행해야만 하는 과제임에는 틀림없다. 그리고 이 목표는 교육과정 과제가 수행되고 있는 동안에는 물론 수행되고 난 후에도 계속적으로 고려되어야 한다. 왜냐하면 학교 교육과정과 관련된 새로운 조건과 정보가 목표에 관한 새로운 판단을 위한 기초로서 제공될 것이기 때문이다(Tyler, 1981).

### (2) 학습경험의 선정

학습경험이란 학습자와 그를 둘러싸고 있는 환경 속의 여러 외적 조건들 사이에서 벌어지는 상호작용을 의미한다. 학습경험이란 어느 한 교과목에서 취급하는 교과내용이나 교사가 펼치게 되는 지도활동과 같은 것이 아니다. 학습경험의 계획자로서 교사가 해야 할 일은 학생의 능동적 경향을 파악하고, 학생에게 작용하는 환경 조건을 계획 조작하여 학생들로 하여금 원하는 경험을 적기에 할 수 있도록 도와주는 것이다. 학습경험을 계획하고 제공하는 교사의 일차적 과제는 학생들이 바람직한 학습경험을 최대로 해볼 수 있도록 환경적 여건을 조성하는 일이다.

학습 경험 선정에는 몇 가지 일반적 원칙이 있다. 교육목표 달성에 적합한 특정 학습 경험은 교육목표의 종류에 따라 다르다 하더라도 그 교육목표가 무엇이든 간에 학습 경험을 선정할 때에는 기회의 원칙, 만족의 원칙, 가능성의 원칙, 다양한 경험의 원칙, 다양한 성과의 원칙 등 다섯 가지 원칙을 중시할 필요가 있다 (이종승, 1988).

기회의 원칙은 달성해야 할 교육목표가 주어졌을 경우 학생들은 그 목표가 시사하고 있는 행동을 실천해 볼 수 있는 기회를 제공받는 경험을 해야 한다는 것이다. 이 원칙은 어떤 종류의 교육목표에 있어서나 공통적으로 적용되는 원칙으로서, 주어진 교육목표가 가리키는 바로 그 행동 을 실제로 해보고, 그 내용을 다루어 볼 수 있는 기회가 보장되지 않는다면 그 목표의 달성은 기대할 수 없다는 것임을 강조하는 원칙이다. 예를 들어, 어느 교육목표가 문제해결력을 기르는 데에 있다면, 그 목표를 달성하기 위해서는 학생들에게 여러 가지 문제를 풀어 볼 수 있는 기회를 충분히 제공해야 할 것이다.

만족의 원칙은 교육목표가 시사하고 있는 일련의 행동을 수행함으로써 만족감을 느낄 수 있는 경험을 해야 한다는 것이다. 이 원칙은 교사에게 학생들의 흥미와 필요에 대한 충분한 이해를 요구한다. 즉, 특정한 학습경험이 학생들에게 만족을 줄 수 있는 것인지 아닌지를 판단할 수 있도록 인간의 만족감에 대한 기본지식을 갖출 것을 요구한다. 예를 들어, 건강에 관한 문제해결력을 기르는 것을 목표로 하는 학습경험의 경우, 학생들은 실지로 건강문제를 해결해 보는 기회를 가져야 할 뿐만 아니라, 그런 문제를 효과적으로 해결하는 것이 그들에게 만족감을 주어야 할 것이다.

가능성의 원칙은 학생들의 학습 경험에서 기대되는 반응이 학생들이 참여할 수 있는 가능성의 범위 안에 있어야 한다는 것이다. 학습경험을 계획하는 교사에게는 학생의 능력이나 성취 수준, 동기 등 학습에 작용하는 여러 특성들의 상태에 관한 정확한 파악이 요구된다. 가령, 어떤 학습경험이 학생의 능력 범위를 벗어나 수행할 수 없는 행동을 포함하고 있다면, 그러한 학습경험은 제대로의 목적을 달성하지 못할 것이다.

다양한 경험의 원칙은 동일한 교육목표를 달성하는 데 이용될 수 있는 특정 경험에는 여러 가지가 있을 수 있다는 사실과 연관되는 원칙이다. 어떤 학습경험이 효과적인 학습을 위한 여러 기준에 합당하기만 하다면 그러한 학습 경험을 특정한 교육목표의 달성을 위해서 이용할 수 있다, 즉, 특정한 교육목표의 달성을 위해서 반드시 어떤 제한되고 고정된 학습경험만을 제공할 필요는 없는 것이다. 학습경험의 종류와 수는 거의 헤아릴 수 없을 정도로 많기 때문에 교사는 학습경험을 선정할 때 융통성과 창의성을 발휘할 필요가 있다.

다양한 성과의 원칙은 동일한 학습경험이 대개 여러 가지 학습성과를 가져올 수 있다는 원칙이다. 이 원칙은 동일한 조건이라면 학습경험을 선정할 때 여러 교육목표의 달성에 도움이 되고 전이효과가 높은 그러한 학습경험을 선택하라는 것이다. 어떤 학습경험이건 다양한 학습 성과를 가져온다는 것은 긍정적인 측면과과 부정적인 측면을 동시에 갖고 지니고 있다. 따라서 학습경험을 선정하고 조직할 때 교사는 항상 자신이 계획한 학습경험이 의외의 부작용이나 바람직하지 못한 결과를 초래할 가능성은 없는가에 유의할 필요가 있다.

학습경험은 각 유형별로 특성이 있다. 학교에서 달성 가능한 교육목표의 수는 매우 많기 때문에 모든 유형의 교육목표 달성에 유용한 학습경험의 특성에 대해 모조리 밝히는 것은 불가능한 일이다. 대신에 몇 가지 교육 목표의 보편적인 유형을 골라서 그러한 목표를 달성하는 데 효과적인 학습 경험의 특징을 알아볼 수는 있다. Tyler(1949)는 교육 목표의 보편적인 유형을 사고 기능, 정보 획득 기능, 사회적 태도, 흥미 등으로 나누고 이들 각 유형별로 학습 경험의 특징을 다음과 같이 제시하였다.

사고 기능이라는 말은 단순한 지식의 기억이나 이해 수준을 넘어서 여러 사실이나 원리들을 상호 관련짓는 능력으로서, 문제해결력이라는 말과 유사하다. 사고력을 기르려면 단계적 사고를 요구하는 문제해결의 경험을 할 수 있는 기회가 제공되어야 한다. 문제해결의 과정을 분석함으로써 교육과정 개발자는 사고력 향상을 위한 학습경험의 계획에 어떤 시사를 받을 수 있다. 일반적으로, 문제 해결은 곧 해답을 찾을 수 없는 문제에 직면하여 어려움을 느끼기, 분석을 통하여 문제를 좀 더 분명히 파악하기, 관련된 자료나 사실을 수집하기, 그럴듯한 가설을 상정하기, 적당한 방법으로 가설을 검증하기, 결론 도출을 통하여 문제를 해결하기 등과 같은 사고과정을 거쳐서 이루어진다.

정보 획득 기능에는 특정 사실의 이해 기능, 여러 사실들에 관한 지식의 개발 기능 등이 있다. 획득해야 할 정보의 종류에는 원리, 법칙, 이론, 일반화의 근거 등이 있다. 정보 획득 기능이란 이와 같은 내용을 기억했다가 필요한 경우에 재생 또는 재인할 수 있는 능력과 연관된다. 정보 획득 기능 관련 교육목표를 달성하는 데 효과적인 학습경험을 마련하기 위해서는 다음과 같은 점에 유의할 필요가 있다. 정보 획득 기능 그 자체를 개별적으로 학습하는 것보다는 문제를 해결하는 과정과 관련지어 경험하는 것이 좋다. 그리고 정보 획득 기능 교육의 내실화를 위해서는 필수적인 기능을 강조한 필요가 있으며, 다양한 사태에서 여러 번 사용해볼 수 있도록 학습 경험을 계획할 필요가 있다.

사회적 태도의 함양과 관련된 교육목표는 주로 사회, 문학, 예술, 체육 등의 여러 교과에서 강조되고 있다. 태도란 어떤 사물이나 대상에 대하여 반응이 실제로 일어나지는 않더라도 그 사물이나 대상에 대하여 일정한 방향으로 반응하려는 경향이다. 태도는 개인의 행동 양식이나 가치 체계에 크게 영향을 미치므로 바람직한 태도의 학습은 학교교육의 중요한 목표가 된다. 태도 발달의 중요한 수단에는 주위 환경으로부터의 동화를 통한 태도 발달, 어떤 특정 경험의 정서적 효과를 통한 태도 발달, 충격적 경험을 통하여 태도 발달, 지성적 분석의 과정을 통한 태도 발달 등 네 가지가 있다. 학교와 지역사회 공동체는 바람직한 태도 개발을 위한 학습 경험과 학습 환경을 제공해 주어야 한다.

흥미는 학교교육에서 대단히 중요한 요소이다. 왜냐하면 학습자의 흥미 정도에 따라 학습 활동에의 참여도와 성취도가 결정되기 때문이다. 흥미는 어떤 대상이나 활동에 대하여 일정한 방식으로 관심을 갖게 하는 심리적 특성이다. 흥미를 기르기 위한 학습경험을 선정할 때에는 먼저 학생이 만족감을 느낄 수 있는 학습경험을 선정해야 한다. 학생들의 만족감은 여러 가지 원천으로부터 증대될 수 있다. 만족감을 주는 첫째 원천은 모든 사람에게 기본이 되는 근본적인 만족감이다. 만족감을 주는 둘째 원천은 만족감을 주는 다른 경험과의 연결을 통해서 얻을 수 있는 만족감이다. 만족감을 주는 셋째 원천은 호기심의 충족을 통한 만족감이다. 만족감을 주는 넷째 원천은 흥미의 전환을 위한 새로운 접근 방식을 통한 만족감이다.

학습경험을 선정하는 데 있어서 중요한 것은 다양한 학습자의 요구를 반영시키는 일이다. 이러한 행위는 반드시 학습자의 주의를 끌 수 있어야 하며 동시에 학습자가 행동으로 옮길 만한 가치를 지니고 있어야 한다. 왜냐 하면 학습자의 요구를 반영시킴으로써 학습자 자신이 배우고 싶어 하는 것을 학습할 수 있도록 도와주며,  그러한 학습 행동에 흥미를 느낄 수 있게끔 해 주기 때문이다.

모든 교육프로그램은 학습자로 하여금 그들의 생활환경 속에서의 다양한 체험을 통해 더욱 새롭게 생각하고 느끼며 행동하는 방식을 개발할 수 있도록 설계되어야 한다. 만일 학습자가 학습한 것을 자신의 주위 생활에다 전이시킬 수 없다면 학교교육은 성공적인 것이라 할 수 없다. 따라서 교육과정 개발자들은 모든 목표영역에 걸쳐서 학습자로 하여금 교실수업 밖에서 발생하는 학습상황을 통해 새로운 학습 행동을 습득할 수 있도록 적절한 조건을 마련해 주는 일이 필요하다.

### (3) 학습경험의 조직

단편적이고 독립적인 학습경험의 제공으로는 학습자의 행동 변화를 기대할 수 없는 것이 일반적인 사실이다. 그러나 개별적인 경험들이 이전에 학습된 경험들과 논리적으로 계열성을 갖게 되고, 한 학습과제 영역에서 학습되는 것과 다른 영역에서 학습되는 것 사이의 연계성을 인식할 수 있도록 잘 조직된다면 학습자의 행동 변화에 관한 효과성은 크게 신장될 수 있을 것이다. 교육과정에서 학습경험을 조직하는 목적은 조직화된 경험의 효과를 극대화하는 데 있다.

여러 가지 교육목표를 달성하는 데 필요한 학습경험의 선정이 이루어진 다음에는 효과적인 수업을 위하여 학습경험을 체계적으로 조직할 필요가 있다. 학습 경험은 반드시 통일성을 갖춘 일종의 프로그램으로 구성되어야 하기 때문에 학습 경험을 단위, 코스, 프로그램 등으로 조직하는 절차에 대하여 알아볼 필요가 있다. 학습자의 행동 변화는 하루 이틀에 일어나는 것이 아니고, 또 한 번의 학습 경험만으로 가능한 것도 아니다. 그것은 비교적 오랜 기간에 걸쳐 누적된 학습 경험을 통하여 이루어지는 것이다. 학습경험의 조직 여하에 따라 수업의 효율성이 달라지는 만큼, 교육과정 개발에서 학습 경험의 조직문제는 매우 중요하다.

학습 경험을 조직할 때에는 학습 경험들 사이의 연대기적 관계와 공간적 관계를 고려할 필요가 있는데 이들 두 종류의 관계 중 하나는 수직 관계이고 다른 하나는 수평적 관계이다. 학습 경험의 조직에 있어서 연대기적 조직은 학습 내용들 간의 종적 관계를 고려하여 시간적 순서에 따라 순차적으로 조직하는 것인데 비하여, 공간적 조직은 학습 내용의 적용 영역, 활동 영역, 발달 영역 등의 범위를 확장시켜 나가면서 조직하는 것이다.

조직의 원리에는 계속성의 원리, 계열성의 원리, 통합성의 원리 등 세 가지가 있다. Tyler(1949)는 학습경험의 효과적인 조직을 위한 원리로서 계속성, 계열성, 통합성 세 가지를 제시하였다. 이들 원리들은 학습자에 대한 심리학적 의의라고 하는 측면에서 중시될 필요가 있다. 다음에서는 이들 세 가지 원리에 대하여 간단히 정리해 보기로 한다.

계속성의 원리는 학습 경험의 연대기적 관계와 연관되는 원리로서 학습자의 경험을 반복적으로 강조하면서 조직하는 원리이다. 예를 들어 과학교과에서 에너지의 개념을 학습시키는 것이 중요한 교육목표라면, 이 개념을 거듭해서 다루어 볼 수 있도록 학습경험이 계속성 있게 조직되어야 할 것이다. 배운 내용을 쉽게 망각하지 않을 정도까지 학습하기 위해서는, 상당기간 반복적인 학습경험의 기회가 제공되어야 한다는 것이 계속성의 원리에서 강조하는 사항이다.

계열성의 원리는 학습자의 발달의 폭과 깊이를 증대시키면서 조직하는 원리이다. 계속성이 하나의 경험요소가 거의 비슷한 수준에서 여러 차례 반복 제시되는 것을 의미하는데 비해 계열성은 같은 내용의 단순한 반복이 아니라 점차적으로 경험의 수준을 높여서 더욱 깊이 있고 폭넓은 학습 경험을 할 수 있도록 조직하는 것을 의미한다. 교육과정의 조직에서 계열성의 원리를 적용하는 방법에는 단순한 내용으로부터 점차 복잡한 내용으로, 구체적인 개념에서 추상적인 개념으로, 부분에서 전체로 또는 전체에서 부분으로 등의 방법이 있다.

통합성의 원리는 해당 학습 요소와 연관되는 행동의 통합성을 증대시키면서 조직하는 원리이다. 통합성이란 각 학습경험을 제각기 단편적으로 구획시키는 것이 아니라, 수평적으로 상호 조화를 이루면서 연결 지어 조직하는 것을 의미한다. 어느 한 영역에서의 학습 경험이 다른 영역에 어떻게 관련되고, 어떤 영향을 마칠 것인가 등 학습 경험들 간의 상호관계를 따져 될 수 있는 한 서로 밀접히 연관되도록 조직하는 것이 통합성의 원리에 해당한다. 학습 경험의 수평적 관계가 상호 보완되도록 조직해야, 학습의 효과를 높일 수 있고 전체적인 안목을 기를 수 있다.

학습 경험을 조직하는 과정에서 조직의 날줄과 씨줄 역할을 하는 교육과정 요소를 식별하는 일은 매우 필요한 일이다. 조직 요소란 일단의 학습경험들을 수평적이거나 수직적으로 연결시켜 주는 공통적이거나 기본적인 요소이다. 여러 가지 학습경험들을 조직하는 요소의 구실을 하는 것은 개념, 기능, 태도, 가치 등이다. 이러한 조직 요소들은, 다양한 학습경험들을 체계적으로 조직하는 데 있어서 날줄과 씨줄의 역할을 한다.

계열성과 통합성을 위하여 개념, 기능, 가치 등의 요소를 조직하기 위한 계획은 유용한 것이다. 어떤 개념들은 여러 학습 영역에 걸쳐 있는 현상과 관련을 맺을 수도 있기 때문에 통합 학습에 유용한 요소라 할 수 있다. 교육과정 설계가는 계열성과 통합성을 이룩하기 위해 많은 요소들을 조직함에 있어서 매우 복잡하면서도 저변에 스며들어 있는 중요한 기능 들을 규명할 수 있다. 예컨대 태도, 이해, 흥미, 개인적 참여 등과 같은 목표에 대해서 교육과정 설계가는 많은 정의적 요소들을 조직하는 중요한 가치를 밝혀낼 수 있다(Tyler, 1981).

조직 구조란 교육과정을 편성하고 조직하는 기본적인 틀을 의미한다. 교육과정의 조직 요소와 조직의 중심을 어떻게 결정하고 편성하느냐에 따라 교육과정은 여러 가지로 구조화될 수 있다. Tyler(1949)는 교육과정의 조직 구조를 광역 수준 구조, 중간 수준 구조, 최저 수준 구조로 구분하였는데 각 구조에 대하여 간단히 정리하여 설명하면 다음과 같다.

광역 수준의 구조에 해당하는 조직 구조에는 교과 구조, 영역 구조, 중핵 교육과정 구조, 미분화 교육과정 구조 등이 있다. 교과 구조는 가장 보편적으로 사용되어 온 교육과정의 조직형태로서, 구체적인 교과목으로 교육과정을 묶는 구조인데, 이런 방식으로 구조화된 교육과정을 흔히 교과중심 교육과정이라고 부른다. 영역 구조는 교과를 세분하지 않고 보다 폭넓게 묶어서 그 속에 포함된 여러 분야의 내용을 통합시키고자 하는 교육과정 조직 형태인데, 인문, 사회, 자연 등으로 교과 영역을 구조화하는 방식이 그 예이다. 중핵 교육과정 구조는 학생들에게 의미 있는 공통 문제를 중심으로 중핵적인 경험을 갖도록 교육과정을 구조화하는 구조인데 이 구조에서는 사회 문제나 사회 기능을 중심으로 여러 교과목을 하나로 통합하여 교육과정을 조직하는 데 그 특징이 있다. 미분화 교육과정 구조는 교과의 구별을 완전히 배제하고, 학생들의 흥미나 활동을 중심으로 학습경험을 조직하는 구조인데, 이러한 구조는 주로 보이스카웃과 걸스카웃 활동이나 여가 선용 활동과 같은 비형식적인 교육 프로그램에서 그 예를 찾아볼 수 있다.

중간 수준의 구조에는 계열화된 구조와 계열화 되지 않은 구조의 두 가지 종류가 있다. 계열화된 구조의 예로서는 통일적인 계열로서 잘 계획된 사회과학 1, 사회과학 2, 사회과학 3 등의 코스를 들 수 있다. 계열화 되지 않은 구조는 장기 계열의 한 부분으로 계획되지 않은, 학기 또는 학년 단위로 독립된 코스 구조이다. 계열화 되지 않은 구조의 예로서는 10학년의 고대사, 11학년의 서양사 등의 코스를 들 수 있다.

최저 수준의 구조에는 여러 가지 유형이 있는데 일반적으로, 과, 주제, 단원 등이 교육과정 조직의 최저 수준 구조에 해당한다. 과(lesson)는 역사적으로 가장 광범위하게 사용되어 온 최저 수준 구조로서 당일에 이루어지는 명시적 학습 단위로서 다른 날을 위해 계획된 학습 단위와 구별되는 개념이다. 주제(topic)는 여러 날이나 여러 주에 걸쳐 지속될 수 있는 학습 단위이다. 단원(unit)은 주요 문제나 학습 목적 중심으로 조직된 단위로서 여러 주에 걸친 학습 경험을 포괄하는 학습 단위이다.

교육과정 설계 과정에서 활용할 수 있는 조직의 원리는 매우 다양하다. 그러므로 학습 경험을 조직하는 과정에서 어느 하나의 단일한 조직 원리에 의존할 것이 아니라 다양한 조직 원리 중에서 어느 하나의 조직 원리를 상황에 맞게 선택하여 활용하는 것이 중요하다. 교육과정 설계 과정에서 계열성과 통합성과 계속성을 고려하여 학습 경험을 체계적으로 조직하는 목적은 학습자의 바람직한 행동 변화를 위하여 조직화된 경험의 효과를 극대화하기 위해서이다.

### (4) 학습 성과의 평가

교육평가는 지금까지 개발되고 조직된 학습 경험들이 어느 정도로 바람직한 결과를 산출했는지를 발견하는 과정이다. 이 과정에서는 교육과정 계획의 강점과 약점을 식별해 낼 필요가 있다. 이러한 과정을 통하여 지금까지 조직하고 개발한 교육 프로그램의 타당성과 효과성을 점검할 수 있다. Tyler(1949)는 교육의 전체

과정 속에서 평가의 역할과 기능을 강조한다. 그는 평가를 교육과정이나 수업 프로그램이 시행됨으로써 본래 의도한 교육목표가 어느 정도나 실현되었는지를 재어 보고 판단하는 작용으로 보았다.

Tyler(1949)에 의하면 평가의 과정이란 본질적으로 교육과정이나 수업프로그램에 의하여 교육목표가 어느 정도 실현되었는지를 결정하는 과정이다. 그런데, 교육목표는 기본적으로 학습자의 행동 양식을 바람직한 방향으로 변화시키고자 하는 것이므로, 평가란 결국 이러란 행동의 변화가 실제로 어느 정도 일어났는가를 결정하기 위한 과정이다.

평가의 주요 관심사는 학습자의 행동 변화에 관한 증거를 수집하는데 있으므로, 행동 변화에 관한 타당한 증거를 확보할 수 있는 방법이라면 그 방법은 적절한 평가 방법이라고 할 수 있다. 그렇지만 지나치게 지필검사에만 의존하는 평가 방법에는 문제가 있다. 물론 적절하게 만들어진 지필검사는 확실히 넓은 범위의 행동에 관한 증거를 얻는 데 유용한 방법이기는 하지만 지필검사로서는 타당하게 평가할 수 없는 교육 목표들이 수없이 많다.

평가의 절차는 일반적으로 교육목표의 확인, 평가 장면의 선정, 평가 도구의 제작, 평가의 실시와 결과 정리, 평가 결과의 활용 등의 단계로 이루어진다. 다음에서는 이들 각 단계에 대하여 간단히 정리하여 살펴보기로 한다.

평가의 절차는 교육목표의 확인 단계로부터 시작된다. 평가의 목적이 실제로 어느 정도까지 교육목표가 실현되었는지를 알아보는 것이기 때문에 각각의 중요한 교육목표가 지니고 있는 행동 특성과 내용 특성의 유형을 확인하기 위한 이원 목표 분류표의 작성은 대단히 필요하다. 행동 차원의 분석에서는 학습 활동을 통하여 개발되기를 원하는 학습자의 행동 특성이 분명하게 제시되어야 하고 내용 차원의 분석에서는 학습자의 행동 특성과 연관되는 각각의 학습 내용이 구체적으로 제시되어야 한다. 즉, 바람직하고 실현성 있는 교육목표에는 반드시 학습내용과 함께 학습자의 도달점 행동이 명시적으로 진술될 필요가 있다.

평가 장면의 선정 단계는 교육목표가 암시하고 있는 행동 특성을 드러낼 수 있는 기회를 학생들에게 제공할 수 있는 장면을 식별하고 선정하는 단계이다. 학생들이 주어진 유형의 행동 특성을 획득했는지 여부를 알아보기 위한 유일한 방법은 학생들에게 그러한 행동을 나타내 보일 수 있는 기회를 주는 것이다. 따라서 바람직한 행동 유형의 표현과 함께 그러한 행동의 촉발을 허용하는 장면을 찾아내야 한다. 평가 장면이 복잡하고 어려운 경우에는 상관이 높은 단순한 장면을 제공하는 것도 한 방법이다.

평가 도구의 제작 단계에서는 평가 목적에 적합한 평가 도구를 개발하거나 이미 개발된 평가 도구를 선택하여 사용하는 일이 필요하다. 평가 도구를 개발할 때에는 평가 도구의 장단점과 특징을 이해하고 평가 도구의 용도에 적합하게 개발하여야 한다. 이미 만들어진 도구들 중에서 어떤 것을 골라 사용할 때는, 그 도구의 특성이 현재 평가하고자 하는 목적과 내용에 적합한 것인지를 자세히 검토해야 한다. 어떠한 내용을 평가해야 하는가에 따라 평가 도구가 달라질 수 있기 때문에 평가 도구를 개발하거나 선택할 때에는 평가의 내용도 고려해 한다.

평가의 실시와 결과 정리 단계는 평가의 실천적 국면이라는 점에서 매우 중요한 의미를 지닌다. 평가의 실시와 결과 정리는 평가 방법 및 평가 도구에 대한 정확한 이해를 바탕으로 이루어져야 한다. 그리고 이러한 이해를 바탕으로 하여 학생들에게 평가 도구의 특성이나 응답 방법이나 채점 기준을 정확하게 안내해 주어야 한다. 평가의 실시 과정에서는 평가를 위한 물리적 환경과 심리적 환경을 적절하게 조성해 주어야 한다. 학생들의 심리적 태도는 평가를 위한 심리적 환경의 조성과 관련되어 있기 때문이다. 평가의 실시와 결과 정리 단계에서 학생의 수행 과정과 그 결과를 정확하게 채점하여 공정하게 성적을 부여하는 것은 평가에 있어서 매우 중요한 일이다. 공정한 성적의 부여를 위해서는 평가 도구가 의도하고 있는 평가 내용을 이해하고 있어야 할 뿐만 아니라 평가의 목적을 고려하여 채점 결과를 성적으로 변환해야 한다.

평가결과의 활용 단계에서는 평가결과를 정확하고도 타당하게 분석하고 해석하여야 한다. 평가 결과를 정확하게 분석하게 되면 교육 프로그램의 강점과 약점을 파악하고 학생들의 학업 성취도를 판단하는 데 제대로 도움을 줄 수 있다. 평가의 결과는 수업과 학생에 대한 교육적 의사 결정에 활용되어야 한다. 진단평가 결과는 학생의 수준을 파악하고 수업계획을 수립하는 데 활용될 수 있으며, 형성평가 결과는 학생의 발달과 성장을 돕고 수업활동을 개선하는 데 활용될 수 있다. 총괄평가의 결과는 학업 성취 정도를 파악하고 학생의 학습 계획 및 진로 결정에 활용될 수 있다. 평가의 결과는 학습동기의 촉진 및 학습기회 제공과 학습 환경 개선을 위해 활용되어야 한다.

평가의 결과에 대해서는 학생, 학부모, 교육 관련자를 대상으로 충분한 의사소통이 이루어져야 한다. 평가가 궁극적으로는 학생의 학습의 개선에 기여해야 하기 때문에 평가 결과에 대한 의사소통은 대단히 중요한 의미를 지닌다. 학생과 학부모에게 평가가 무엇을 위한 것이었고, 어떤 결과를 나타내었으며, 이후 학습을 위해서는 어떤 노력을 해야 하는지에 대해 교사의 의견을 전달하고 학생과 학부모와 함께 학생의 강점을 살리고 약점을 보완할 방안을 마련해야 한다.

교육평가의 과정에서는 평가의 윤리성과 적절성과 합법성을 중시할 필요가 있다. 교육평가의 전 과정에서 학생의 인격이 존중되어야 하며, 모든 평가활동에 있어서 윤리적이거나 법적인 문제를 야기해서는 아니 된다. 교육평가는 학생의 특성 및 배경을 고려하여 공정하고도 적절하게 실시되어야 한다.

## 3. 교육과정의 수준과 법적 근거

### (1) 교육과정의 수준

우리나라의 교육과정은 교육과정을 결정하는 주체에 따라 국가 수준 교육과정, 지역 수준 교육과정, 학교 수준 교육과정 등으로 구분된다(이경환 외, 2002). 종래에는 학교 교육과정의 모든 것이 중앙에서 결정되어 학교는 이를 시행하는 역할로 규정되었으나, 교육과정 결정의 분권화 및 교육과정 자율화가 확대되면서 지역 수준 교육과정이나 학교 수준 교육과정이 형성되었다.

#### 가. 국가 수준 교육과정

우리나라의 '국가 수준 교육과정'이란 초·중등학교의 교육 목적과 목표 달성을 위해 초·중등교육법 제23조 제2항에 입각하여 교육과학기술부 장관이 결정, 고시하는 교육내용에 관한 전국 공통의 일반적 기준을 의미한다. 이 기준에는 초중등학교에서 편성·운영하여야 할 학교 교육과정의 교육 목표와 내용, 방법과 운영, 평가 등에 관한 국가 수준의 기준 및 기본 지침이 제시되어 있다.

초중등교육법에 근거하여 고시되는 국가 수준 교육과정은 의도적인 제도 교육의 목표와 내용, 방법, 평가의 기준이 될 뿐만 아니라 교육의 지원과 관계되는 교육행정 및 재정, 교원의 양성·수급·연수, 교과서 등의 교재 개발, 입시제도, 교육 시설·설비 등에 대한 정책 수립과 집행의 근거가 되는 '교육의 기본 설계도'로서 기능하게 되며, 학교 교육과정의 기준으로서 법적 구속력을 갖게 된다. 국가 수준 교육과정 기준은 법적 구속력을 갖지만 동시에 이 기준은 교육의 목적 달성에 필요한 교육적 기준이므로 국가 교육과정 기준을 지역 및 학교의 실정에 알맞게 운영하는 것 또한 대단히 중요한 의미를 갖는다(교육과학기술부, 2009a).

### 나. 지역 수준 교육과정

국가 수준의 교육과정 기준은 전국의 모든 학교에서 편성·운영하여야 할 교육 내용의 공통적, 일반적인 기준이므로 각 지역의 특수성과 각 학교의 다양한 요구와 필요를 국가 수준의 교육과정에 모두 반영한다는 것은 매우 어려운 일이다. 따라서 시·도 교육청 수준에서는 국가 수준의 교육과정에서 획일적으로 제시하기가 어렵거나 세밀하게 규제함이 바람직하지 않은 사항을 그 지역의 특수성과 학교의 실정, 학생의 실태, 학부모 및 지역 사회의 요구,

그리고 해당 지역과 학교의 교육 여건 등에 알맞게 정하여야 한다. 또한 그 지역의 교육 중점 등을 설정하여 관내의 각급 학교에서 학교 교육과정을 편성·운영할 때 준거로 삼게 하려면 각 시·도 교육청에서는 '각급 학교의 교육과정 편성·운영 지침'을 작성하여 학교에 제시할 필요가 있다. 지역 수준의 교육과정 편성·운영 지침은 국가 기준과 학교 교육과정을 자연스럽게 이어 주는 교량적 역할을 하게 되며, 장학 자료, 교수·학습 자료 및 지역 교재 개발의 기본 지침이 될 수 있다.

지역 수준의 교육과정을 설정하는 법적 근거는 초·중등교육법 제23조 제2항 등에 제시되어 있다. 또한 2009 개정 교육과정에서는 교육청 수준 지원 사항으로 그 근거가 제시되어 있다. 즉 지역의 특수성, 교육의 실태, 학생·교원·주민의 요구와 필요 등을 반영하여 교육 중점을 설정하고 교육과정 편성·운영 지침을 작성하도록 하고 있다. 따라서 국가 수준의 교육과정 기준이 제시된 이러한 근거는 각 시·도 교육청에서 각 학교의 교육과정 편성·운영에 전문적이고 기술적으로 지원적 관여를 할 수 있음을 적시한 것이라고 할 수 있다.

### 다. 학교 수준 교육과정

국가 수준에서 학교 교육과정의 모든 것을 결정하는 종래의 경우 교사의 역할은 위로부터의 교육과정을 실행하는 것으로 인식되었다. 이러한 교사의 역할은 교육과정을 통해 학생들에게 어떻게 하면 잘 가르칠 것인가 하는 교수에 한정되어 있는 것이다. 그렇지만 제6차 교육과정에서부터 교육과정 결정의 분권화가 강조되고 교육과정의 학교 자율성이 지속적으로 확대되어 오면서 교사의 역할이 종래와 같이 교육과정 실행자 및 사용자, 교수자로 한정되지 않고 교육과정의 결정자로 확대되었다. 말하자면 교육과정의 최종적 실천자인 교사가 바로 교육과정의 최종 결정자이자 개발자로 자리매김하게 된 것이다.

따라서 교육의 실천자이고 교육의 주체인 교사가 교육 내용과 방법을 결정하고 어떻게 실천하고 어떻게 평가하느냐 하는 것은 대단히 중요한 역할 과제가 되었다. 각 학교에서 일련의 교육 실천 계획을 수립하고 중점 교육 내용과 방법을 선택하고자 할 때 그 근거가 되는 것은 어디까지나 국가 교육과정 기준과 시·도 교육청 지침이기 때문에 교사들은 이 기준과 지침을 자세히 분석하는 동시에 학교의 교원·학생 실태, 교육 실태, 교육 시설·설비, 자료 등의 교육 여건 등을 잘 파악하여야 한다. 학교의 여건과 실태에 대한 구체적인 인식에 기초하여 학생들에게 실천 가능한 교육 설계도를 마련하고, 그러한 설계도에 담긴 특색을 구현할 수 있는 운영 계획 및 세부 실천 계획을 수립하는 것이 중요하기 때문이다. 그리하여 학교의 교육 목표와 중점, 경영 철학, 전통, 특성 등을 치밀하게 반영하고 창의적이고 독특한 교육 내용, 방법과 운영 방식으로 학교 나름의 특색 있는 교육과정 창출을 도모하도록 한다.

학교 및 교사는 자신들의 학교에 적합한 교육과정을 운영하기 위해 국가 교육과정 기준과 시·도 교육청의 교육과정 편성·운영 지침을 반영하면서 학교의 특성 및 실정, 학생 및 학부모 요구, 지역사회의 특성 및 요구 등을 기반으로 특색 있는 교육과정을 만들어 내도록 해야 . 이러한 학교 수준 교육과정을 설계하고 수립하는 과정에서 교사는 스스로 교육과정에 대한 역량을 고양시키고 자신이 속한 학교의 특색 있는 교육과정을 창출하게 되는 것이다. 교사에게 교육과정에 대한 이러한 역할이 요구되는 것은 각 학교에 적합한 교육이 이루어지도록 교육과정의 다양화 및 학교 자율성이 확대되었기 때문이다. 또한 교육과정의 다양화 및 학교 자율성의 확대에 따라 이를 실현할 수 있는 핵심 주체는 교사이기 때문이다.

교사는 학교 교육과정의 최종적 실행자인 동시에 학생들의 능력과 요구를 가장 잘 파악하고 학교의 지역적 특수성을 가장 잘 아는 사람이다. 따라서 교사는 단순히 교육과정 사용자가 아니라 교육과정의 실천가임과 동시에 개발자 및 결정자로서의 전문적 역량을 발휘할 수 있도록 지속적인 노력을 기울여야 한다.

### (2) 교육과정의 법적 근거

교육과정과 관련되는 법령은 크게 헌법, 교육기본법, 초·중등교육법, 그리고 그 외의 기타 법령으로 나누어 살펴볼 수 있다. 여기에서는 교육과정의 법적 근거가 되는 법령의 개요에 대해서만 간단히 설명하기로 한다.

#### 가. 대한민국 헌법

헌법 제31조에는 모든 국민이 능력에 따라 균등하게 교육을 받을 권리와 교육의 자주성·전문성·정치적 중립성 등이 보장된다는 점이 명시되어 있다.

### 나. 교육기본법

교육기본법 제2조에는 우리나라의 교육 이념이 명시되어 있다.

### 다. 초 · 중등교육법

초·중등교육법 제38조에는 초등학교의 교육 목적이 '국민생활에 필요한 기초적인 초등교육'을 하는 것임을 포괄적으로 규정되어 있으며, 이에 따른 초등학교 교육 목표는 교육과학기술부 고시인 초·중등학교 교육과정에 제시되어 있다.

초·중등교육법 제23조에는 학교가 교육과정을 운영하여야 함을 명시함으로써 학교 교육과정 편성·운영의 법적 근거가 되고 있다. 그리고 교육과학기술부장관은 교육과정의 기준과 내용에 관한 기본적인 사항을 정하고, 교육감은 교육과학기술부장관이 정한 교육과정의 범위 안에서 지역의 실정에 적합한 기준과 내용을 정할 수 있도록 하여, 국가수준 교육과정과 시·도교육청 교육과정 편성·운영 지침 작성의 근거가 되고 있다.

또한, 학교의 교과는 대통령령으로 정하도록 하였다. 이에 따라 초·중등교육법시행령 제43조는 초등학교의 기본 교과로 국어, 도덕, 사회, 수학, 과학, 실과, 체육, 음악, 미술 및 외국어(영어)와 교육과학기술부장관이 필요하다고 인정하는 교과로 명시하고 있다. 교육과학기술부장관이 필요하다고 인정하는 교과는 교육과학기술부 고시인 초·중등학교 교육과정에 제시되어 있다.

초·중등교육법 제24조에는 학교의 학년도를 '3월 1일부터 시작하여 다음 해 2월 말일까지'로 규정하고, 그 밖에 학교의 학기·수업 일수·학급 편성 및 휴업일과 반의 편성·운영 기타 수업에 관하여 필요한 사항은 대통령령으로 정하도록 하고 있다.

초·중등교육법 제29조에 학교에서는 국가가 저작권을 가지고 있거나 교육과학기술부장관이 검정 또는 인정한 교과용 도서를 사용하도록 규정하고, 그 밖의 교과용도서의 범위, 저작, 검정, 인정, 발행, 공급, 선정 및 가격 사정에 관하여 필요한 사항은 대통령령(초·중등교육법시행령 제55조에 따른 교과용 도서에 관한 규정)으로 정하도록 하고 있다.

교육과정과 관련되는 법령으로는 지방교육자치에 관한 법률, 교육과정심의회 규정, 교과용도서에 관한 규정, 조기진급 및 조기졸업에 관한 규정, 학교보건법, 저작권법, 과학교육진흥법, 영재교육진흥법, 장애인등에 대한 특수교육법, 산업교육진흥 및 산학협력촉진에 관한 법률, 유아교육법, 교육관련 기관의 정보공개에 관한 특례법 등을 들 수 있다.

# 제 2 장

# 국어과 교육과정 변천

1. 교수요목에서 7차 교육과정까지의 교육과정
2. 2007 교육과정 이후의 교육과정

# 제2장 국어과 교육과정의 변천

우리나라 교육과정의 변천 시기는 일반적으로 8·15 광복을 기점으로 하여 교육에 대한 긴급 조치 및 교수요목 시기, 제1차부터 제7차 교육과정 시기, 그리고 2007 이후의 교육과정 시기로 구분할 수 있다. 교육과정 시기의 구분은 통상 제1차, 제2차 등의 차수에 따른 구분 방식을 택하고 있는데, 대체로 전면 개정을 할 경우에만 새로운 차수를 붙여 왔다. 그러나 교육인적자원부가 2005년 2월 '교육과정 수시 개정 체제 운영 활성화 방안'을 발표하면서 수시 개정 체제가 확립된 이후에는 개정 연도를 밝혀 '2007 개정 교육과정', '2009 개정 교육과정'등으로 명명하고 있다.

다음에서는 교육과정 변천에 관한 기존의 연구 결과(정준섭, 1995; 한국교육과정·교과서 연구회. 1998; 이경환 외, 2002; 교육과학기술부, 2009a 등)를 참조하여 초·중등학교 국어과 교육과정의 변천을, 총론과 국어과 교육과정으로 구분하여 시기별 주요 변화 내용을 중심으로 살펴보고자 한다. 각 시기별 교육과정의 특성을 기술할 때에는 주로 중학교 교육과정을 중심으로 하여 기술하기로 한다.

## 1. 교수요목에서 7차 교육과정까지의 교육과정

### (1) 교육에 대한 긴급조치와 교수요목의 시기 (1945~1954)

1945년 8.15 광복과 더불어 미군정청은 초·중등학교 개교의 시급성을 절감하고 그 해 9월 17일 교육에 대한 긴급조치로 일반명령 제 4호를 공포했다. 그들은 '새 조선의 조선인을 위한 교육'을 표방하고 우선 기존 교육과정에서 '수신'을 폐지하고 '공민'을 신설하였으며 일본어, 일본 역사 대신 우리 말, 우리글과 우리 역사를 복원시켜 중학교의 경우 공민, 국어, 지리·역사, 수학, 물리·화학·생물, 가사, 재봉, 영어, 체육, 음악, 습자, 도화, 수예, 실업 등을 교육과정에 포함시켜 주 32-35 시간씩 가르치도록 했다. 교수용어도 당연히 한국어를 사용하게 했다.

광복 직후 전국적으로 통일된 교수요목의 필요성이 제기되고 때마침 1947년부터 중등학교 6년제 개편이 예정되어 있어 이에 대비하기 위해 각 교과의 교수요목 제정과 함께 1946년 9월 초·중등학교 교과과정이 공포되었다. 비록 그 명칭은 '교수요목' '교과과정표'이었지만 미군정청 주도하에 제시된 교육과정이었기 때문에 초급중학교의 경우 교과통합, 선택과목·특수과목 개설 등 중요한 변화가 있었다. 필수과목에는 국어, 사회생활, 수학, 일반과학, 체육·보건, 실과, 음악 등 7과목만 포함되어 있고 외국어, 미술 등은 선택과목으로 제시되어 있다. 주당 학습시간 수도 39시간으로 크게 증가했다.

### 가. 교육에 대한 긴급 조치 시기 (1945~1946)

미 군정청 학무국에서는 '신조선의 조선인을 위한 교육'을 9월 17일 일반 명령 제6호로 발표하였다. 이 일반 명령 제6호는 수정되어 9월 29일 법령 제4호로 공포되었는데, 9월 24일부터 공립 소학교의 개교를 지시하고 이어 10월 1일을 기해 중등학교 이상의 학교에 대해서도 개교를 지시하였다. 공포된 교육 방침의 주요 내용을 살펴보면, 광복 후 각급 학교 개학을 위한 응급 조치로 조선 국호를 그래도 사용하고 있으며, 교수 용어는 국어로 할 것과 한국의 이익에 반하는 교과는 교수하거나 실습을 금하는 포괄적인 지시였다.

교육 제도와 법규에서 일본의 색채를 일체 말살하도록 하고, 평화와 질서를 당면의 교육 목표로 하여, 생활의 실제에 적합한 지식 기능을 연마하도록 교육의 일반 방침과 함께 국민 학교 교과 편제 및 시간 배당을 발표하는 한편, 중등학교 교과 편제 및 시간 배당을 발표하였다.

### 나. 교수요목의 시기 (1946~1954)

군정청 학무국에서는 1946년 2월 21일 '교수 요목 제정 위원회'를 조직하여 교수 요목을 제정하는 한편, 교과서를 편찬하는 일에 착수하였다. 조선교육심의회에서 결정된 새 학제가 적용되는 1946년 가을 학기가 시작되기 전에 군정청은 일부 교수요목이 포함된 각급 학교 교육 과정을 공포하였다. 1946년에 제정된 교수 요목을 분석해 보면, 체제상 각 교과의 일관성을 고려하지 못하고 교과서 발행에 지침이 되는 교수 요목을 정하는 데 급급한 것을 찾아볼 수 있다. 중학교 국어와 영어는 교수 요지, 교수 방침, 교수 사항,

교수의 주의로 구성되어 있으나, 수학과 이과의 교수 요목은 제목만을 열거하고 있을 뿐 교수 목표나 지도시 유의 사항 등에 대항 언급이 없다.

#### 다. 국어 과목

1946년에 제정된 중학교 국어 과목의 교수요목집 중에서 '교수 요지'와 '교수 방침'을 제시하면 다음과 같다.

① 교수 요지

국어를 잘 알고 잘 쓰게 하며, 우리의 문화를 이어 확충 창조ㅎ게 하고, 겸하여 지덕(智德)을 열어 건전한 국민정신을 기르기로 요지를 삼음.

② 교수 방침

(ㄱ) 국어의 됨됨이를 밝히며, 그 국민다운 사상 감동의 표현 방법을 가르치어, 국어의 올바른 이해와, 사상, 체험의 명확한 발표를 익히고, 국어 애중의 생각을 기름.

(ㄴ) 국어 국문의 전통과 그 표현을 이해ㅎ게 하고, 국어 국문의 사적(史的) 발달을 구명하여, 종래의 사상 문화의 연원과 발달을 자세히 알려, 국민정신을 기르고, 우리 문화를 창조 확충ㅎ게 하는 신념을 배양함.

(ㄷ) 국어 국문을 통하여 덕육, 지육, 체육 등의 정신과 식견을 건전한 중견 국민의 사명을 스스로 깨닫게 함.

### (2) 제1차 교육 과정의 시기(1954~1963)

제1차 교육 과정은 1954년 4월 20일 문교부령 제35호로 제정, 공포된 초등학교, 중학교, 고등학교, 사범학교 교육 과정 시간 배당 기준령과 그 이듬해 1955년 8월 1일 문교부령 제44호, 제45호, 제46호로 각각 공포된 초등학교, 중학교, 고등학교 교과 과정을 말한다. 1954년 4월 20일 문교부령 제35호로 시간 배당 기준령이 정해지자, 이의 후속 작업으로서 각 교과 위원회를 구성하여 교육 과정 전체 위원회가 세운 기본 원칙에 따라 각 과정을 성안하여 전체 위원회의 심의를 거쳐 1955년 8월 1일자로 각급 학교 교육 과정을 공포하였다.

이 '교육 과정 시간 배당 기준령' 과 '교과 과정' 은 우리 손으로 만들어진 최초의 체계적인 교육 과정이기 때문에 이 시기의 것을 우리는 제1차 교육 과정이라 부른다. 제1차 교육 과정을 흔히 교육 과정 개념상 교과 교육 과정 강조의 시기라고 부르기도 한다. 이 시대의 교육 과정이 지적인 체계가 중심이 되어 있기는 하나, 학생들의 경험과 생활을 존중하는 생활 중심 교육 과정의 정신이 스며들어 있는 것 역시 그 특색이라 할 수 있다. 그것은 미국의 진보주의 교육의 영향을 받은 결과라고 할 수 있다. 그리하여 교육 과정 자체는 '교과 중심' 이었으나, 교육 과정을 기준으로 편찬하는 교과서는 벌써 '생활 중심' 을 지향하고 있었음을 알 수 있다.

### 가. 구성 방침 및 목표상의 특징

교육과정의 구성 방침이나 목표는 구체적으로 제시하고 있지 않으나, 각급 학교에 공통되는 '본 과정의 기본 태도' 에 나타난 것을 중심으로 살펴보면 대략 다음과 같은 특징이 나타나고 있다. 첫째, 현실 생활을 개선, 향상시킬 사회 개선 의지를 강조하고 있는데,

이것은 당시 시대적 상황이 교육을 통하여 전쟁으로 파괴된 국가를 부흥시키고 미개발된 사회 환경을 발전시켜 보려는 뜻이 내포된 것이라 생각된다. 둘째, 정부 수립 후 제정, 공포한 교육법에 제시한 교육의 목적을 달성할 수 있는 방도로서의 교육 과정임을 강조하고 있다. 셋째, 내용은 적절, 필수의 최소량이어야 함을 밝혀 지적 체계와 국가 기준으로서의 교육 과정 체계의 한계를 밝히고 있다. 넷째, 반공 교육, 도의 교육, 실업 교육을 특히 강조하고 있다. 다섯째, 특별 활동 시간을 배당하여 전인 교육을 지향하였다.

**나. 체제 및 편제상의 특징**

중학교 교과 활동의 교과는 대교과제를 취하여 필수 교과(8교과)와 선택 교과(실업 가정, 외국어, 기타 교과)를 두어 학생들 각자의 적성 및 취미 등에 따라 교과목을 선택할 수 있는 융통성을 부여하였다는 점이다. 이러한 교과목 선택의 융통성을 중학교에서 고등학교로 옮아감에 따라 더욱 넓어지도록 하였다. 특별 활동이 교육 목적 및 목표 달성을 위한 교과 이외의 교육 활동으로 편성되어, 교과 활동과 특별 활동의 2개 영역으로 처음 편제되었다. 교과 구성과 시간 배당 기준을 설정하여, 지역 사회의 실정에 따라 융통성 있게 활용될 수 있도록 수업량을 연 단위로 신축성 있게 편제하였다. 지금의 도덕과에 해당되는 도의 교육은 사회 생활과에 배당된 시간 수 중 최저35시간 이상의 시간 수를 확보하여 행하도록 하였다.

제1차 교육 과정은 우리의 손으로 만들어진 최초의 교육 과정이라는 점에서 의미가 있고, 교과 중심 교육 과정에 생활 중심 교육

과정의 정신이 스며들어 있는 교육 과정으로서의 특징이 있다. 그러나 교사들이 가르치고 학생들이 학습하는 교육 내용의 총체를 담은 국가 기준으로서의 교육 과정으로서 체계, 진술 형식 등 여러 면에서 미흡한 점이 많은 것이었다.

### 다. 국어과 교육과정

중학교 국어과 교육 과정에서는 새로운 국어교육이 무엇보다도 현대인의 언어생활의 실제를 대상으로 하여야 하며 학생들의 언어생활의 모든 면이 국어 교육의 목표 달성에 이용되어야 할 것이다. 그렇게 함으로써 학생들로 하여금 일상생활에 필요한 국어를 정확하게 사용할 수 잇는 능력을 갖추게 하고, 국어 교육이 그들의 사회생활의 필요에 응하는 것이 되게 할 수 있다는 것이다. 국어교육의 목표로 규정한 '일상생활에 필요한 국어를 정확하게 이해하며 사용 할 수 있는 능력을 기른다'는 항목은 언어에 관한 지식을 주는 것이 아니라, 널리 언어사용에 관한 경험을 쌓게 하는데 있음을 제시하고 있다.

1차 교육 과정에 나타난 고등학교 국어과 학습의 목표는 사회적인 요구에 적합한 것이어야 하며, 개인적인 언어생활의 기능을 쌓는 것이어야 하며, 중견 국민으로서의 교양을 갖추는 것이 되어야 한다는 것이다. 사회적인 요구에 적합한 것이어야 한다는 것은 민주 국가의 공민으로서의 언어생활을 훌륭하게 할 수 있게 되어야 함을 말하는 것으로 말하기, 듣기, 쓰기, 읽기의 모든 언어 활동이 정확하고 세련된 것이 되어야 한다는 것이다. 개인적인 언어생활의 기능을 쌓게 한다는 것은 졸업 후에 각각 다른 직업생활을 가지게 될 학생들에게 그들이 종사할 직업에 따르는 특수한 언어 기술을 체득하게 함을 말하는 것이다. 중견 국민으로서의 교양이라 함은 언어생활에 관한 교양을 말하는 것으로 이를 언어 사용에 관한 면과 문학을 감상하고 이해하는 면으로 나누어 기술하고 있다.

### (3) 제2차 교육 과정의 시기(1963~1973)

제1차 교육과정 제정 이후 상당한 시일이 경과됨에 따라 그 동안의 문화의 발달, 국제 정세의 급격한 변동으로 인한 사회생활의 변화 등을 반영하기 위하여 교육과정이 개정되었다. 제2차 교육과정에서는 교수요목기부터 형식적이고 초보적인 형태로 반영되던 경험 중심 교육과정이 충실히 반영되었다. 교과 활동뿐 아니라 학교 교육의 전 활동과 관련된 계획이라는 의미에서 교과과정이라고 하지 않고 교육과정이라고 하였다.

제2차 교육과정에서는 단위제를 도입하고 모든 학교에서 학생의 진로와 직업 선택에 따라 인문, 자연 등의 과정을 구분하여 운영하도록 하였다. 단위 배당 기준에는 각 과목별로 3년간 이수할 총 단위 수로 제시하고 학년별 이수 단위는 학교가 자율적으로 편성하도록 하였다. 그리고 국가 교육과정은 학교 교육과정 개발을 위한 일반적인 기준임을 밝히고 학교에 교육과정 재구성권이 있음을 명시하여 학교는 교육과정을 창의적으로 재구성할 수 있도록 하였다.

제2차 교육 과정은 1963년 2월 15일 문교부령 제119호, 제120호, 제121호, 제122호로 제정, 공포한 초등학교, 중학교, 고등학교 및 실업고등학교 교육 과정을 말한다. 이 교육 과정은 1969년과 1972년에 부분에 개정되어 시행되었다. 문교부는 1958년부터 교육 과정 개정에 대한 기초 조사를 하며 자료 수집에 힘써 오던 중, 5.16 군사 정변을 계기로 하여 종래의 교육을 평가하고 새로운 교육 과정으로 전면적 개편을 보게 되어, 1963년 2월 15일 문교부령 제120호로 중학교 교육 과정을 공포하기에 이르렀다.

제2차 교육 과정은 교육 과정의 개념상 또는 이념상 생활 중심 교육 과정, 또는 경험 중심 교육 과정이라고 부른다. 생활 중심 교육 과정에서는 교육 과정을 비교적 서로 단절된 일군의 교수 요목이나 지적인 체계로 보는 것이 아니라 '학교의 지도하에 학생들이 가지는 경험의 총체'로 보고 있다. 즉, 교과 교육 과정에 있어서 교육 과정은 문서화되어 있는 것을 말하나, 생활 중심 교육 과정에서는 경험 자체를 교육 과정이라고 보고 있는 것이다.

### 가. 구성 방침 및 목표상의 특징

제2차 교육 과정에서는 교육 목표를 달성하기 위하여 당시 사회에서 절실히 요청되는 인간상의 특징과 구현을 위한 기본 방향과 교육 과정 구성의 일반 목표를 다음과 같이 제시하였다. 첫째, 민주적 신념이 확고하고, 반공정신이 투철하며, 민주적 생활을 발전시킬 수 있는 인간을 양성하는 데 적합한 학습 경험을 포함시킨다. 둘째, 독립자존의 민족적 기풍과 아울러, 국제 협조의 정신을 함양할 수 있는 구체적인 학습 경험을 포함시킨다. 셋째, 일상생활에서 당면하는 문제를 해결하는 것이 필요하고, 유익한 지식과 유용한 기능 및 과학적 생활 태도를 기르는 데 직결되는 학습 경험을 포함시킨다. 넷째, 가난을 극복하고 경제적 효율성을 증진시키는 데 필요한 학습 활동을 충분히 포함시킨다. 다섯째, 건전한 정신과 강건한 신체를 가진 국민을 양성하는 데 직접 기여할 수 있는 학습 활동을 계획한다. 여섯째, 국민 생활을 순수하고 명랑하게 하는 심미적인 정서 생활을 위하여 풍부한 개성을 개발하도록 한다. 일곱째, 형식적, 추상적 지식에 치우쳤던 반공 . 도덕 교육을 쇄신하여 일관성 있게 지도할 수 있는 계획을 수립하고, 학생들이 능동적으로 참여하는 실천적 교육에 주력한다.

### 나. 체제 및 편제상의 특징

교육 과정의 전개 체제는 총론과 각론으로 나누고, 총론에서는 초·중·고등학교에 공통되는 개정의 취지, 일반 목표, 개정이 요점을 제심한 다음, 학교 급별로 시간 배당 기준을 제시하고, 교과 활동, 특별 활동별로 운영 계획이나 지도상의 유의점에 관한 내용을 기술하고 있다. 각론에서도 각 교과별로 개정의 요점, 목표, 지도 내용, 지도상의 유의점으로 나누어 진술하여 체제면 에서 통일된 형식을 갖추었다. 이와 같은 체계적인 전개 체제를 갖춤으로써 우리의 교육 과정은 적어도 체제 면에서 제대로 된 형식을 갖추었다고 할 수 있다.

제 2차 교육 과정은 생활 중심, 경험 중심의 교육 과정으로서 학교 교육 내용이 지배적이도록 하였으나, 각 교과의 내용 진술에는 교과 중심, 지식 중심의 틀이 남아 있는 경우가 많았고, 특히 교육의 실제면 에서는 입시 교육의  병폐와 교사와 학부모들의 전통적인 교과 중심적 타성 때문에 생활 중심 교육 과정은 그 운영의 실제면 에서는 교과 과정의 틀을 벗어날 수 없었다.

### 다. 국어과 교육과정

제2차 국어과 교육과정에서 제시하고 있는 중학교 국어교육의 특성을 정리하여 제시하면 다음과 같다. 첫째, 중학교에서는 국민학교의 국어 교육의 목표를 더욱 발전 확충시키어 중견 국민으로서 필요한 품성과 자질을 기르는 동시에 그들에게 사회에서 필요한 직업에 관한 지식과 기능을 가지게 하고, 감정을 바르게 하며 공정한 비판력을 기르도록 하여야 한다. 둘째, 오늘날의 모든 교육이 다 그러하듯이 국어과의 교육과정도 널리 사회생활의 필요에 응하는 것이 되어야 한다. 셋째, 새로운 국어 교육은 무엇보다도 현대인의 언어생활의 실제를 대상으로 하여야 하며 학생들의 언어생활의 모든 면이 국어 교육의 목표 달성에 이용되어야 한다. 그렇게 함으로써 학생들로 하여금 일상생활에 필요한 국어를 정확하게 이해하며 사용할 수 있는 능력을 갖추게 하고, 국어 교육이 그들의 사회생활의 필요에 응하는 것이 되게 할 수 있는 것이다.

국어교육에서 말하기, 듣기, 읽기, 쓰기(글짓기)는 학생들의 국어과 학습 활동을 통하여 종합적으로 전개되어야 하며, 비록 문학에 관한 단원을 학습할 때라도 그것을 읽기만으로 그치게 할 것이 아니라, 그 단원의 학습을 통하여 말하기, 듣기, 읽기, 쓰기(글짓기)가 다 같이 다루어져서 그러한 기능을 훈련할 수 있도록 하여야 할 것이다. 그리고 국어 교육에서는 말하기, 듣기, 읽기, 쓰기(글짓기)가 같은 무게로 다루어져야 하며, 그것이 학습 활동을 통하여 종합적으로 전개되어야 한다.

국어 교육은 절대로 고립된 상태로 전개될 수 없는 것이며, 모든 교과의 학습과 직접 또는 간접으로 관련을 가지고 있어야 한다. 그러므로 국어 교사는 다른 교과의 교사들의 협력을 얻어, 국어 교육의 성과를 더욱 확실한 것이 되게 하는 한편 다른 교과의 학습에 적극적인 협조를 아끼지 말아야 할 것이다. 그리하여 어느 교과의 학습에서든지 국어과에서 학습한 언어 사용의 능력이 충분히 발휘될 수 있도록 하는데 국어 교사의 임무가 있고, 국어과의 기초 학과로서의 특질도 있는 것이다.

국어과 교육 과정은 그것이 사회적 공민적 필요에 응하는 것이 되는 동시에, 학생 한 사람 한 사람의 필요에 응하는 것이 되어야 한다. 특히 언어생활에 있어서는 개인적인 능력의 차이는 다른 교과의 그것보다도 더욱 뚜렷한 것이기 때문에 이를 일률적으로 다룬다는 것은 크게 삼가야 한다. 이러한 개인적인 필요에 응하는 학습 지도자가 지식의 주입이 아니라, 널리 언어 사용의 경험을 쌓게 하는 데 있게 하기 위하여, 그들이 학습한 바를 바르게 평가한다는 것은 대단히 중요한 일이다. 그것은 한 단원의 학습이 끝났을 때 전체적인 학습 성과를 평가하는 것으로 만이 아니라, 그 과정에 있어서도 부단히 평가가 행하여져야 할 것이다. 이와 같은 입장에서 국어 교육은 계획되고 평가될 수 있도록 학교의 교육 과정이 운영됨으로써 새로운 국어 교육이 요구하는 교육 과정의 성과를 거둘 수가 있을 것이다.

### (4) 제3차 교육 과정의 시기 (1973~1981)

1968년 국민교육헌장이 선포되고, 1969년 이래 국적 있는 교육이 제창되면서 민족의 주체성 확립을 위한 교육이 강조되었다. 이를 실현하기 위해 사회 교과내의 과목이던 국민윤리와 국사가 교과로 독립되었으며, 국민윤리는 교과로 신설되면서 국어과 앞에 편제되었다. 또한, 1957년 소련의 유인 우주선 스푸트니크(Sputnik)호 발사로 인한 충격 이후 미국 교육계를 주도한 학문중심 교육과정이 우리나라에 도입되면서, 팽창하는 지식의 양에 대응하여 기본적 개념을 중점적으로 지도하고, 학생 스스로가 발견하고 탐구할 수 있도록 교수·학습 방법을 개선해야 한다는 요구가 커지게 되었다. 이를 수용하여 각 교과에서는 각 교과가 기초하는 학문의 기본 개념을 중시하고, 학년이 올라갈수록 기본 개념과 원리를 점차 심화·확대해 나가는 나선형 교육과정의 조직 형태를 취하며, 수업 방법에 있어서는 발견 학습과 탐구 학습을 강조하였다.

제3차 교육 과정은 1973년, 1974년에 걸쳐, 제정, 공포한 문교부령 제310호, 제325호, 제350호인 초등학교, 중학교, 고등학교 교육 과정을 말한다. 이 교육 과정은 1981년 12월 31일 문교부고시 제442호로 고시된 중학교 교육과정과 고등학교 교육과정이 시행되기까지 유효했던 교육 과정으로서, 이를 학문 중심 교육 과정이라고도 부른다.

제3차 교육 과정에서는 제2차 교육 과정에서의 생활 중심 교육과정을 지양하고 학문 중심 교육 과정을 강조하였다. 학문 중심 교육 과정 사조에 의하여, 교육 과정은 '각 학문에 내재해 있는 지식 탐구 과정의 조직' 으로 정의된다. 국어과 교육과정의 경우, 학문 중심 교육과정 이론은 제4차 국어과 교육과정부터 제대로 반영되었다.

### 가. 구성 방침 및 목표상의 특징

제3차 교육 과정을 구성함에 있어서, 국민교육헌장 이념의 구현을 기본 방향으로 삼고, 국민적 자질의 함양, 인간 교육 의 강화, 지식·기술 교육의 쇄신을 기본 방향으로 하였다. 이 기본 방침에 따라 교육 과정의 일반 목표는 자아실현(개인면)과 국가 발전 및 민주적 가치(사회면)를 목표로 하였는데 그 특징을 정리하여 제시하면 다음과 같다. 첫째, 학교 교육 전반에 걸쳐 국민 교육 헌장의 이념에 반영시키는데 역점을 두었다. 다가올 1970년대 또는 1980년대의 시대적 상황을 깊이 통찰하고, 이에 대비하는 교육의 목표를 적절하게 제시하였다. 셋째, 학문 중심 교육 과정으로서의 성격을 분명히 하였다. 넷째, 구 교육 과정의 피상적인 목적관을 벗어나 보다 구체적인 목적을 제시하였고, 전체적으로 한국의 현실과 국가 정책적 의지가 강조되었다.

### 나. 체제 및 편제상의 특징

제3차 교육 과정은 체제면에서 교육 과정의 전개 체제가 더욱 체계화되었다. 총론은 교육 과정 구성의 일반 목표와 학교 급별 교육 과정으로 나누고, 교육 과정 구성의 일반 목표에 기본 방침, 일반 목표를 제시하고, 학교 급별 교육 과정에 구성 방침, 편제와 시간 배당, 운영 지침을 제시하고 있어 제2차 교육 과정보다 단순화되고 체계화되었다. 각론에서도 각 교과별로 목표, 내용, 지도상의 유의점으로 구분하고 있다. 특히, 목표는 교과 목표에 해당하는 일반 목표와 각 학년별 학년 목표를 진술하고 있어 그 위계와 체계가 분명하도록 하였다.

교육 과정의 편제면 에서 제2차 교육 과정에서는 교과 영역, 특별 활동 영역, 그리고 반공 . 도덕 영역 등 3개 영역이었던 것이, 제3차 교육 과정 편제에서는 초등학교나 중학교의 편제에서 반공·도덕 영역이 없어지고 도덕과가 독립됨으로써 교육 과정의 구조는 교과 활동과 특별 활동의 이원적 구조를 가지게 되었다. 초등 학교의 경우는 도덕과가 교과화됨에 따라 교과는 9개 교과로 되었다.

### 다. 국어과 교육과정

제3차 국어과 교육 과정은 언어 사용을 사고 차원으로 올려 강조하고 있으며 또 국어교육을 통한 가치관 교육도 병행하여 강조하고 있다. 그리하여 말하기, 듣기, 읽기, 쓰기의 언어 사용 기능 신장을 위한 기본적인 지도 사항의 정선 계열화를 꾀하였고, 가치관 교육의 강화를 위해서는 제재 선정의 기준을 신설하였다.

제3차 중학교 국어과 교육과정에서는 국어과 교육의 일반 목표를 다음과 같이 4개 항으로 나누어 제시하고 있다. 첫째, 일상 생활에 필요한 국어 사용의 기능을 신장하고 성실한 태도를 길러서, 효과적인 언어생활을 영위할 수 있게 한다. 둘째, 국어를 통하여 지식과 경험을 넓히고, 문제를 해결하는 힘을 길러서, 발전하는 사회에 적응하고 스스로 앞길을 개척할 수 있게 한다. 셋째, 국어를 통하여, 바르게 사고하고 자주적으로 판단하는 힘과 풍부한 정서와 아름다운 꿈을 길러서, 원만하고 유능한 개인과 건설한 국민으로 자라게 한다. 넷째, 국어 존중의 뜻을 높이고, 국어로 표현된 우리 문화를 사랑하게 하여, 민족 문화 발전에 이바지하려는 마음을 굳게 하도록 한다.

### (5) 제4차 교육과정의 시기(1981~1987)

제4차 교육과정은 문교부 고시 제442호로 제정, 고시한 초등학교, 중학교, 고등학교 교육 과정을 말하며, 이 교육 과정은 1987년 3월 31일 문교부고시 제87-7호로 개정된 중학교와 고등학교 교육과정이 시행되기까지 유효했던 교육 과정이다. 1973년과 1974년에 개편을 본 교육 과정은 그 동안 몇 차례에 걸쳐 부분적으로 수정을 해 왔지만, 새 공화국 출범을 맞이한 1980년대 초의 정치적, 사회적 특수 상황과 미래에 대한 전망을 고려하여 새로운 교육적 전환을 모색할 필요와 함께 이에 대처한 적절한 새 교육 과정의 개발이 절실히 요청되었다. 이러한 필요에서 정부는 이미 7·30 교육 개혁 조치를 단행한 바 있고, 이에 따라 문교부는 1981년 말에 고시할 예정인 각급 학교 교육과정 개정안 개발에 관한 연구 과제를 1980년 10월에 한국 교육 개발원에 위촉하였다.

제4차 교육 과정은 제3차 교육 과정이 지닌 학습 내용의 과다, 학습하기 어려운 교육 내용, 교과목 위주의 분과 교육, 기초 및 일반 교육의 소홀, 전인 교육 및 인간 교육의 미흡 등의 문제점을 보완하기 위해 교육 내용을 지식의 학문성뿐만 아니라 개인 및 사회적 유용성 면에서 적합하도록 정선하고 그 수준을 적정화할 필요가 있었다.

제4차 교육 과정의 이념이나 교육 과정 사조, 또는 이론상의 특징은 어느 한 사조나 이념만을 반영하는 교육 과정이 아닌 종합적이고 복합적인 성격을 지니고 있다. 교과 중심 교육과정, 경험 중심 교육 과정, 학문 중심 교육 과정과 같은 특정 교육 과정 이론들이 생성하여 그 시대를 지배하게 된 데에는 각각 그 시대에 처한 사회적 특수성과 그러한 배경 속에서 이론적으로 뒷받침할 수 있었던 교육적 관점 등 타당한 근거와 철학을 가지고 있었다.

### 가. 구성 방침 및 목표상의 특징

제4차 교육 과정에서는 각급 학교의 교육 목표를 포괄적인 상위 목표와 구체적인 하위 목표로 구분하여 제시하였는데, "중학교 교육은 초등 학교 교육의 기초 위에 건전한 심신을 기르고, 개성에 맞는 진로 탐색에 필요한 지식과 기술을 습득하게 하며, 공정한 판단력과 자율적 활동 능력을 기르는 데 목적이 있다." 고 명시하였으며, 이에 따른 목표는 다음과 같이 하였다.

① 강인한 체력과 의지를 가지며, 신체적, 정서적 변화에 적응하게 한다.

② 건전한 취미를 길러 여가를 선용하고, 풍부한 정서 생활을 하게 한다.

③ 언어를 바르고 정확하게 사용하며, 논리적으로 사고할 수 있는 능력을 가지게 한다.

④ 자연과 사회 현상에 대한 기초 이론과 원리를 이해하며, 과학적으로 사고할 수 있는 능력을 가지게 한다.

⑤ 생활에 유용한 기초적인 기술을 습득하고, 자신에게 알맞은 진로를 탐색하게 하며, 평생 교육에 필요한 능력을 가지게 한다.

⑥ 일상 생활에서 당면하는 여러 가지 문제를 올바르게 판단하고 행동하며, 그 결과에 책임지는 태도를 가지게 한다.

⑦ 민주적 제도와 생활 원리를 이해하고, 자율적으로 실천하게 한다.

⑧ 우리의 문화 전통을 이해하고, 주체적인 국가관과 연대 의식

을 가지게 한다.

### 나. 체제 및 편제상의 특징

중학교 교육 과정은 교과 활동과 특별 활동으로 된 편제에는 변함이 없으나, 교과 활동의 실업.가정 교과에서 필수인 생활 기술(남), 가정(여) 과목을 3학년에서 제외시키고, 2, 3학년에서 1과목만 선택하도록 되어 있던 농·공·상·수산업과 가사를 3학년에서만 이수하도록 하여, 2학년과 3학년에서 1개 과목이 줄어들게 되었다. 이것은 중학교 교육의 보편화 경향에 따라 기초 교과목의 비중을 다소 강조하게 되었고, 모든 교과에서 진로 탐색의 기회를 가지데 함으로써 직업 교육의 성격이 강한 실업·가정과의 비중이 그만큼 약화된 데 기인한다고 할 수 있다. 또, 교과 활동에서 '자유 선택' 과목을 신설하여 학교와 지역 사회의 실정 및 학생들의 희망에 따라 학교장의 재량으로 학생에게 도움이 되는 교육 내용을 선정하여 지도하게 한 점은 특기할 만한 일이다.

### 다. 국어과 교육과정

제4차 국어과 교육 과정은 제 1-3차 교육 과정에서 강조하였던 언어 기능 교육과 언어 기능 속에서 체계를 갖추지 않고 무계획적으로 다루었던 언어지식과 문학교육을 체계적으로 정립하였다.

즉 제3차 국어과 교육과정의 내용이 '지도 사항'이라 하여 말하기, 듣기, 읽기, 쓰기 등의 언어 사용 기능을 중심으로 하여 제시하고, 그 가운데 언어 지식이나 문학 등의 내용을 부분적으로 포함하였던 것을 제4차 국어과 교육 과정에서는 이해·표현, 언어, 문학의 세 영역으로 구분하여 제시하였다.

제 1-3차 국어과 교육 과정에서 국어과 교육의 궁극적 목표로 설정되었던 언어 기능의 신장이 제 4차에 이르러 언어 기능, 언어, 문학 의 세 가지로 바뀌게 된 까닭은 크게 두 가지로 생각해 볼 수 있다. 첫째는 그 동안 강조되어 왔던 언어 기능의 신장 교육이 실제의 교육에서는 제대로 전개되지 못하였다는 것이다. 둘째는 국어과 교육을 명료화한다는 취지에서 국어과 교육 내용을 언어 기능과 함께 언어와 문학에서 찾고자 하였던 학계의 의견이 반영된 것이다.

### (6) 제5차 교육 과정의 시기(1987~1992)

제5차 교육 과정은 1987년, 1988년에 걸쳐 개정한 문교부고시 제87-7호, 제87-9호, 제88-7호인 중학교, 초등 학교, 고등 학교 교육 과정을 말한다. 이 교육 과정은 1992년 6월 30일 문교부고시 제1992-11호로 개정된 중학교 교육 과정이 시행되기까지 유효했던 교육 과정이다. 제4차 교육 과정 개정까지는 모두 그 나름대로의 사회적 제 상황이 변화에 부응한다거나, 학문적 경향의 변화에 따른다는 비교적 뚜렷한 명분이 있었다. 그러나 제5차 개정 때에는 이러한 명분이 뚜렷하지 않았다. 다만, 개정, 고시하지 않으면 안 되도록 했던 것은 이러한 명분보다 학교에서 사용 중인 교과서의 사용 기간이 5~7년을 넘을 수 없다는 행정상의 이유가 교육 과정의 개정을 서두르게 했다고 할 수 있다.

#### 가. 구성 방침 및 목표상의 특징

제5차 교육 과정은 교육 과정의 적정화, 교육 과정의 내실화, 교육 과정의 지역화를 개정의 방침으로 정하고, 제4차 교육 과정 중에서 개선이 필요한 부분만 개선하는 것을 원칙으로 하여 개정의 전략으로 지속성, 점진성, 효율성을 추구하였다.

제5차 교육 과정은 자율화, 개방화, 정보화, 국제화되는 고도 산업 사회로 발전하게 되는 21세기를 주도할 주체적이고 창조적이며 도덕적인 한국인을 기르고, 다가올 복지 국가 건설과 반드시 이룩해야 할 조국 통일에 대비하는 미래 지향적인 교육을 강조하기 위해서 개정되었다. 건강한 사람, 자주적인 사람, 창조적인 사람, 도덕적인 사람을 기르기 위하여 제5차 교육 과정은 개정의 중점을 기초 교육의 강화, 정보화 사회에 대응하는 교육의 강화, 특별 활동의 강조, 특수 학급 운영 지침 명시, 교육 내용의 양과 수준의 적정화, 국가·사회적 요구 사항(국민정신, 환경, 성, 경제, 컴퓨터, 해양 교육 등)의 체계적인 반영 등에 두었다.

### 나. 편제 및 운영상의 특징

제5차 교육 과정의 편제는 제3차 교육 과정 이래의 교육 과정 편제와 다름이 없이 교과 활동과 특별 활동으로 나누었다. 교과 활동을 12개의 교과로 편성하고 있는 것도 전과 다름이 없으나, 실업·가정과에서 남녀가 공통으로 이수할 수 있는 기술·가정이라는 과목이 신설된 것이 달라진 점이다.

제5차 교육 과정에서는 특별 활동도 더욱 강화되었다. 합리적 의사 결정, 합의 존중, 민족적 생활 태도 함양 등에 관한 교육을 강화해야 한다는 필요에서 특별 활동을 강화해야 하겠다고 합의하여, 제4차 교육 과정에서 학생회 활동에 포함되어 있던 학급회 활동을 분리시켜, 그 활동을 학급 활동, 학생회 활동, 클럽 활동, 학교 행사의 4개 영역으로 하였고, 학교 교육에서의 생활 지도 관련 내용을 특별 활동의 내용에 포함시켰다.

운영 지침에 나타난 교육 과정 운영 계획, 지도, 평가 등을 살펴보면, 이 교육 과정은 '교육 과정의 효율성 제고'를 기본 방침으로 하였음을 짐작할 수 있는 규정들이 많다. 즉, 이 교육 과정을 교육 현장에서 제대로 활용하여 실천할 수 있도록 보다 상세한 안내를 하고 있으며, 구체적이고 실질적인 것을 많이 다루고 있다.

## 다. 국어과 교육과정

제5차 국어과 교육 과정은 제 4차 국어과 교육 과정에서 표현·이해, 언어, 문학으로 영역 구분하였던 것을 언어 사용 기능을 중시하여 말하기, 듣기, 읽기, 쓰기, 언어, 문학의 여섯 영역으로 구분하였다. 제5차 국어과 교육 과정에서는 국어과 교수·학습 상황에서의 주체를 교사가 아닌 학생으로 삼았다. 이는 국어과 교육의 과제를 교사가 학생들에게 일방적으로 전달해 주는 것이 아니라, 학생들이 자신의 이해의 폭을 넓혀서 자신의 언어로 사용할 수 있는 기회를 주기 위해서이다. 또 국어과 교육 과정은 언어 사용의 결과보다는 언어 사용의 과정을 중시하였다. 전통적인 국어과 교육에서는 의미와 언어 사이의 연결 과정보다는 이미 구체화된 산물로서의 언어에만 관심을 보여 왔다. 인간의 언어 사용 행위는 언어를 매개로 하여 의미를 재구성하는 복합적인 사고 과정이다. 언어에 의한 의미의 재구성 과정은 의미와 이 의미를 담는 언어 사이를 연결 짓는 정신 과정인 것을 드러낸 것이다.

제5차 중학교 국어과 교육 과정은 지도상의 유의점에서 다음 세 가지 사항을 강조하고 있다. 첫째, '말하기', '듣기', '읽기', '쓰기'는 국어사용의 기능을, '언어'는 국어와 국어의 올바른 사용법에 관한 기초적인 지식을, '문학'은 문학 작품의 이해와 감상, 그리고 이에 필요하다고 생각되는 기초적인 문학 지식을 다루되, 위의 여섯 영역을 통합적으로 지도한다. 둘째, 국어 교과의 지도는 전달 내용으로서의 사고와 전달 매체로서의 언어를 정확하고 효율적으로 연결할 수 있는 지적 능력을 신장시키고, 표현 활동과 이해 활동을 효율적으로 할 수 있도록 지도한다. 셋째, 모든 언어활동은 활동의 내용인 사고와 사고의 전달 매체인 언어, 그리고 활동이 이루어지는 상황의 세 요소를 모두 포함한다. 국어과에서는 이 세 요소에 대한 관심과 지도를 소홀히 하여서는 안 된다. 그러나 언어사용 기능의 발달과 지도의 연계성을 고려하여 1학년에서는 언어활동에 즐겨 참여할 수 있도록 참여 의욕을 고취하고, 2학년에서는 표현하거나 이해하여야 할 내용을 정확하게 선정, 조직하도록 하며, 3학년에서는 목적과 상황을 종합적으로 고려하여 효과적으로 언어를 사용하도록 하였다.

### (7) 제6차 교육 과정의 시기(1992~1997)

제6차 교육 과정은 교육부고시 제1992-11호, 제1992-16호, 제1992-19호로 고시한 중학교, 초등 학교, 고등 학교 교육 과정을 말하며, 이 교육 과정은 1997년 12월 30일 교육부고시 제1997-15호로 개정된 초·중등학교 교육 과정이 시행되기까지 유효한 교육 과정이다. 제6차 교육 과정은 20세기에 마무리하고 새로운 시대를 준비하는 교육 개혁의 일환으로 개정된 점에서 특별한 시대적 의미를 지니게 되고, 기초, 보통 교육의 교육 내용 면에 상당히 근본적인 변화와 교육 개혁을 시도하고 있는 점이 그 특징이라고 할 수 있다. 제6차 교육 과정의 개정 중점은 교육 과정 결정의 분권화, 교육 과정 구조의 다양화, 교육 과정 내용의 적정화, 교육 과정 운영의 효율화 등 네 가지로 설정하였다.

### 가. 구성 방침 및 목표상의 특징

제6차 교육 과정의 구성 방침은 교육 목표(이념), 내용(행동), 운영(방법), 제도(체제)등의 네 가지 기준을 기반으로 설정되어 있다. 지금까지 국가 수준 교육 과정에서는 교육 과정을 구성하는 기본 방침을 주로 교육 목표와 내용에 국한시켜 설정해 왔다. 즉, 국민적 자질의 함양, 인간 교육의 강화, 지식 기술 교육의 쇄신 등과 같은 제3차 교육 과정의 기본 방침이 그 대표적인 예라고 할 수 있다. 이처럼, 교육 목표와 내용 중심의 구성 방침은 실제 학교 교육의 실천 과정과 방법을 고려하지 않고, 교육 과정 편성 . 운영의 흐름과 교육의 질 관리를 도외시한 측면이 있어서 단순한 교육 내용의 주제, 개념적 측면만을 강조하는 평면적 구성 방침에 그치게 되는 문제점이 있는 것이다.

제6차 교육 과정은 교육 과정의 구조와 체제를 결정하는 것과 목표, 내용, 방법, 평가의 방향과 기준을 설정하는 일에 있어서 그 구성의 기본 방침을 목표, 내용 면에 제한하지 않고 교육 과정의 운영과 교육 과정 제도 면까지 고려하여 설정하였다. 즉, 교육 과정을 구성함에 있어서, 목표, 내용, 운영, 제도의 네 측면의 핵심적인 강조점이 중요한 준거로 작용하게 하고, 그 결과가 학교 교육의 실제에 연결될 수 있도록 배려한 것이다.

### 나. 편제 및 운영상의 특징

제6차 교육 과정은 '교육 과정의 편성과 운영' 과 '교과와 특별 활동' 의 두 부분으로 구성되었다. 교육 과정의 편성과 운영에는 교육과정의 성격, 교육과정의 구성 방침, 편제, 시간 배당 기준, 편성·운영의 기본 지침을 제시하였으며, 교과와 특별 활동에는 필수 교과(도덕, 국어, 수학, 사회, 과학, 체육, 음악, 미술, 가정, 기술 . 산업, 영어)와 선택 교과(한문, 컴퓨터, 환경) 및 특별 활동의 성격, 목표, 내용 방법, 평가에 대한 기준을 체계적이고 일관성 있게 제시하였다. 특히, 교육법에 중학교의 교육 목적과 교육 목표가 제시되어 있기 때문에 교육법과의 관련성을 고려하여 교육과정에는 중학교의 교육 목표를 별도로 제시하지 아니한 점이 특징이라 하겠다.

교육 과정 편제는 교과와 특별 활동으로 구성하고, 교과는 필수 교과와 선택 교과로 하였다. 선택 교과 신설은 시대적 요구를 반영하고, 사회적, 개인적 필요에 따른 교육 과정 운영의 자율화, 다양화를 위한 교육 과정 편제의 변화라 하겠다. 편성·운영의 기본 지침에는 교육 과정의 편성과 운영을 구분하여 시 . 도교육청과 학교에서 해야 할 일들을 제시하고, 평가와 기타 사항에 대한 기본적인 지침도 제시하였다.

제6차 중학교 교육 과정 편제와 편성·운영 지침에 나타난 특징은 전 학년의 학습 부담 감축이다. 학생의 학습 부담을 적정화하기 위하여 수업 시간 수를 현행 주당 평균 34~36시간에서 34시간으로 감축하였고, 학교의 교육 과정 운영 재량을 확대하기 위해 수업 시간 수를 연간 시간 수로 제시하였다. 그리고 교과목을 통폐합 조정하여 필수 교과 수를 13개에서 11개로 축소하였다.

### 다. 국어과 교육과정

제 6차 국어과 교육과정의 개정 중점을 국어과 교육의 성격 규정, 국어과 교육 내용의 체계화, 국어과 교수・학습 방법에 관한 사항의 구체화, 국어과 평가 방법에 관한 사항의 명료화 등으로 구분하여 제시하였다. 이러한 중점 사항을 제외하고는 제 6차 국어과 교육 과정의 세부 내용은 제 5차 국어과 교육과정에 비하여 크게 바뀌지 않았다. 제 5차 국어과 교육과정의 세부 내용에 대하여 학교 현장에서 비교적 긍정적 반응을 보임과 동시에 국어과 교육의 개선을 위한 교육 활동이 제 5차 국어과 교육과정을 바탕으로 하여 착실하게 진행 중인 것으로 드러났기 때문이다.

### (8) 제7차 교육과정 시기(1997~2007)

21세기의 정보화·세계화 시대에 대비하여 1996년 2월 9일 당시의 대통령 자문 기구인 교육 개혁 위원회에서는 신교육과정의 필요성을 강력히 주장하게 되었다. 따라서 제7차 교육 과정은 21세기로 진입하는 문명사적 대전환의 시점에서 요청되는 신교육 체제 구상의 일환으로 제안된 것이었다. 다가오는 21세기는 정보화 사회, 지식 사회로 표현되는 새로운 문명의 시대이며, 이러한 역사의 대전환기에는 새로운 교육 체제의 구축이 필요하다는 것이다.

제7차 교육 과정에서는 '수요자 중심' 이라는 유의미성을 감안하여 그것이 가지는 본질적인 의미와 배경을 짚고 넘어가야 할 필요가 있는 것이다. 수요자 중심의 교육 체제에서 실현하고자 하는 것은 적합성의 원리에 의한 평등 교육이며, 수요자 중심 교육의 의미는 교육을 받는 당사자의 필요에 응하는 교육으로 해석되어야 한다. 교육과정관의 변화와 해석학적 관점에 의거한 학교 교육 및 학습자관의 변화, 그리고 이에 귀결되는 학습자 중심 교육 과정은 제7차 교육 과정 개정의 큰 흐름이 되었다. 1997년 12월 30일 고시된 '초·중등학교 교육과정' 은 이와 같은 21세기 의 세계화 . 정보화 시대의 큰 변화에 대비하여 '자율과 창의에 바탕을 둔 학생 중심 교육 과정' 으로 개정하였다.

### 가. 구성 방침 및 목표상의 특징

제7차 교육 과정 개정의 기본 방향은 '21세기의 세계화 . 정보화 시대를 주도할 자율적이고 창의적인 한국인 육성' 으로 설정하고, 기초·기본 교육의 충실, 자기 주도 능력의 신장, 학습자 중심 교육의 실천, 지역 및 학교의 자율성 확대에 중점을 두었다.

제7차 교육 과정을 통해 추구하는 인간상은 전인적인 성장의 기반 위에 개성을 추구하는 사람, 기초 능력을 토대로 창의적인 능력을 발휘하는 사람, 폭넓은 교양을 바탕으로 진로를 개척하는 사람, 우리 문화에 대한 이해의 토대 위에 새로운 가치를 창조하는 사람, 민주 시민 의식을 기초로 공동체의 발전에 공헌하는 사람으로 설정되어 있다.

이러한 교육 과정이 추구하는 인간상을 구현하기 위하여 제7차 교육 과정의 구성 방침을 다음과 같이 하였다. 첫째, 사회적 변화의 흐름을 주도할 수 있는 기본 능력을 길러 줄 수 있도록 교육

과정을 구성한다. 둘째, 국민 공통 기본 교육 과정과 선택 중심 교육 과정 체제를 도입한다. 셋째, 교육 내용의 양과 수준을 적정화하고, 심도 있는 학습이 이루어지도록 수준별 교육 과정을 도입한다. 넷째, 학생의 능력, 적성, 진로를 고려하여 교육 내용과 방법을 다양화한다. 다섯째, 교육 과정 편성과 운영에 있어서 현장의 자율성을 확대한다. 여섯째, 교육 과정 평가 체제를 확립하여 교육에 대한 질 관리를 강화한다.

### 나. 편제 및 운영상의 특징

제7차 교육 과정은 '자율과 창의에 바탕을 둔 학생 중심 교육 과정'으로 국민 공통 기본 교육 과정의 편성, 고교 2,3 학년의 학생 선택 중심 교육 과정의 도입, 수준별 교육 과정의 도입, 재량 활동의 신설 및 확대, 교과별 학습량의 최적화와 수준의 조정, 질 관리 중심의 교육 과정 평가 체제 확립, 정보화 사회에 대비한 창의성, 정보 능력의 배양 등을 개정의 특징으로 하고 있다.

중학교의 교육 과정은 재량 활동의 신설 정보화 사회에 적응할 수 있는 창의성 함양, 세계화・개방화에 대응하는 외국어 교육의 강화, 학생의 학습 부담 경감, 특별 활동의 내실 있는 운영, 교과 명칭의 변경 및 통합 등을 주요 개정 내용으로 하였다.

중학교 교육 과정의 편제와 시간 배당은 이러한 사항을 구체적으로 반영하고자 하였으며, 초등학교 1학년부터 고등학교 1학년까지의 10년간을 학년제 개념에 기초하여 '국민 공통 기본 교육 과정' 체제로 구성한 것이 가장 두드러진 특색이다.

제7차 교육 과정은 '국민 공통 기본 교육 과정'과 '고등학교 선택 중심 교육 과정'으로 구성되어 있다. 초등학교 1학년부터 고등학교 1학년까지의 10년간을 '국민 공통 기본 교육 기간'으로 설정하고, 이 기간 중에는 학교 급별 개념이 아니라 학년제 개념에 기초하여 일관성 있게 교육 과정 체제를 갖추었다.

### 다. 국어과 교육과정

제7차 국어과 교육과정에서는 제7차 교육 과정 총론이 지향하는 교육 과정 개정의 기본 방향과 중점 사항을 종합적으로 고려하고, 현행 국어과 교육 과정의 내적 문제를 개선하기 위하여 학습자의 창의적 국어 자용 능력 배양을 중시하는 교육 과정, 학습자의 의미 있는 학습 경험을 중시하는 교육 과정, 교육 내용의 사회적・개인적・학문적 적합성을 추구하는 교육 과정, 국어 교육의 질 향상에 기여하는 교육 과정의 구성을 교육과정 구성의 기본 방향으로 설정하였다.

제7차 국어과 교육 과정 개정의 기본 방향을 근거로 하여 제7차 국어과 교육과정 구성에서 강조한 사항은 국어과 성격 규정의 명료화, 국어과 목표 체계의 일원화, 교육 내용의 정선 및 내적 구조화 지향, 교육 내용의 학습 범위와 수준의 구체화, 교육 내용의 제시 방식 개선, 방법에 관한 사항의 상세화, 평가에 관한 사항의 상세화 등이다.

## 2. 2007 교육과정 이후의 교육과정

### (9) 2007 교육과정의 시기 (2007-2009)

제7차 교육과정 이후의 여러 가지 현실적 어려움과 그 동안의 국가·사회적 요구, 주5일수업제 시행 등을 반영하여 제7차 교육과정의 골격은 그대로 유지하면서 2007년 2월 부분적인 총론 개정이 이루어졌다(교육인적자원부 고시 제 2007-79호). 이에 앞서 2003년부터 교육과정 수시 개정체제가 도입되어 개정 교육과정의 명칭도 '2007년 개정 교육과정'으로 명명되었다.

2007 교육과정에서는 단위 학교의 교육과정 편성·운영의 자율권을 확대하여 재량 활동의 하위 영역별 단위 배당을 학교에서 편성하도록 하고, 집중 이수제를 도입하여 교과에 배당된 수업 시간 수를 학기 또는 학년 단위로 집중 편성할 수 있도록 하였다. 보통 교과의 일반 선택 과목과 심화 선택 과목을 통합하여 선택 과목으로 일원화하고, 이수 단위를 6단위(교양 등 일부 과목은 4단위)로 통일하여 학교에서의 효율적 운영을 도모하였다. 5개의 선택 과목군을 6개로 조정하여 예·체능 과목군을 체육 과목군과 예술 과목군으로 분리함으로써 지·덕·체의 조화로운 인성 교육이 이루어지도록 하였다.

#### 가. 구성 방침 및 목표상의 특징

2007 교육과정 개정의 기본 방향은 수시 개정 체제의 취지에

따라 교육과정의 안정성을 확보하는 차원에서 제7차 교육과정의 기본 철학과 체제를 유지하면서 적용상의 문제점을 개선하는 데 두었다. 따라서 제7차 교육과정에서 설정된 학습자 중심 교육, 단위 학교에서 만들어 가는 교육과정, 추구하는 인간상, 교육 목표 등의 관점과 국민 공통 기본 교육과정과 선택 중심 교육과정 체제 등 교육과정의 기본적인 틀을 그대로 유지하면서 교과 내용 개선에 중점을 두었다.

이러한 개정의 기본 방향을 바탕으로 하는 개정의 중점은 다음과 같다. 첫째, 단위 학교 교육과정 편성·운영의 자율권을 보다 실질적으로 확대하고자 하였다. 둘째, 국가·사회적 요구 사항을 보다 적극적으로 반영하고자 하였다. 셋째, 고등학교 선택 중심 교육과정을 개선하고자 하였다. 넷째, 교과별 교육 내용의 적정화를 도모하고자 하였다. 다섯째, 주 5일 수업제의 월 2회 실시에 따라 수업 시수를 일부 조정하였다. 이와 같이 개정 교육과정에서는 제7차 교육과정의 이념 및 철학, 방향 등 기본 관점을 계승하면서 교육과정의 적용상에서 드러난 문제점을 보완하고 학교 교육을 둘러싼 사회·문화적 변화 및 국가·사회적 요구를 반영하는 데 중점을 두었다. 특히 수시 개정에 따라 제 7 차 교육과정 총론의 골간은 승계하고 교과 교육과정의 교육 내용 개선에 초점을 두었다고 볼 수 있다.

2007 개정 교육과정을 통하여 추구하는 인간상은 전인적인 성장의 기반 위에 개성을 추구하는 사람, 기초 능력을 토대로 창의적인 능력을 발휘하는 사람, 폭넓은 교양을 바탕으로 진로를 개척하는 사람, 우리 문화에 대한 이해의 토대 위에 새로운 가치를 창조하는 사람, 민주 시민 의식을 기초로 공동체의 발전에 공헌하는

사람으로 설정되어 있다.

### 나. 편제 및 운영상의 특징

2007년 개정 교육과정은 제7차 교육과정의 기본 철학과 체제를 유지하면서 운영상의 문제점을 보완하는 수준에서 마련되었다. 고등학교 교육과정 개정은 '교과 편제의 조정'과 '학교 교육과정 편성·운영의 자율성 확대', '국가 사회적 요구 사항 반영', '수업 시수 조정'에 중점을 두었고, 이러한 사항들은 교육과정의 편제와 시간 배당에 구체적으로 반영되어 있다.

고등학교 11, 12학년에서의 단위 배당 기준은 다음과 같은 성격을 갖는다. 첫째, 학년별, 교과 및 영역별로 배당된 시간(단위)은 '최소' 기준의 개념으로 제시되었다. 둘째, 학교 교육과정 운영의 자율성을 보장하기 위하여 교과와 특별 활동의 수업 시간(단위)은 주당 시수로 표기하지 않고 이수 단위로 제시되어 있다. 셋째, 학교와 학생의 요구에 따라 시·도 교육감의 승인하에 전문 교과에 제시된 과목을 개설하거나 새로운 과목을 신설할 수 있도록 재량권을 부여하였다.

### 다. 국어과 교육과정

2007 국어과 교육과정 개정의 중점은 담화와 글의 수용과 생산 중심의 국어 교육 지향, 실제와 내용 요소 간의 관련성 및 내용 요소 간의 통합성 강조, 학교 수준에서의 수준별 교육 지향, 담화와 글의 생산과 수용 활동에 작용하는 맥락의 강조, 교육 내용의 타당성과 적정성과 연계성 강화, 다양한 정보 제공을 통한 소통성의 강화, 언어 환경의 변화에 따른 매체 관련 내용의 확대 등이다.

2007 개정 국어과 교육과정에서는 개별적 독립적 탈맥락적인 지식, 기능의 학습보다는 구체적이고 실제적인 담화와 글을 수용하고 생산하는 활동 속에서 학습자의 국어 능력이 신장된다고 보고, 교육 내용을 '실제' 범주를 중심으로 구성하였으며, 실제와 내용 요소 간의 관련성, 내용 요소 간의 통합성을 고려하여 교육 내용을 구성하였다. 2007 개정 교육과정에서는 학습자의 수준을 규정하는 주체를 국가가 아닌 단위 학교로 설정하였으며, 내용 요소 선정 범주에 지식, 기능 외에 맥락 범주를 새롭게 설정하였다. 교육 내용의 타당성을 사회적 요구, 학문적 요구, 학습자 요구에 근거하여 분석하여 새로운 교육 내용을 추가하거나 타당성이 떨어지는 내용을 삭제함으로써 교육 내용의 타당성을 강화하였다. 2007 개정 국어과 교육과정은 국어 수업을 통해서 학습자가 도달해야 할 성취 기준을 중심으로 교육 내용을 선정하고 배열하였으며, 이러한 성취 기준을 이해하는 데 필요한 다양한 정보를 제공하고자 하였고, 언어 사용 환경의 변화를 반영하여 교육 내용을 선정하였다.

#### (10) 2009 교육과정의 시기 (2009-)

미래형 교육과정 구상의 주안점은 교육과정 적합성 제고, 교육과정의 적정화, 교육과정의 다양화, 교육과정의 자율화, 교육과정의 책무성 강화이다. 이를 바탕으로 초·중등학교 교육과정 개선에서는 첫째, 과잉 규제 완화 및 학교 교육과정 편성·운영의 자율성 확대, 둘째, 공통 교육과정과 선택 교육과정의 합리적 범위 설정,

셋째, 학습자·지식·사회 측면에서 교육 내용의 적합성 확보, 넷째, 학년군간·학교급간·교과간 계열성과 통합성 제고에 중점을 두었다.

### 가. 구성 방침 및 목표상의 특징

2009 개정 교육과정의 방향은 '하고 싶은 공부, 즐거운 학교'가 될 수 있도록 학생의 지나친 학습 부담을 감축하고, 학습 흥미를 유발하며, 단편적 지식·이해 교육이 아닌 학습하는 능력을 기르도록 하고, 지나친 암기중심 교육에서 배려와 나눔을 실천하는 창의 인재를 양성하는 교육으로의 변화를 추구하는 것이다. 이를 위해서 유의미한 학습과 전인적 성장이 가능하도록 교육과정을 구성하였다.

### 나. 편제 및 운영상의 특징

2009 개정 교육과정은 다양성과 창의성, 나눔과 배려의 인성, 더불어 세계적 안목을 갖춘 미래세계의 인재를 길러내는 데 역점을 두고 있다. 이를 위해 기존의 경직된 국가 주도형 체제에서 벗어나 단위학교가 자율적으로 교육과정을 편성하고 운영할 수 있는 권한을 대폭 확대하는 방향으로 개정이 이루어졌다. 2009 개정 교육과정의 편제와 시간배당에 대한 구체적 내용은 다음과 같다.

2009 개정 교육과정은 초등학교 1학년부터 중학교 3학년까지의 '공통 교육과정'과 고등학교 1학년부터 3학년까지의 '선택 교육과정'으로 구성된다. 중학교는 공통·의무 교육의 완성을 통해서 대한민국 국민으로서 기본적인 소양을 갖추고 기초능력을 배양하며, 동시에 고등학교 기간 동안 학생이 자신의 진로, 요구, 희망, 진학 계열에 맞는 맞춤형 교육이 이루어질 수 있는 기반을 형성하는 중

요한 시기이다.

### 다. 국어과 교육과정

2009 고등학교 국어과 교육과정 개정의 기본 방향은 2007 개정 국어과 선택 과목 교육과정을 기반으로 하되, 세분화된 선택 과목을 재구조화하고, 학습의 과정을 고려하여 이를 Ⅰ, Ⅱ 과목으로 편성하는 것이었다. 2009 개정 교육과정에서는 1학년~9학년까지의 공통 교육과정과 고등학교(10학년~12학년)의 선택 교육과정 체제를 새롭게 도입하였다.

고등학교 국어과 교육과정 개정의 중점은 다음과 같다. 첫째, 선택 과목별 이수 비율 간의 현격한 차이를 극복하고 균형 있는 국어 학습을 도모하고자 기존 선택 과목을 재구조화하는 방안을 모색하고 학습의 과정을 고려하여 선택 과목을 Ⅰ, Ⅱ로 편성하였다. 둘째, 중학교 국어과 공통 교육과정 및 고등학교 '국어' 과목과의 연계성을 고려하면서 선택 과목의 특수성을 감안하여 고등학교 국어과 교육과정을 구성하였다. 셋째, 2009 개정 고등학교 국어과 선택 과목 교육과정은 기존의 필수과목이었던 '국어' 과목이 선택 과목으로 편성되었다. 또한 2007년 개정 국어과 선택 중심 교육과정의 '화법', '독서', '작문', '문법', '문학', '매체 언어' 과목은 '화법과 작문 Ⅰ', '화법과 작문 Ⅱ', '독서와 문법 Ⅰ', '독서와 문법 Ⅱ', '문학 Ⅰ', '문학 Ⅱ' 과목으로 재구조화하여 2009 개정 교육과정의 고등학교 국어과 선택 과목은 7개 과목이다.

#### (11) 2011 교육과정 시기 (2011-)

우리나라의 교육은 홍익인간의 이념 아래 모든 국민으로 하여금 인격을 도야하고, 자주적 생활 능력과 민주 시민으로서 필요한 자질을 갖추게 하여 인간다운 삶을 영위하게 하고, 민주 국가의 발전과 인류 공영의 이상을 실현하는 데 이바지하게 함을 목적으로 하고 있다. 이와 연관하여 2011 교육과정에서 추구하는 인간상은 전인적 성장의 기반 위에 개성의 발달과 진로를 개척하는 사람, 기초 능력의 바탕 위에 새로운 발상과 도전으로 창의성을 발휘하는 사람, 문화적 소양과 다원적 가치에 대한 이해를 바탕으로 품격 있는 삶을 영위하는 사람, 세계와 소통하는 시민으로서 배려와 나눔의 정신으로 공동체 발전에 참여하는 사람 등이다.

### 가. 구성 방침 및 목표상의 특징

2011 교육과정 구성의 방침은 다음과 같다. 첫째, 배려와 나눔을 실천하는 창의적인 인재를 기를 수 있도록 교육과정을 구성한다. 둘째, 초등학교 1학년부터 중학교 3학년까지의 공통 교육과정과 고등학교 1학년부터 3학년까지의 선택 교육과정으로 편성한다. 셋째, 교육과정 편성·운영의 경직성을 탈피하고, 학년 간 상호 연계와 협력을 통한 학교 교육과정 편성·운영의 유연성을 부여하기 위하여 학년군을 설정한다. 넷째, 공통 교육과정의 교과는 교육 목적상의 근접성, 학문 탐구 대상 또는 방법상의 인접성, 생활양식에서의 연관성 등을 고려하여 교과군으로 재분류한다. 다섯째, 선택 교육과정에서는 학생들의 기초영역 학습 강화와 진로 및 적성 등을 감안한 적정 학습이 가능하도록 4개의 교과 영역으로 구분하고, 필수이수단위를 제시한다. 여섯째, 학기당 이수 교과목 수의 축소를 통한 학습부담의 적정화와 의미 있는 학습활동이 전개될

수 있도록 집중이수를 확대한다. 일곱째, 기존의 재량활동과 특별활동을 통합하여 배려와 나눔의 실천을 위한 '창의적 체험활동'을 신설한다. 여덟째, 학교 교육과정 평가, 교과 평가의 개선, 국가수준의 학업성취도 평가 실시 등을 통해 교육과정 질 관리 체제를 강화한다.

### 나. 편제 및 운영상의 특징

2011 중학교 교육과정은 교과(군)와 창의적 체험활동으로 편성되었다. 교과(군)는 국어, 사회(역사 포함)/도덕, 수학, 과학/기술·가정, 체육, 예술(음악/미술), 영어, 선택으로 한다. 선택은 한문, 정보, 환경과 녹색성장, 생활 외국어(독일어, 프랑스어, 스페인어, 중국어, 일본어, 러시아어, 아랍어, 베트남어), 보건, 진로와 직업 등 선택 과목으로 편성한다. 그리고 창의적 체험활동은 자율 활동, 동아리 활동, 봉사 활동, 진로 활동으로 편성한다.

### 다. 국어과 교육과정

2011 국어과 교육과정의 개정 방향과 중점은 통합과 총체적 교육을 지향하는 교육과정, 학습자 중심의 '학교 밀착형' 교육과정, 창의력 신장을 위한 교육과정, 국가 정체성 및 녹색성장을 반영한 교육과정, 국어교육계의 다양한 요구를 수렴한 교육과정, 기존의 논의를 수렴한 교육과정 등으로 요약할 수 있다.

2011 국어과 교육과정의 개정의 특성은 기존 영역의 통합을 고려한 교육과정 구성, 국어과의 지속적 추구 목표인 '창의적 국어능력 함양'과 최근의 사회문화적 변화에 대처한 '국어문화 향유 능력 함양'을 추구하는 교육과정 구성, 국어 교과 관련 국가·사회적

요구 반영, 내용 연계성 강화 및 양과 수준의 적정화 등을 들 수 있다.

2011 국어과 교육과정에서는 학년별 성취 기준 제시 방식에서 학년군별 성취 기준 제시 방식으로 전환하였고, 공통교육과정 기간 조정(10학년→9학년)에 따른 공통 과목과 선택 과목 간의 내용 재조정 및 연계성 확보를 추구하였으며, 학년군·교과군을 고려한 최소 필수 학습 내용을 정선함으로써 교과 내용을 약 20% 정도 감축 조정하였다. 그리고 2011 국어과 교육과정 교과목별 성취 기준의 구체적 제시와 함께 교육과정 문서 체제의 구체화 및 명료화, 교육과정 구성 취지와 학습자의 문화적 사회적 경험 관련 내용의 구체적 제시, 수준별 교육 내용의 단계적 구체적 제시, 언어 능력과 언어 학습 태도의 증진이라는 목적 및 목표의 구체적 제시 등의 특성을 지닌다.

제 3 장

# 국어 교과의 성격

1. 국어 교과의 본질과 특성
2. 국어 교과의 편제와 시간 배당 기준
3. 국어 교과의 성격

# 제3장 국어 교과의 성격

## 국어 교과의 성격

### 1. 국어 교과의 본질과 특성

#### (1) 21세기 사회와 국어 활동 능력

국어과 교육과정의 내용 구성을 위해서는 국어 교과의 특성에 대한 올바른 인식이 전제되어야 할 것이다. 국어 교과는 학생들의 국어활동 능력을 신장하기 위한 교과라는 데서 교과로서의 특성을 갖는다. 국어교육의 가장 기본적인 목표는 학생들로 하여금 국어 활동 능력을 제대로 갖추게 하는 데 있다. 그런데 국어 활동 능력을 갖춘 상태란 구체적으로 어떠한 상태인지에 관해 명확하게 규정을 짓기란 매우 어려운 일이다. 국어 활동 능력의 기준은 역사의 흐름에 따라 크게 변화해 왔을 뿐만 아니라 한 개인이 속한 사회 집단에 따라 서로 달리 인식되고 있기 때문이다.

오늘날 국어교육 현장에서는 교육과정 운영 및 수업 운영에 있어서 다양한 접근이 이루어지고 있다. 국어교육에 관한 이와 같은 다양한 접근 방식들에서 다음과 같은 중요한 공통분모를 추출할 수 있다. 학생들이 장차 그들의 삶을 살아가면서 직면하게 될 국어 활동 능력에 대한 다양한 요구를 충족시킬 수 있는 능력을 국어교육을 통하여 학생들에게 반드시 길러 주어야 한다는 점이다. 또한, 국어 교과는 교과 자체로서도 중요하지만 다른 교과에서의 학습을 뒷받침하는 중요한 기능을 한다는 점이다. 그리고 국어 활동 능력은 유의미한 활동과 상황에서의 교육을 통하여 가장 잘 개발할 수 있다는 점이다. 국어교육에 대한 이러한 시각은 교사는 물론이고 학부모와 교육행정가, 교육정책 수립가 등 우리 교육의 미래와 국어교육의 미래에 대한 책임을 지니고 있는 모든 사람들이 반드시 공유해야 할 시각이다.

디지털 기술의 발달과 함께 21세기의 사회에서는 교육 분야에 있어서 새로운 학습 환경을 조성할 수 있는 중요한 수단을 갖추게 되었다. 학생들은 시간과 공간의 제약을 벗어나 자유롭게 광범위한 정보에 접근할 수 있게 되었다. 학습의 내용 또한 수직적으로나 수평적으로 크게 확충되었으며, 학생들의 흥미와 요구와 능력에 따라 비교적 쉽게 조절될 수 있게 되었다. 학생들은 필요한 학습 정보를 수동적으로 수용하는 대신에 주어진 정보를 조절하고 적용함으로써 자신의 학습 경험을 재구조화하고 재설계할 수 있게 되었다. 또한, 21세기의 사회가 요구하는 국어 활동 능력을 효과적으로 신장할 수 있는 도구와 자원에 모든 사람들이 비교적 균등하게 접근할 수 있는 기회가 부여되고 있으며, 사회 구성원들은 누구나 평생학습의 중요성을 인식하게 되고 세상의 변화와 함께 새로운 지식과 기술을 축적해 나갈 수 있게 되었다. 그리고 사람들은 국경을 자유자재로 넘나들며 다른 세계의 사람들과 생각과 정보를 공유하면서 서로 다른 가치체계와 문화에 대한 이해를 심화할 수 있게 되어가고 있다.

### (2) 국어 활동 능력의 구성 요인

국어과 교육의 성격과 목표와 내용과 방법을 깊이 있게 이해하기 위해서는 국어 활동 능력의 학습을 구성하는 특징적인 요인을 통합적으로 이해할 필요가 있다. 국어과 교육의 성격을 평면적인 위상에서 이해하려고 할 경우에는 국어과 교육을 구성하는 주요 측면들 사이의 관계를 상하 관계 내지 종속 관계 또는 배타적 관계로 인식하는 오류에 빠질 수 있다. 이러한 오류를 피하기 위해서 제6차 국어과 교육과정의 연구개발진은 국어과 교육을 구성하는 주요 측면들을 다음 <그림 1-1>과 같이 구조화한 바 있다(박영목 외, 1995).

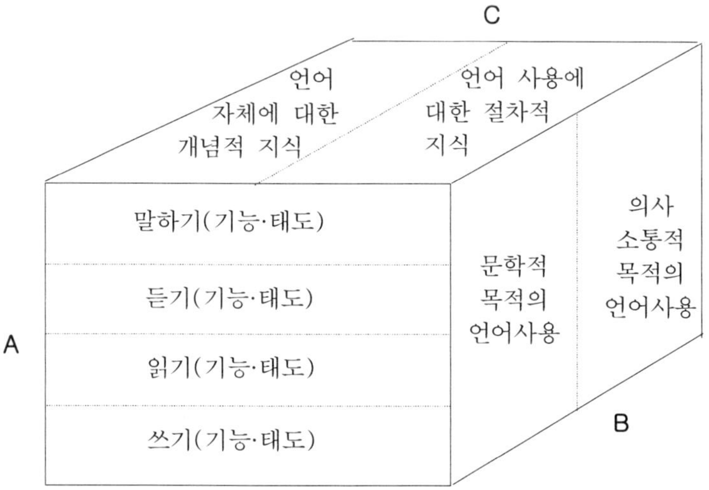


<그림 1> 국어과 교육의 주요 측면

<그림 1>은 국어과 교육을 구성하는 세 가지 주요 측면 즉, 국어 활동의 형태(A), 국어  활동의 목적(B), 국어 활동의 기저 지식(C) 사이의 상호 관련성을 나타낸 것이다. 이 그림에 제시된 세 가지 주요 측면은 국어과 교육의 성격에 대한 세 가지 시각과 직결된다. 언어 사용 기능을 중시하는 시각은 측면 A와 직결되고, 배경 학문이 제공하는 지식을 중시하는 시각은 측면 C와 직결되며, 국어 교육과 문학 교육의 이원적 구조를 중시하는 시각은 측면 B와 직결된다. <그림 1>에 제시된 기본적 아이디어는 국어과 교육의 특성에 대한 상이한 시각을 지니고 있는 사람들의 견해를 전면적으로 수용할 수는 없다 할지라도 국어과 교육의 성격을 통합적으로 이해하는 데뿐만 아니라 국어 교육을 이론적으로 연구하는

데 있어서도 하나의 지침이 될 수 있을 것이다.

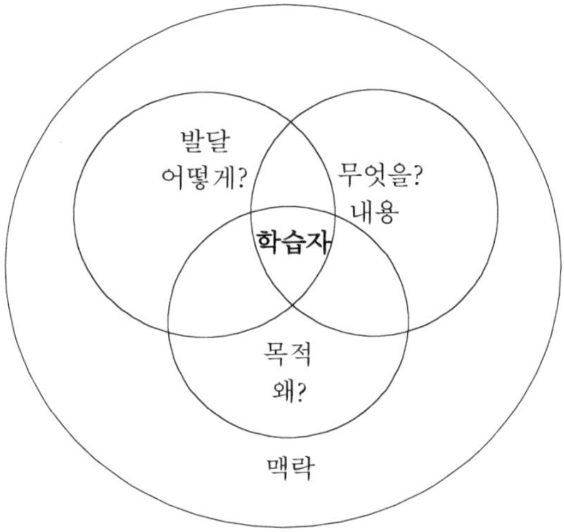


<그림 2> 국어 활동 능력 학습의 구성 요인

국어 활동 능력의 학습을 구성하는 특징적인 요인은 내용, 목적, 발달, 상황의 네 가지로 분석할 수 있다. 이들 네 가지 요인은 국어 활동 능력의 학습 과정을 설명하는 데 있어서 나침반의 구실을 한다고 볼 수 있다. 국어교육의 목표와 내용과 방법의 결정은 국어 활동 능력 학습의 네 가지 요인, 즉 내용 요인, 목표 요인, 발달 요인, 사회·문화적 맥락 요인 등을 모두 고려하여 이루어져야 한다. <그림 2>는 국어 활동 능력 학습의 구성 요인을 IRA와 NCTE(1996)의 '영어학습 성취 수준 모형'을 참조하여 재구성한 것이다.

국어 활동 능력 학습의 구성 요인 중에서 내용 요인은 학생들이 국어교육의 과정에서 무엇을 알아야 하며, 무엇을 할 수 있어야 하는지와 연관되는 요인이다. 국어교육의 내용은 문어와 구어와 시각 텍스트에 관한 지식은 물론 그러한 텍스트를 창안하고 해석하고 비판하는 과정에 관한 지식을 포함하는 것이다. 국어 활동의 과제가 무엇인가에 따라 국어교육의 내용은 개인적 지식이나 기술적 지식이나 사회적 지식과 연관될 수 있다. 주어진 언어사용활동 상황에 따라 개인적 지식과 학문적 지식과 사회적 지식이 결합될 수도 있다.

목표 요인은 학생들이 국어교육의 내용 요소들을 학습해야 하는 이유와 함께 언어 사용 활동의 바람직한 결과, 동기, 이유, 목적 등과 연관되는 요인이다. 우리는 무언가를 배우기 위하여, 어떤 아이디어를 표출하기 위하여, 정보를 전달하기 위하여, 다른 사람들을 설득하기 위하여, 관찰한 것을 기록하기 위하여, 미적 경험을 향유하기 위하여, 또는 사회적 활동에 참여하기 위하여 언어사용 활동을 하게 된다. 이러한 여러 가지 목적들은 인간의 언어사용활동 과정에서 복합적으로 추구되는 경우가 많다.

발달 요인은 학생들이 사려 깊은 언어사용자로서 어떻게 성장·발달해 가야 하는지와 연관되는 요인이다. 사려 깊은 언어사용자로서 성장해 나가기 위해 학생들은 내용적 지식과 일련의 전략을 축적해 나갈 뿐만 아니라 다양한 형태의 국어활동에 참여하면서 이들 지식과 전략을 유연하게 적용하는 능력을 개발해 나간다. 국어교육을 통하여 학생들은 언어를 명료하게, 전략적으로, 비판적으로, 그리고 창의적으로 사용할 수 있는 능력을 신장해 나가게 된다. 학생들은 자신의 목적과 목표를 달성하기 위하여 최선의 국어활동 방식이 무엇인지를 깨닫게 되며, 언어의 관습에 관한 지식과 이들 지식을 적용하는 능력을 개발해 나가게 된다. 또한 학생들은 그들 자신의 경험과 텍스트에 관한 지식을 통합하는 능력을 점진적으로 신장해 나가게 된다.

위에서 제시한 세 가지 요인은 모두 국어 활동을 둘러싼 사회·문화적 맥락의 영향을 받는다. 국어 활동을 둘러 싼 사회적 맥락과 문화적 맥락은 언어의 구조와 의미와 사용 방식에 영향을 미친다. 모든 국어 활동은 특정의 사회적 맥락과 문화적 맥락 안에서 이루어지기 때문에 사회·문화적 맥락 요인은 국어 활동 능력의 학습을 총체적인 관점에서 규정할 수 있도록 해 준다.

국어과 교육의 목표와 연관하여 모든 학생들에 대한 높은 교육적 기대를 촉진하고 교육기회의 간극을 해소하기 위해서는 국어과 학습을 통하여 학생들이 성취해야 할 도달점에 대한 일정한 기준의 설정이 필요하다. 이 기준은 모든 학생들이 장차 유능한 시민으로서 우리 사회에 최대한으로 기여할 수 있게 하는 데 도움을 줄 것이다. 국어과 교육을 통하여 모든 학생들을 창의적인 국어 활동 능력을 충실히 갖춘 시민으로 준비시키기 위해서는 모든 학생들에 대하여 높은 기대치를 가질 필요가 있으며, 이러한 기대치를 충족시키기 위해서는 국어과 교육의 성취 기준에 모든 학생들이 도달할 수 있도록 해야 한다. 그리고 이에 대한 책임은 학교와 교사만의 책임이 아니라 학부모, 정책 수립가, 사회공동체 모두의 책임이라고 할 수 있다. 물론 국어과 교육의 성취 기준만으로 사회·경제적 차이, 문화적 차이 등이 학습에 미치는 영향을 제거할 수는 없다. 그러므로 모든 학생들에게 최적의 학습 기회를 제공하고, 모든 학교에도 최적의 학습 자원과 환경을 제공하도록 해야 할 것이다.

### (3) 국어 교과의 특성

국어 교과를 통하여 학생들은 국어에 관하여 학습함과 아울러 텍스트에 대하여 학습하고 텍스트와의 연계 활동을 통하여 국어를 효과적으로 사용하는 방법을 학습하게 된다. 여기에서 텍스트는 문자언어와 음성언어와 시각언어에 의한 의사소통의 형식을 일컫는 말이다. 국어 교과에서 학생들이 국어에 관하여 학습하게 되는 텍스트는 간단한 담화에서부터 복잡한 형식의 글에 이르기까지 매우 광범위하고 다양하다. 어떤 특정 텍스트를 학습한다는 것은 그 자체가 목적이 될 수 없고, 국어 교과를 통한 바람직한 성취수준에 도달하기 위한 수단으로서의 의미를 갖는다. 학생들은 그들 자신의 텍스트를 생산하기 위하여 그리고 다른 사람들이 생산한 텍스트를 수용하기 위하여 국어교과를 학습하는 것이다.

국어 교과를 통하여 학생들은 자신이 이미 보유하고 있는 국어능력을 바탕으로 하여 새로운 국어능력을 인식하고 수용하고 가치를 부여하고 신장하고 확장해 나가게 된다. 국어 교과의 학습을 통하여 학생들은 기능적 문식력과 비판적 문식력을 계발해 나간다. 학생들은 우리 사회문화 공동체가 가치를 부여하고 인정하는 국어 활동의 기본적인 관습을 이해하고 적용하는 법을 학습함과 아울러 자신과 타인의 언어 사용을 비판적으로 분석하고 반추하는 법을 학습한다.

국어는 한국인의 생활에 있어서 중심적인 역할을 한다. 국어는 의사소통의 수단이며, 사고의 도구이고, 창조의 수단이며, 즐거움의 원천을 제공한다. 국어를 이해하고 국어를 효과적으로 사용할 수 있는 능력을 갖추게 됨으로써 학생들은 우리사회에서 적극적인 역할을 할 수 있게 되며 자신의 성장에도 도움을 받게 된다.

21세기의 사회에서 요구되는 문식력은 자신이 속한 사회문화 공동체 내에서 성공적으로 역할을 수행할 수 있도록 언어를 사용할 수 있는 능력이다. 현대 사회의 시민들은 국어사용능력의 측면에서 다양한 요구에 직면하고 있다. 일과 사회생활의 특성의 변화와 새로운 기술의 발달로 인하여 새롭고 상이한 의사소통 형식이 대단히 다양한 양상으로 나타나게 되었다. 학생들은 이와 같은 급격한 변화에 대응하기 위하여 대단히 높은 수준의 문식력을 갖추어야만 한다.

학생들은 미래사회의 도전에 대비할 필요가 있다. 국어는 모든 시간과 상황에 두루 적용될 수 있는, 중립적이며 변화하지 않고 미리 설정된 일련의 규칙이나 활동이 아니다. 20세기 초의 한국사회에서 효과적인 생활을 영위하는 데 필요했던 국어사용능력들만으로는 21세기 초의 한국사회에서 효과적인 생활을 영위하기에 충분하지 않다. 어떤 상황에서는 문식적인 사람도 다른 상황에서 요구되는 문식적 기능을 갖추지 않을 수도 있기 때문에 어떤 한 개인을 문식적이게끔 하는 기능도 사회문화적 맥락에 따라 얼마든지 달라질 수 있다. 학생들은 새로운 문식적 상황과 요구에 적응할 수 있도록 국어에 대한 이해와 함께 국어를 효과적이고 적절하게 사용할 수 있는 능력을 갖추어야 한다. 전문적이고도 특수한 문식력은 사실 다른 여러 교과의 학습 영역에 속하지만 국어 교과는 국어와 국어의 사용 방법에 대한 지식에 초점을 두기 때문에 학생들의 문식력을 개발하는 데 있어서 중추적인 역할을 하게 된다.

기능적 문식력은 언어 공동체에 의하여 그 가치를 인정받고 채택되고 있는 언어 관습을 조정하고 이해할 수 있는 능력을 포함한다. 학생들은 언어 관습의 중요성을 이해하고 실제로 활용할 수 있어야 한다. 학생들에게 중요한 언어 관습에는 글씨쓰기, 맞춤법, 문법에서부터 언어 사용의 목적 및 대상과 맥락과 연관되는 언어 사용 형식과 장르와 양식 등과 연관되는 관습뿐만 아니라 대중매체와 새로운 정보기술의 향유와 아이디어와 정보의 제시 방식과 연관되는 관습, 여러 유형의 문학 텍스트와 연관되는 관습 등을 모두 포괄한다. 학생들은 자신의 아이디어와 감정과 태도를 소통하기 위하여, 점점 복잡해져 가는 의사소통 요구를 충족하기 위하여, 새로운 아이디어와 가치를 탐색하기 위하여, 급속하게 증대되는 새로운 지식과 사고 양식에 접근하기 위하여 위에서 제시한 언어 관습을 적절하게 이용할 수 있어야 한다.

학생들은 기능적 문식력과 함께 비판적 문식력을 계발해나갈 필요가 있다. 비판적 문식력의 습득에 가장 기초가 되는 일은 국어가 변화하는 사회적 조건을 반영함과 아울러 그 조건에 반응하는 역동적 사회화 과정임을 이해하고, 국어가 우리 자신과 우리가 살고 있는 세계에 관한 가치, 신념, 사고 양식과 밀접하게 연관된다는 사실을 이해하는 것이다. 비판적 문식력은 사회문화적 다양성에 대한 인식과 이해는 물론 의사소통 의미의 맥락, 목적, 대상에의 의존성에 대한 이해를 포괄한다.

비판적 문식력의 핵심적인 요소는 언어와 힘 사이의 관계에 대한 인식이라고 할 수 있다. 잘 발달된 언어 사용 기능은 지식을 통하여 힘의 원천에 접근할 수 있는 기회를 제공하며, 언어와 의사소통에 대한 조정은 다른 사람들과의 상호작용에 있어서 힘을 제공하고, 언어는 그들 자신의 행동을 바르게 하고 아울러 다른 사람들의 행동을 바르게 하는 데 이용될 수 있으며, 언어와 언어 사용 방식에 대한 지식은 다른 사람들과의 사회적 상호작용을 원활히 하는 데 이용될 수 있다는 점 등을 학생들은 정확하게 이해할 필요가 있다. 비판적 문식력과 기능적 문식력은 밀접하게 상호 연관된다. 국어 교과를 통한 비판적 문식력과 기능적 문식력의 계발은 학생들로 하여금 유능하고 사려 깊고 적절하며 비판적인 언어 사용자로 성장할 수 있게 해 줌과 아울러 지식을 추구하고 그들 자신의 잠재 능력을 최대한으로 발휘하는 데 필요한 기능을 제공해 준다.

국어과 교육은 언어 자료, 즉 텍스트를 중핵으로 하는 국어 활동 능력의 신장이라는 데서 그 특성을 찾을 수 있다. 다음에 제시된 <그림 3>은 국어 교과의 특성을 호주의 영어과 교육과정에 제시된 영어 학습의 기본 골격(Curriculum Council of Western Australlia, 1998)을 참조하여 재구성한 것이다.

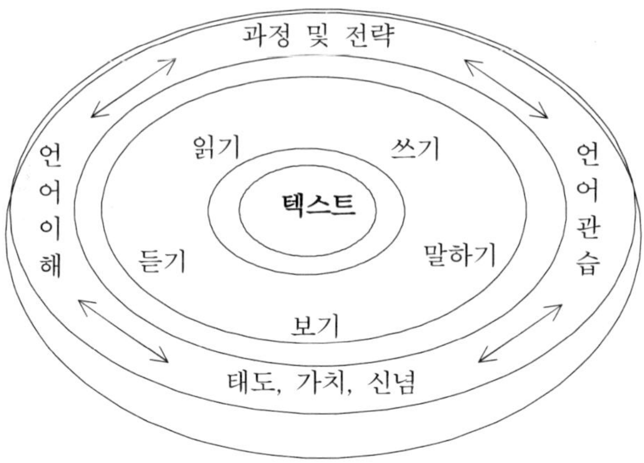


<그림 3> 국어 교과 학습의 구성 요인

## 2. 국어 교과의 편제와 시간 배당 기준

국어 교과에는 국어 과목을 비롯하여 화법, 작문, 독서, 문법, 문학 등의 여러 과목이 있다. 국어 교과의 성격을 명확하게 이해하기 위해서는 국어과 교육과정의 편제와 시간 배당 기준을 알아야 한다. 이와 연관하여 다음에서는 현재 학교 현장에서 시행되고 있는 2007 교육과정부터 2011 교육과정까지의 국어과 교육과정 편제와 시간 배당 기준을 정리하여 제시해 보기로 한다.

### (1) 2007 국어과 교육과정 편제와 시간(단위) 배당 기준

2007년 2월 28일 초·중등교육법 제23조 제2항에 의거하여 초·중등학교 교육과정을 교육인적자원부 고시 제2007-79호로 고시하였다.

2007 교육과정의 편제는 다음과 같다.

가. 교육과정은 국민 공통 기본 교육과정과 고등학교 선택 중심 교육과정으로 구성한다.

나. 국민 공통 기본 교육과정은 교과, 재량 활동, 특별 활동으로 편성한다.

(1) 교과는 국어, 도덕, 사회, 수학, 과학, 실과(기술가정), 체육, 음악, 미술, 외국어(영어)로 한다. 다만, 초등학교 1, 2학년의 교과는 국어, 수학, 바른 생활, 슬기로운 생활, 즐거운 생활 및 우리들은 1학년으로 한다.

(2) 재량 활동은 교과 재량 활동과 창의적 재량 활동으로 한다.

(3) 특별 활동은 자치 활동, 적응 활동, 계발 활동, 봉사 활동, 행사 활동으로 한다.

다. 고등학교 선택 중심 교육과정은 교과와 특별 활동으로 편성한다.

(1) 교과는 보통 교과와 전문 교과로 한다.

(가) 보통 교과는 국어, 도덕, 사회, 수학, 과학, 기술가정, 체육, 음악, 미술, 외국어와 한문, 교양 선택 과목으로 한다.

위의 편제에서 알 수 있듯이 국어 교과는 '국민 공통 기본 교육과정'에도 포함되어 있고. '고등학교 선택 중심 교육과정'에도 포함되어 있는 교과이다.

2007 교육과정의 은 다음 <표 1>과 같다.

<표 1> 국민 공통 기본 교육과정 시간 배당 기준

| 구분\학년 | 1학년 | 2학년 | 3학년 | 4학년 | 5학년 | 6학년 | 7학년 | 8학년 | 9학년 | 10학년 |
|---|---|---|---|---|---|---|---|---|---|---|
| 시간수 | 238 | 238 | 238 | 204 | 204 | 204 | 170 | 136 | 136 | 136(8) |
| 주수 | 34 | 34 | 34 | 34 | 34 | 34 | 34 | 34 | 34 | 34(2) |

위의 표에서 국민 공통 기본 교육 기간에 제시된 시간 수는 34주를 기준으로 한 연간 최소 수업 시간 수이다. 그리고 1시간의 수업은 초등학교 40분, 중학교 45분, 고등학교 50분을 원칙으로 한다. 다만, 기후, 계절, 학생의 발달 정도, 학습 내용의 성격 등을 고려하여 실정에 알맞도록 조절할 수 있다. 10학년의 ( ) 안에 제시된 숫자는 단위 수이다.

2007 교육과정의 고등학교 선택 중심 교육과정 국어 교과의 시간 배당 기준은 다음 <표 2>와 같다.

<표 2> 고등학교 선택 중심 교육과정 국어 교과의 시간 배당 기준

| 교과 | 선택 과목 |
|---|---|
| 국 어 | 화법(6), 독서(6), 작문(6), 문법(6), 문학(6), 매체 언어(6) |

위의 표에서 (  ) 안의 숫자는 단위 수이며, 1단위는 매주 50분 수업을 기준으로 하여 1학기(17주) 동안 이수하는 수업량이다. 위의 표에서 알 수 있듯이 2007 국어과 교육과정에서 고등학교 선택 과목에 '매체언어' 과목이 처음으로 설정되었다. 그러나 이 과목은 2009 고등학교 선택 과목 교육과정의 고시로 인하여 학교 현장에 적용되지도 못하고 없어지게 되었다.

### (2) 2009 국어과 교육과정 편제와 시간(단위) 배당 기준

2007년 12월 23일 초・중등교육법 제23조 제2항에 의거하여 초・중등학교 교육과정을 교육과학기술부 고시 제2009-41호로 고시하였다.

2009 교육과정의 편제는 다음과 같다.

㈎ 초등학교 교육과정은 교과(군)와 창의적 체험활동으로 편성한다.

① 교과(군)는 국어, 사회/도덕, 수학, 과학/실과, 체육, 예술(음악/미술), 영어로 한다. 다만, 초등학교 1, 2학년의 교과는 국어, 수학, 바른 생활, 슬기로운 생활, 즐거운 생활로 한다.

② 창의적 체험활동은 자율 활동, 동아리 활동, 봉사 활동, 진로 활동으로 한다.

㈏ 중학교 교육과정은 교과(군)와 창의적 체험활동으로 편성한다.

① 교과(군)는 국어, 사회(역사 포함)/도덕, 수학, 과학/기술·가정, 체육, 예술(음악/미술), 영어, 선택으로 한다. 선택은 한문, 정보, 환경, 생활 외국어(독일어, 프랑스어, 스페인어, 중국어, 일본어, 러시아어, 아랍어), 보건, 진로와 직업 등 선택 과목으로 한다.

② 창의적 체험활동은 자율 활동, 동아리 활동, 봉사 활동, 진로 활동으로 한다.

㈐ 고등학교 교육과정은 교과(군)와 창의적 체험활동으로 편성한다.

① 교과는 보통 교과와 전문 교과로 한다. 보통 교과 영역은 기초, 탐구, 체육·예술, 생활·교양으로 구성하며, 교과(군)는 국어, 수학, 영어, 사회(역사/도덕 포함), 과학, 체육, 예술(음악/미술), 기술·가정/제2외국어/한문/교양으로 한다. 전문 교과는 농생명 산업, 공업, 상업 정보, 수산·해운, 가사·실업, 과학, 체육, 예술, 외국어, 국제에 관한 교과로 한다.

② 창의적 체험활동은 자율 활동, 동아리 활동, 봉사 활동, 진로 활동으로 한다.

위의 편제에서 알 수 있듯이 국어 교과는 초등학교, 중학교, 고등학교 모두에서 기본 교과로 설정되어 있다.

초등학교와 중학교 국어 교과의 시간 배당 기준은 다음 <표 3>과 같다.

| 교과(군) | 1~2학년 | 3~4학년 | 5~6학년 | 7~9학년 |
|---|---|---|---|---|
| 국어 | 448 | 408 | 408 | 442 |

이 표에서 1시간 수업은 초등학교 40분, 중학교 45분을 원칙으로 하되, 기후 및 계절, 학생의 발달 정도, 학습 내용의 성격 등과 학교 실정을 고려하여 탄력적으로 편성 · 운영할 수 있다. 학년군 및 교과(군)별 시간 배당은 연간 34주를 기준으로 한 2-3년간의 기준수업시수를 나타낸 것이다.그리고 학년군별 총 수업시간 수는 최소 수업 시수를 나타낸 것이다.

고등학교 국어 교과의 시간 배당 기준은 다음 <표 4>와 같다.

| 교과 영역 | 교과(군) | 필수 이수 단위 | | 학교자율과정 |
|---|---|---|---|---|
| | | 교과(군) | 교과 영역 | |
| 기초 | 국어 | 15<br>(10) | 45<br>(30) | 학생의 적성과 진로를 고려하여 편성 |

① 1단위는 50분을 기준으로 하여 17회를 이수하는 수업량이다.

② 1시간의 수업은 50분을 원칙으로 하되, 기후 및 계절, 학생의 발달 정도, 학습 내용의 성격 등과 학교 실정을 고려하여 탄력적으로 편성·운영할 수 있다.

③ 필수이수단위의 교과(군) 및 교과 영역 단위 수는 해당 교과(군) 및 교과 영역의 '최소 이수 단위'를 가리킨다.

④ 필수이수단위의 ( ) 안의 숫자는 전문교육을 주로 하는 학교, 예체능 등 교육과정 편성 · 운영의 자율권을 인정받은 학교가 이수할 것을 권장한다.

⑤ 총 이수 단위 수는 교과(군)과 창의적 체험 활동의 이수 단위를

합한 것으로, 고등학교 졸업에 필요한 '최소 이수 단위'를 가리킨다.

고등학교 국어 교과에 속하는 선택 과목의 시간 배당 기준은 다음 <표 5>와 같다.

<표 5> 선택 과목의 시간 배당 기준

| 교과 영역 | 교과(군) | 과목 |
|---|---|---|
| 기초 | 국어 | 국어*, 화법과 작문Ⅰ, 화법과 작문Ⅱ, 독서와 문법Ⅰ, 독서와 문법Ⅱ, 문학Ⅰ, 문학Ⅱ |

① 각 과목의 기본 단위 수는 5단위이며, 각 과목별로 1단위 범위 내에서 증감 운영이 가능하며, 가능한 한 한 학기에 이수하도록 한다.

② *표 한 과목은 교과(군)별 학습의 위계를 고려하여 선택할 수 있도록 지도한다. 이 과목은 4단위 범위 내에서 증감하여 운영할 수 있다.

③ 위 표에 제시된 과목 이외에 전문교과의 과목을 편성·운영할 수 있다.

### (3) 2011 국어과 교육과정 편제와 시간(단위) 배당 기준

20011년 8월 9일 초・중등교육법 제23조 제2항에 의거하여 초・중등학교 교육과정을 교육과학기술부 고시 제 2011-361 호로 고시하였다.

2009 교육과정의 편제는 다음과 같다.

㈎ 초등학교 교육과정은 교과(군)와 창의적 체험활동으로 편성한다.

① 교과(군)는 국어, 사회/도덕, 수학, 과학/실과, 체육, 예술(음악/미술), 영어로 한다. 다만, 초등학교 1, 2학년의 교과는 국어, 수학, 바른 생활, 슬기로운 생활, 즐거운 생활로 한다.

② 창의적 체험활동은 자율 활동, 동아리 활동, 봉사 활동, 진로 활동으로 한다.

㈏ 중학교 교육과정은 교과(군)와 창의적 체험활동으로 편성한다.

① 교과(군)는 국어, 사회(역사 포함)/도덕, 수학, 과학/기술·가정, 체육, 예술(음악/미술), 영어, 선택으로 한다. 선택은 한문, 정보, 환경과 녹색성장, 생활 외국어(독일어, 프랑스어, 스페인어, 중국어, 일본어, 러시아어, 아랍어, 베트남어), 보건, 진로와 직업 등 선택 과목으로 한다.

② 창의적 체험활동은 자율 활동, 동아리 활동, 봉사 활동, 진로 활동으로 한다.

㈐ 고등학교 교육과정은 교과(군)와 창의적 체험활동으로 편성한다.

① 교과는 보통 교과와 전문 교과로 한다. 보통 교과는 기본 과목과 일반 과목, 심화 과목으로 구분한다. 보통 교과 영역은 기초, 탐구, 체육·예술, 생활·교양으로 구성하며, 교과(군)는 국어, 수학, 영어, 사회(역사/도덕 포함), 과학, 체육, 예술(음악/미술), 기술·가정/제2외국어/한문/교양으로 한다. 전문 교과는 농생명 산업, 공업, 상업 정보, 수산·해운, 가사·실업에 관한 교과로 한다. ② 창의적 체험활동은 자율 활동, 동아리 활동, 봉사 활동, 진로 활동으로 한다.

초등학교와 중학교 국어 교과의 시간 배당 기준은 2009 국어과 교육과정의 시간 배당 기준과 같다. 고등학교 교육과정의 단위 배당 기준은 2009 국어과 교육과정의 시간 배당 기준과 같다.

2011 고등학교 교육과정 교과와 과목은 다음 <표 6>과 같다.

| 교과영역 | 교과(군) | 과 목 | | |
|---|---|---|---|---|
| | | 기본 | 일반 | 심화 |
| 기초 | 국어 | | 국어 I , 국어 II, 화법과 작문, 독서와 문법, 문학, 고전 | |

<표 6> 2011 고등학교 교육과정 교과와 과목

① 일반 과목의 기본 단위 수는 5단위이며, 각 과목별로 1단위 범위 내에서 증감 운영이 가능하며, 가능한 한 한 학기에 이수하도록 한다.
② 기본 과목과 심화 과목의 이수 단위는 시·도 교육감이 정한다.

2011 교육과정의 고등학교 선택 과목은 2009 교육과정과는 크게 다르다. 국민 공통 선택 과목에 해당하는 과목이 없어지고 국어 I 과목과 국어 II 과목이 새로 설정되었다. 그리고 , 화법과 작문 I II 가 화법과 작문으로, 독서와 문법 I II 가 독서와 문법으로 문학 I II 가 문학으로 단일화 되었으며, 고전 과목이 새롭게 설정되었다.

## 3. 국어 교과의 성격

### (1) 제6차 교육과정에 세시된 국어 교과의 성격 규정

국가 수준 교육과정 문서에 국어 교과의 성격을 규정하는 항목이 설정된 것은 제6차 교육과정부터이다. 다음에서는 제6차 교육과정에 세시된 국어 교과의 성격 규정을 정리하여 제시해 보기로 한다.

국어과 교육의 성격에 관하여 지금까지 세 가지 서로 다른 시각에서의 성격 규정이 있어 왔다. 국어과 교육을 '국어 사용 기능을 신장시켜 주는 교육'으로 규정하거나, '국어 교육 관련 분야 학문이 제공하는 지식 또는 개념을 가르치는 교육'으로 규정하거나, '국어 교육과 문학 교육의 이원적 구조'로 파악하는 시각이 그것이다. 이와 관련하여 제 6차 국어과 교육 과정에서는 국어과 교육의 성격을 규정함에 있어서 언어 사용 기능의 개념을 확대 해석하였고, 교육 과정 접근 이론에 있어서도 특정 이론에 구속 받지 않고 국어과 교육의 본질 추구를 상위 목표로 하여 여러 가지 이론을 국어과 교육의 실정에 맞게 통합적으로 수용하였으며, 예술 교육으로서의 문학 교육을 언어 교육과의 상호 관련성 및 보완성을 강조하는 방향에서 국어과 교육 속에 통합시켰다. 이러한 방향에서 규정된, 국어과 교육의 일반적인 성격과 학교급별 특성을 소개하면 다음과 같다.

국어 교과는 언어 사용 기능을 신장시키고, 언어와 국어에 관한 체계적인 지식을 가지게 하며, 문학의 이해와 감상 능력을 길러 주는 것을 기본성격으로 한다. 또한, 국어과 교육을 통하여 국어의 발전과 민족의 언어 문화 창조에 이바지하려는 뜻을 세우게 함과 동시에 올바른 민족 의식과 국민정서를 함양토록 한다는 데서 교과의 특성을 찾을 수 있다.

국어 교과는 언어 사용 기능, 언어 지식, 문학의 세 영역을 포괄한다. 이들 세 영역은 언어를 기반으로 한다는 점에서 밀접한 관련성이 있으며, 교육적 가치와 학문적 배경을 달리 한다는 점에서 독자성을 지닌다.

언어 사용 기능 영역에서는 의사 교환 기능으로서의 표현 기능과 이해 기능을 길러 준다. 표현 기능과 이해 기능은 문제 해결 기능 및 의사 결정 기능과 함께 사고의 핵심적인 기능이므로 언어 사용기능의 신장을 통하여 합리적이며 창의적인 사고력을 효과적으로 길러 줄 수 있다. 또한 언어 사용활동을 통하여 인간과 사회와 자연에 대한 이해를 깊고 넓게 하는 능력과 태도는 물론 언어 사용과 관련되는 사회적 관습과 태도를 길러 준다.

언어 지식 영역에서는 언어와 국어에 관한 체계적인 지식을 습득하게 한다. 그리고 이러한 지식의 적절한 활용으로 국어를 더욱 정확하고 효과적으로 사용하는 능력과 함께 언어 현상에서 규칙과 원리를 발견하는 탐구 능력을 길러 준다. 또한 이 영역에서는 국어의 중요성을 깨닫게 하여 국어를 소중히 여기며, 민족의 언어인 국어를 발달시키는 데 이바지하겠다는 태도를 길러 준다.

문학 영역에서는 문학 작품의 감상을 통하여 즐거움을 느끼고, 새로운 세계 및 상상의 세계에 대한 호기심을 가지게 하며, 풍부한 상상력을 발달시킨다. 그리고 문학 작품에 나타난 다양한 인생관과 세계관을 체험하게 해 준다. 또한, 문학에 대한 체계적인 지식을 바탕으로 하여 문학 작품을 이해할 수 있는 고등 수준의 지적 능력을 발달시킨다. 아울러 예술로서의 문학이 지닌 심미적 가치를 올바르게 인식할 수 있게 해 준다.

위에서 제시한 국어 교과의 기본 성격을 바탕으로 하여 국민학교 국어과에서는 말하기, 듣기, 읽기, 쓰기의 언어 사용 기능 신장에 중점을 둔다. 따라서, 국민학교 국어과 교육에서는 표현과 이해의 과정에서 필요로 하는 문제 해결력 및 창의적 사고력 신장을 위한 학습 활동과, 정확한 표기, 발음 및 기본 어휘력 신장에 관한 학습 활동을 중점적으로 실시한다. 이를 위하여 말하기, 듣기, 읽기, 쓰기 기능이 서로 유기적인 관련을 맺으면서 통합적으로 신장될 수 있도록 한다. 또한 언어사용 기능 신장을 위한 교육 활동의 과정에서 국민학교 학생의 경험 세계에 적합한 문학 작품의 감상 기회를 충분히 제공함으로써 풍부한 상상력과 바람직한 인간성을 고양하도록 한다.

중학교 국어과에서는 국민학교 국어과 교육의 성과를 바탕으로 하여 표현 및 이해 기능을 더욱 조직적으로 신장시킨다. 이를 위하여 표현 및 이해 기능의 기저가 되는 절차적인 지식과 원리를 습득시키고, 표현 및 이해 활동을 통해, 문제 해결력 및 창의적 사고 능력으로서의 언어 사용 기능을 신장시키도록 한다. 그리고 언어 현상을 언어학적 관점에서 해석하고 이해하는 데 필요한 기초적인 언어 지식을 습득시키고, 표현 및 이해 활동의 과정에서 언어 현상 속에 존재하는 규칙과 구조를 발견할 수 있도록 한다. 또한, 문학 작품의 올바른 이해 및 감상에 실제적으로 기여할 수 있는 기초적이고 기본적인 문학 지식을 습득시키고, 문학 작품의 이해 및 감상 활동과 표현력 및 이해력의 신장을 위한 학습 활동이 유기적인 관련을 맺으면서 통합적으로 이루어질 수 있도록 한다.

고등학교 국어 교과에서는 언어 사용 기능, 언어와 국어에 관한 지식, 문학에 관한 지식과 문학작품 감상 능력을 더욱 체계적이고도 심층적으로 기르기 위하여 '국어', '화법', '독서', '작문', '문법', '문학'의 여섯 과목을 설정한다. '국어' 과목은 공통 필수 과목으로서 중학교 국어과 교육의 성과를 심화 발전시키기 위하여 설정된 과목이다. '화법', '독서', '작문', '문법', '문학' 과목은 과정별 선택 과목으로서 '국어' 과목의 하위 영역을 더욱 체계적이고 심층적으로 학습하기 위하여 설정된 과목이다.

고등학교 국어 과목에서는 중학교 국어과 교육의 성과를 바탕으로 하여 언어 사용 기능과 언어지식과 문학 감상 능력을 더욱 체계적으로 신장시킨다. 언어 사용 기능의 체계적인 신장을 위하여 독서 이론, 작문 이론 및 화법 이론이 제공해 주는 기본적인 개념 및 원리에 관한 학습 활동을 제공한다. 그리고 언어 지식 영역에서는 국어 문법 분야의 단편적인 사실이나 개념 중심의 학습 활동보다는 언어 및 국어의 특성, 국어의 발달, 국어의 구조 및 규칙, 국어사용의 올바른 태도 등에 관한 학습 활동을 강조한다. 문학 영역에서는 고전과 현대의 주요 작품들을 체계적으로 감상하는 데 필요한 문학 지식에 관한 학습 활동과 이러한 지식을 바탕으로 문학 작품을 올바르게 이해하고 감상할 수 있는 기능을 길러 주기 위한 학습을 강조한다.

### (2) 제7차 교육과정에 세시된 국어 교과의 성격 규정

제7차 국어과 교육 과정은 국어과의 성격을 "한국인의 삶이 배어 있는 국어를 창의적으로 사용하는 능력과 태도를 길러, 정보화 사회에서 정확하고 효과적으로 국어 생활을 영위하고, 미래 지향적인 민족 의식과 건전한 국민 정서를 함양하며, 국어 발전과 국어 문화 창달에 이바지하려는 뜻을 세우게 하기 위한 교과"로 규정하였다. 즉, 국어과는 국어가 사용되는 맥락과 목적과 대상을 종합적으로 고려하면서 열린 마음으로 국어 사용 양상과 내용을 정확하고도 비판적으로 이해할 수 있는 능력과, 사상과 정서를 효과적이고도 창의적으로 표현하는 능력과 태도를 기르는 데 중점을 두어야 하는 교과임을 분명히 하였다. 또, 국어과 교육의 핵심적 과제가 학습자의 '창의적인 국어 사용 능력 향상'에 있음도 분명히 하였다. 그리고 이러한 능력과 태도를 함양하는 데에는 지식의 역할이 중요함을 강조하였다. 국어 사용 능력의 향상을 위해서 학습자가 반드시 알아야 할 지식의 교육은 교사가 단순히 전달하는 교육 활동이 아니라 국어 사용 현상에 대한 탐구 활동을 강조함으로써 학습자가 지식 생산 경험을 가지게 하고, 학습한 지식이 실제의 국어 사용 상황에서 활용되어야 한다는 점도 강조하였다.

국어과의 성격에 제시된 교육의 목적을 실현하기 위해 제7차 국어과 교육 과정에서는 교육 내용의 범주를 듣기, 말하기, 읽기, 쓰기, 국어 지식, 문학의 여섯 영역으로 구분하였다. 전통적으로 국어 교육에서는 학습자의 국어 사용 능력 신장을 강조하여 왔다. 이 능력은 기존 지식의 단순 수용이나 표출 능력이 아니라, 언어 기능을 통합적으로 운용하여 사고(의미)와 언어를 연결지어야 하는 지적 기능으로서의 고등 정신 능력이다. 이 능력은 단순히 문자를 읽고 쓸 수 있는 기초 기능이 아닌, 의미를 언어화(표현)하고 언어에서 의미를 추출하여 재구성(이해)하는 데 필요한 지식, 기능, 태도의 학습이 균형 있게 이루어질 때에 효과적으로 신장되는 능력이다. 이것이 제7차 교육 과정에서 국어과의 성격을 규정한 기본 관점이다. 이는 국어 활동의 지적 기반으로서의 지식 학습이 강조되어야 함을 의미한다. 특히, 제7차 교육 과정이 지향하고 있는 창의적인 국어 사용 능력은 언어 활동의 반복에 의한 숙달보다 언어 활동과 언어와 문학에 대한 기초적인 지식의 체계적인 학습이 선행될 때 효과적으로 향상된다.

언어활동과 언어에 대한 지식은 언어 현상의 탐구와 국어 생활에 활용하는 능력을 신장시키는 데에, 문학에 대한 지식은 문학 작품을 수용하고 인간의 삶을 총체적으로 이해하는 능력과 심미적 정서를 함양하는 데에 지적 기반이 된다. 이러한 지적 기반이 곧 국어 사용 양상과 내용을 정확하고 비판적으로 이해하는 능력과 사상과 정서를 효과적이고도 창의적으로 표현하는 능력과 태도를 길러, 국어 교육의 이념적 지향인 국어 문화의 이해와 창조에 기여한다는 관점에서 성격을 규정하였다.

제6차 교육 과정의 영역 명 '언어'를 '국어 지식'으로 조정하였다. 이는 '언어'라는 영역 명이 지나치게 포괄적인 데서 제기되는 여러 가지 문제를 해결하기 위함이었다. 특히, 창의적 국어 사용 능력 신장과 밀접하게 관련되어 있는 표현력과 이해력도 '언어'의 범주에 포괄될 수 있다는 점, 보통 교육의 일환으로 실천되는 초·중등 학교의 국어 교육이 언어학 일반이나 국어학의 지식 체계를 가르치는 데 목적이 있지 않다는 점, 국어에 대한 지식으로 한정하는 것이 교육 내용의 선정과 각각의 교육 내용의 성격을 명료히 하는 데 기여한다는 점을 중시하여 조정하였다. 또, 언어와 국어에 대한 기본적인 지식의 학습이 언어 현상에서 규칙을 찾아 내는 탐구 활동과 학습한 지식을 실제의 국어 사용 상황에 적용하는 활동을 중심으로 이루어져야 함을 명시하였다. 즉, 국어 지식에 대한 학습은 교사 위주의 일방적인 전달이 아니라 학습자가 주체적으로 언어 현상을 탐구하는 과정에서 규칙을 발견하게 하고, 이렇게 습득한 지식을 국어 사용 과정에서 활용하는 활동을 강조하였다. 이는 단편적인 지식 전달 위주의 국어 지식 학습을 개선하려는 의도이다.

끝으로, 국어과 교수·학습을 위한 자료에는 문학 작품이 많이 활용된다. 이에 대해서는 여러 가지 이론이 있을 수 있고, 바람직한 국어 교육을 설계하기 위해서도 반드시 그 방향성이 정립되어야 하나, 제7차 교육 과정에서는 국어과 교육 과정에서 '문학' 영역을 별도로 설정하여 교육 내용을 제시하는 주된 목적이 문학적 국어 사용 능력 향상에 있다고 보고, 국어과의 성격을 규정하였다. 이를 위해 제7차 교육 과정은 문학 영역의 교육 내용에서 '문학의 창작'에 관한 내용을 보완하여 문학 작품 향유의 질을 높이는 교육 활동을 강조하였다. 즉, 문학 영역의 교수·학습이 문학 또는 개별 문학 작품에 대한 해설과 기존의 문학적 해석을 단순 수용하도록 하는 데 중점이 있지 않고, 학습자의 적극적이고도 능동적인 작품 해석과 비평 활동을 강조하여 문학적 목적으로 국어를 사용하는 능력을 질적으로 향상시켜 주어야 함을 강조하였다. 이는 제4차 교육 과정부터 '문학' 영역을 설정하여 지도하여 왔지만 작품의 깊이 있는 이해 능력 향상보다 문학에 대한, 또는 문학과 관련된 지식 전달이 주된 학습 활동이었던 교육적 관행을 개선하고자 하는 의도이다.

### (3) 2007 교육과정에 세시된 국어 교과의 성격 규정

2007년 개정 국어과 교육과정은 국어과의 성격을 "한국인의 삶이 배어 있는 국어를 창조적으로 사용하는 능력과 태도를 길러, 국어를 정확하고 효과적으로 사용하게 하고, 미래 지향적인 민족 의식과 건전한 국민 정서를 함양하며, 국어 발전과 국어 문화 창달에 이바지하려는 뜻을 세우게 하기 위한 교과"로 규정하였다. 이를 통해 국어과는 기능적 문식성의 신장과 국어 문화의 창조, 공동체의 발전과 자아 성장에 중점을 두어야 하는 교과임을 분명히 하였다.

국어과의 성격에 제시된 교육의 목적을 실현하기 위해 개정 국어과 교육과정에서는 교육 내용의 범주를 듣기, 말하기, 읽기, 쓰기, 문법, 문학의 여섯 영역으로 구분하였다. 전통적으로 국어 교육에서는 학습자의 국어 사용 능력 신장을 강조하여 왔다. 이 능력은 기존 지식의 단순 수용이나 표출 능력이 아니라, 언어 기능을 통합적으로 운용하여 사고(의미)와 언어를 연결지어야 하는 지적 기능으로서의 고등 정신 능력이다. 이 능력은 단순히 문자를 읽고 쓸 수 있는 기초 기능이 아닌, 의미를 언어화(표현)하고 언어에서 의미를 추출하여 재구성(이해)하는 데 필요한 지식, 기능, 맥락의 학습이 균형 있게 이루어질 때에 효과적으로 신장되는 능력이다. 이는 국어 활동의 지적 기반으로서 지식 학습이 강조되어야 함을 의미한다.

특히, 개정 교육과정이 지향하고 있는 창의적, 비판적 국어 사용 능력은 언어 활동의 반복에 의한 숙달보다 국어 활동과 국어와 문학에 대한 기초적인 지식의 체계적인 학습이 선행될 때 효과적으로 향상된다. 국어 활동에 대한 지식은 비판적·창의적인 국어 사용 능력을 신장시키는 데, 국어에 대한 지식은 국어 현상을 탐구하고 국어에 대한 의식을 강화하는 데 기여한다. 또한 문학에 대한 지식은 문학 작품의 수용을 통해 인간의 삶을 총체적으로 이해하는 능력과 심미적 정서를 함양하는 데 지적 기반이 된다. 이러한 지적 기반이 곧 국어 사용 양상과 내용을 정확하고 비판적으로 이해하는 능력과 사상과 정서를 효과적이고도 창의적으로 표현하는 능력과 태도를 길러, 국어 교육의 이념적 지향인 국어 문화의 이해와 창조에 기여한다는 관점에서 성격을 규정하였다.

'듣기', '말하기', '읽기', '쓰기' 학습은 실제 상황에서의 주체적인 국어 활동을 강조하였다. 주어진 문제 상황을 자신의 언어 활동을 통해 해결하는 경험을 할 때, 비판적이고 창의적인 국어 능력이 신장된다는 관점을 수용한 것이다. 담화나 글은 구체적인 상황과의 관계 속에서 존재하며 상황을 배제하고 담화와 글의 수용, 생산은 불가능하다. 학습자는, 담화나 글이 실제 상황과의 지속적인 상호작용 과정에서 생성, 변화한다는 점을 인식할 때 주체적인 국어 활동을 할 수 있다.

'문법' 학습은 언어 현상에 규칙을 찾아내는 탐구 활동을 강조하고, 학습한 지식을 국어 사용 실제에 적용하는 활동을 중심으로 이루어져야 함을 명시하였다. 즉, 국어 지식에 대한 학습은 교사 위주의 일방적인 전달이 아니라 학습자가 주체적으로 언어 현상을 탐구하는 과정에서 규칙을 발견하게 하고, 이렇게 습득한 지식을 국어 사용 과정에서 활용하는 활동을 강조하였다. 이는 단편적인 지식 전달 위주의 국어 지식 학습을 개선하려는 의도이다.

'문학' 학습은 문학 작품을 찾아 읽고 해석하며, 문학 작품을 생산하는 학습 활동을 함으로써 작품에 나타난 인간의 삶을 총체적으로 이해하고 문학적 상상력이 향상되도록 이루어져야 한다는 점을 강조하였다. 인간의 삶에 대한 총체적인 이해와 문학적 상상력의 향상이 문학을 학습하는 궁극적인 목표이며, 이러한 능력은 작품에 대한 능동적이고 비판적인 해석 활동과 작품 창작 활동을 통해서 길러진다고 본 것이다.

한편, 국어과 교육이 지향해야 할 바를 초등학교와 중등학교로 나누어 제시하였다. 이해력과 표현력 신장 교육의 경우, 초등학교에서는 정확성, 효율성을, 중등학교에서는 정확성과 더불어 비판적 태도, 창의성을 강조하도록 하였다. 한편 국어 활동을 통해 초등학교에서는 사고력과 상상력을 기르는 데, 중등학교에서는 고등 사고력과 심미적 안목을 기르는 데 초점을 두도록 하였다. 국어에 대한 태도 측면에서 초등학교에서는 국어에 대해 관심을 가지고 즐기는 데, 중등학교에서는 국어 문화를 발전시키려는 적극적인 태도를 형성하는 데 관심을 기울이도록 하였다. 물론 학교급별 국어 교육의 지향점은 명확하게 구분되지 않는다. 정도의 차이가 있겠지만, 두 학교 급 모두 앞에서 제시한 지향점을 공유한다고 볼 수 있다. 다만, 학습자의 인지적·정의적 발달 특성과 주변 환경의 변화에 따라 지도의 강조점이 달라질 수 있다는 점을 고려하여 기술하였다.

### (4) 2011 교육과정에 제시된 국어 교과의 성격 규정

2011 국어과 교육과정에서는 국어 교과의 성격 규정에 관한 항목을 별도로 설정하지 않고 '목표' 항목 속에 포함시켜 제시하고 있다. 2011 국어과 교육과정의 목표 항목에서 제시하고 있는 국어

교과의 성격은 다음과 같다.

'국어' 교과는 한국인의 삶이 배어 있는 국어를 정확하고 효과적으로 사용하는 능력과 태도를 기르고, 국어를 창의적으로 사용하여 국어 발전과 국어 문화 창달에 이바지하려는 뜻을 세우며, 올바른 국어 생활을 통해 건실한 인격을 형성하여 건전한 국민 정서와 미래 지향적 공동체 의식을 함양하는 과목이다.

'국어' 교과에서 학습자는 국어 활동에 대한 지식을 바탕으로 담화 또는 글의 내용을 정확하고 비판적으로 이해하고, 사상과 정서를 효과적이고 창의적으로 표현하는 능력을 기른다. 또한 국어 현상을 탐구하여 국어를 깊이 있게 이해하고 국어 의식을 높인다. 그리고 문학에 대한 기본적인 지식을 바탕으로 문학 작품을 수용하거나 생산하면서 인간의 다양한 삶을 총체적으로 이해하는 능력을 기르고 심미적 정서를 함양한다. 이러한 '국어' 교과의 학습 경험을 통해 궁극적으로 학습자는 자신의 말과 글에 책임 의식을 가지는 주체적 국어 생활을 하면서 창의적인 사고 능력과 올바른 인성을 갖추도록 한다. 아울러 국제화 시대에 국어의 가치를 깨닫고 국어를 세계어로 발전시키도록 국어 문화를 이해하고 창조하는 태도를 기른다.

'국어' 교과는 국어 활동(듣기·말하기, 읽기, 쓰기), 국어(문법), 문학에 대한 기본적인 지식을 갖추고 비판적이고 창의적인 국어 능력을 기르며, 국어 생활을 능동적으로 수행하는 태도를 기르는 데 중점을 둔다.

### (5) 2011 교육과정에 세시된 고등학교 국어과 선택 과목의 성격 규정

2007 교육과정의 고등학교 국어 선택 과목은 국민 공통 기본 교육과정의 국어 과목 하위 내용 영역과 연계하여 '화법', '독서', '작문', '문법', '문학', '매체 언어' 여섯 개 과목이었다. 2007 개정 교육과정이 고시된 후 국가교육과학기술자문회의는 고등학교 국어과 선택 과목이 '화법', '독서', '작문', '문법', '문학', '매체 언어' 과목으로 지나치게 세분화되어서 학생들이 과목 선택 시 일부 과목은 거의 선택하지 않아 학생들의 균형 있는 학습을 저해하며 입시 위주의 교육으로 파행적으로 운영됨을 지적하였다. 국어 선택 과목 중 일부 과목이 대학수학능력시험의 '언어 영역'과 직접 연계되지 않아 선택에서 거의 제외되고 있어 고등학교 국어 학습에서 제 기능을 다하지 못하고 있는 것이다. 따라서 지나치게 세분화된 선택 과목을 통합하고, 수준별로 편성·재구조화하여 학생의 관심 분야와 수준에 따른 선택 학습 결과가 대학 입시에 반영되는 고교-대학 연계 대입제도를 제안하였다.

2009 고등학교 국어과 교육과정 개정의 기본 방향은 2007 개정 국어과 선택 과목 교육과정을 기반으로 하되, 세분화된 선택 과목을 '화법과 작문', '독서와 문법', '문학'으로 재구조화하고, 학습의 과정을 고려하여 이를 Ⅰ, Ⅱ 과목으로 편성하는 것이었다. 교육과학기술부는 개정된 고등학교 국어과 교육과정을 2009년 12월 개정 고시하였다. 2011 개정 교육과정에서는 국민 공통 기본 교육과정에서 제외된 고등학교 국어 과목을 선택 과목인 '국어 Ⅰ' 과목과 '국어 Ⅱ'과목을 신설함과 아울러 '화법과 작문', '독서와 문법',

'문학' 과목의 Ⅰ, Ⅱ를 하나의 과목으로 통합함과 아울러 '고전' 과목을 신설하였다.

2011 국어과 교육과정에서는 고등학교 국어과 선택 과목의 성격 규정에 관한 항목을 별도로 설정하지 않고 '목표' 항목 속에 포함시켜 제시하고 있다. 2011 국어과 교육과정의 목표 항목에서 제시하고 있는 고등학교 국어과 선택 과목의 성격을 정리하여 제시하면 다음과 같다.

### (가) '국어 Ⅰ' 과목

고등학교 국어과 선택 과목의 하나인 '국어 Ⅰ' 과목은 공통 교육과정의 국어과 내용을 고등학교 수준에서 종합한 과목으로 '국어 Ⅱ'의 선수 과목의 성격을 띤다. 따라서 국어 영역별 지식과 기능이 통합적으로 구성되어 있다. 이 과목을 통해 복합적인 국어 문제 상황의 해결에 필요한 국어 능력을 함양하고 건전한 민주 시민으로서 갖추어야 할 일반적인 교양 수준의 국어 생활을 영위할 수 있도록 한다.

'국어 Ⅰ'에서 학습자는 일반적인 교양을 갖춘 민주 시민으로서의 국어 능력을 갖추기 위해 '화법(듣기·말하기)', '독서(읽기)', '작문(쓰기)', '문법', '문학'의 영역을 포괄적이고 종합적으로 이수한다. 이를 위해 '화법' 영역에서는 대화의 원리를 이해하고 공감적 듣기를 통한 문제 해결을 도모하면서 바람직한 의사소통 문화를 이루는 데 필요한 능력을 기르도록 한다. '독서' 영역에서는 독서의 특성을 이해하고 자신의 배경 지식을 활용하여 여러 독서 상황에 적절한 방법으로 글을 읽어서 자율적인 독서의 생활화를 이루도록 한다. '작문' 영역에서는 작문의 과정과 관습을 이해하고 여러 매체 자료에서 유용한 정보를 선정하고 내용을 조직할 수 있게 하여 바람직한 글쓰기의 습관을 익히도록 한다. '문법' 영역에서는 음운과 음운 체계에 대해서 이해하고 국어 생활 속에서 이용되는 어휘의 체계와 양상을 이해하고 활용하며, 말소리를 표기하는 한글 맞춤법을 익혀서 올바른 국어 생활을 영위하도록 한다. '문학' 영역에서는 교양인으로서의 문학적 능력을 갖추기 위해 문학의 기본 갈래를 이해하고 이를 바탕으로 하여 작가의 개성을 이해하고 작품을 감상하며, 나아가 문학 자체가 사회적 소통 활동의 하나라는 사실을 이해하도록 한다.

#### (나) '국어 II' 과목

고등학교 국어과 선택 과목의 하나인 '국어 II' 과목은 공통 교육과정의 국어과 내용을 고등학교 수준에서 종합한 과목으로 '국어 I'의 연계 과목의 성격을 띤다. 따라서 국어 영역별 지식과 기능이 통합적으로 구성되어 있다. 이 과목을 통해 다양하고 복합적인 국어 문제 상황의 해결에 필요한 고차원적 국어 능력을 함양하여 성숙한 민주 시민으로서 갖추어야 할 심화된 교양 수준의 국어 생활을 영위할 수 있도록 한다. '국어 II'는 범교과 학습이나 대학 진학 후의 학문 활동, 사회 진출 후의 직업 활동에 필수적으로 요청되는 국어 능력을 길러 주기 위한 과목으로 '국어 I'과 연계하여 이수하도록 한다.

'국어 II'에서 학습자는 '국어 I'에서 이수한 국어 영역의 관련 지식이나 활동을 토대로 하여 '화법(듣기·말하기)', '독서(읽기)', '작문(쓰기)', '문법', '문학' 영역의 심화된 내용을 포괄적이고 종합적으로 이수하도록 한다. 이를 위해 '화법' 영역에서는 발표와 토론을 중심으로 공적인 맥락의 의사소통을 정확하고 효과적으로 하는 데 필요한 능력을 기르고 매체 자료를 활용하는 능력을 기르도록 한다. '독서' 영역에서는 문제 해결적 사고 과정으로서 독서의 특성을 이해하고, 다양한 매체 자료를 비판적으로 읽는 태도를 기르며, 특히 시대에 따른 읽기의 관습과 문화의 차이를 이해하도록 한다. '작문' 영역에서는 작문을 하게 되는 다양한 맥락을 이해하고, 이를 바탕으로 타당한 근거를 제시하여 설명하고 설득하는 글을 쓰고, 또한 매체의 효과와 특성을 고려하여 글을 쓸 수 있는 능력을 기르도록 한다. '문법' 영역에서는 올바른 문장 표현과 효과적인 담화 표현의 양상을 알고 우리말이 걸어온 길을 탐구해 봄으로써 선인들의 삶을 이해하고 앞으로의 국어 발전 방향을 모색해 보며, 또한 한글의 창제 원리를 이해하면서 국어 사랑의 의식을 높이도록 한다. '문학' 영역에서는 한국 문학의 전승과 흐름을 이해하고, 문학에 내재된 다양한 가치를 고려하여 작품을 수용·생산하며, 이를 바탕으로 문학 활동을 생활화하여 공동체의 문화 발전에 능동적으로 이바지하도록 한다.

#### (다) '화법과 작문' 과목

고등학교 국어과 선택 과목의 하나인 '화법과 작문' 과목은 '국어' 과목 중에서 '듣기·말하기', '쓰기' 영역과 '국어 Ⅰ', '국어 Ⅱ'의 '화법', '작문' 영역을 전문적으로 심화·발전시킨 과목으로 다양한 학문과 직업 분야의 담화나 글을 수용하고 생산하는 능력을 함양하기 위한 과목이다.

'화법과 작문'에서 학습자는 학문과 직업 분야의 미래를 준비하면서, 자신의 사고와 정서를 다른 사람들과 나누는 의사소통 행위이자 창의적 의미 구성 행위가 수반되는 화법과 작문 활동을 통하여 자신을 성찰하고 공동체에 이바지하는 태도를 기른다. 이 과목에서는 '화법'과 '작문'의 본질과 특성을 전문적 수준에서 체계적이고 통합적으로 이해하는 활동을 통하여 학습의 효과를 높이고자 한다. 화법과 작문 활동을 통하여 개인적으로는 의사소통 능력과 문제 해결 능력, 사고 능력을 기르고, 사회적으로는 건전하고 소통이 원활한 화법 문화와 작문 문화를 형성하게 된다.

화법은 말을 통해 사고와 정서를 공유하는 행위이다. 화법을 통하여 우리는 지식과 정보를 습득하고 일상생활에서 직면하는 문제를 해결하며, 대인 관계를 형성·유지·발전시키고 정서를 교감하며 우리의 말 문화를 창조할 수 있다. 이를 위해서는 화법의 원리에 대한 이해를 바탕으로 화법의 기능을 체계적으로 익혀 다양한 의사소통 상황에 효과적으로 대처할 수 있는 능력을 길러야 한다. 사회가 전문화되고 복잡해짐에 따라 이러한 화법 능력의 중요성이 더욱 강조되고 있다.

작문은 문자를 통해 자신의 사고와 정서를 표현하는 행위이다. 작문은 단순히 자신의 생각이나 느낌, 정보 등을 나열하는 행위가 아니라 의미를 창의적으로 구성하는 활동이다. 작문의 과정에서 현상에 대해 분석, 비판, 종합하는 과정이 요구되는데 이 과정에서 새로운 의미가 생성된다. 이 의미 생성 과정에서 분석적, 비판적, 창의적 사고가 길러지며, 문제 해결 능력이나 자기 성찰적 태도가 증진된다. 이러한 능력과 태도는 학습 상황이나 일상의 삶에서 필수적으로 필요한 내용이다.

#### (라) '독서와 문법' 과목

고등학교 국어과 선택 과목의 하나인 '독서와 문법' 과목은 '국어' 과목 중에서 '읽기', '문법' 영역과 '국어 Ⅰ', '국어 Ⅱ'의 '독서', '문법' 영역을 전문적으로 심화·발전시킨 과목으로 다양한 학문과 직업 분야의 담화나 글을 읽고 국어를 탐구하는 능력을 함양하기 위한 과목이다.

'독서와 문법'에서 학습자는 학문과 직업 분야의 미래를 준비하면서, 다양한 매체를 통해 이루어지는 언어 현상에 대하여 비판적이고 창의적인 탐구 활동을 하며, 능동적이고 창의적인 독서 활동을 하여 자신을 성찰하고 공동체에 이바지하는 태도를 기른다. 이 과목에서는 '독서'와 '문법'의 본질과 특성을 전문적 수준에서 체계적이고 통합적으로 이해하는 다양한 활동을 통하여 학습의 효과를 높이고자 한다. 독서와 문법 활동을 통해 개인적으로는 의사소통 능력과 문제 해결 능력, 사고 능력, 탐구 능력을 기르고, 사회적으로는 건전한 독서 문화와 국어 문화를 형성하게 된다.

독서는 글을 읽고 의미를 재구성하고 비판하는, 능동적이고 창의적인 사고 과정이다. 즉 독자는 독서의 목적이나 글의 특성에 따라 적절한 배경 지식을 활성화하여 글의 정보를 탐색·선택·조직함으로써 의미를 구성하고, 새롭게 구성된 의미를 자신의 배경 지식과 관점으로 통합하여 이를 여러 가지 문제 해결 상황에서 활용한다. 독자는 독서를 통해 사회·문화적 배경이 서로 다른 사람과 의미를 소통하며 그 과정에서 새로운 의미를 창조한다. 또한 다양한 분야의 지식을 축적하고 창출하며, 세계에 대한 인식의 폭을 넓히고 인간의 삶과 문화의 다양성을 깊이 있게 이해할 뿐만 아니라, 정서를 풍부하게 하고 사회와 소통하여 새로운 문화를 창조할 수 있게 된다.

문법은 언어에 내재해 있는 원리와 규칙이며, 국어 문법은 개별 언어로서의 국어에 내재해 있는 원리와 규칙을 가리킨다. 이러한 원리와 규칙은 언어활동에서 국어를 정확하고 효율적이며 창의적으로 사용하는 데 필요한 기저 지식 체계이다. 문법은 국어의 구조와 기능을 분석적으로 이해하고 국어를 통합적으로 구사할 수 있는 능력을 기르는 데 기여한다. 문법 능력은 국어 능력의 토대로서 '듣기·말하기', '읽기', '쓰기', '문학' 등과 관련을 맺으며, 국어의 소중함과 가치를 일깨우고 국어 의식을 높이는 데에 기여한다.

### (마) '문학' 과목

고등학교 국어과 선택 과목의 하나인 '문학' 과목은 '국어' 과목 중에서 '문학' 영역과 '국어 Ⅰ', '국어 Ⅱ'의 '문학' 영역을 전문적으로 심화·발전시킨 과목으로 다양한 문학 작품을 수용하고 생산하는 능력을 함양하기 위한 과목이다.

'문학'에서 학습자는 문학 일반 이론과 작품을 구성하는 제반 요소와 그 상호관계에 대한 이해를 바탕으로 문학 작품의 의미와 가치를 파악하는 다양한 활동을 통해 문학 주체로서 작품의 수용과 생산 능력을 기르고 아름다운 삶을 영위하는 공동체를 만들어가는 태도를 기르도록 한다. 이 과목에서는 문학의 본질과 특성을 전문적 수준에서 체계적이고 통합적으로 이해하는 다양한 문학 활동을 통하여 학습의 효과를 높이고자 한다. 문학 활동을 통해 개인적으로는 문학적 수용과 생산 능력, 사고 능력, 문제 해결 능력, 창의력을 기르고, 사회적으로는 건전한 예술 문화를 형성하게 된다.

문학 작품을 이해하고 감상하고 창작하는 활동은 다양하고 복합적인 사고 과정을 경험하게 할 뿐 아니라, 개인과 공동체의 생활 감정과 미의식 등을 확인하고 공유하게 한다. 따라서 문학 활동을 통하여 학습자는 창의적인 사고 능력과 언어 능력을 기르고, 정서와 심미 의식을 함양하며, 더불어 살아가는 존재로서 자아를 실현하고 공동체의 문화 발전에 기여하는 태도를 기르게 된다.

### (바) '고전' 과목

2011 국어과 교육과정에서 고등학교 선택 과목의 하나로 신설된 '고전' 과목은 '고전문학' 과목과는 그 성격이 다르다. '고전' 과목은 우리나라와 세계의 고전을 제재로 한 통합적인 국어 활동을 통해 교양인이 갖추어야 할 수준 높은 국어 능력을 심화하는 과목이다. 이 과목은 '국어' 과목과 '국어 Ⅰ', '국어 Ⅱ'를 심화·발전시킨 과목이며, '화법과 작문', '독서와 문법', '문학'의 통합적 성격을 띤다.

'고전'에서 학습자는 고전을 바탕으로 다양한 국어 활동을 함으로써 교양인으로서의 국어 능력을 심화하고, 수준 높은 국어 활동이 바람직한 삶과 세계를 추구하는 데 중요한 역할을 함을 인식하게 된다. 고전은 인류가 유사 이래 성취한 정신적 걸작으로, 고전에는 인류의 지혜와 통찰이 담겨 있으며 시대와 문화의 한계를 넘어서서 보편성을 획득할 만한 사유와 정신이 있고 글마다 각기 다른 개성과 감동이 있다. 또한 고전은 끊임없이 새로운 의미로 재해석되어 인류가 현재의 한계를 넘어서고 미래를 개척하는 데 소중한 바탕이 되고 있다. 인문, 사회, 과학, 예술, 문학 등 다양한 분야의 고전을 읽는 경험을 통해 학습자는 인간으로서 갖추어야 할 수준 높은 교양을 가질 수 있으며, 성인이 되어 학문 활동이나 직업 활동 등을 하는 데 필요한 전문적이고 다양한 소양을 갖출 수 있다.

이 과목에서는 다양한 분야에서 인류가 성취한 고전을 학습자가 직접 읽고, 고전의 내용을 바탕으로 토의, 토론, 논술 등의 활동을 통해 고급 수준의 국어 능력을 갖추며, 나아가 수준 높은 국어 문화의 창달에 기여하는 태도를 기르는 데 중점을 둔다.

# 제 4 장

## 국어 교과의 목표

1. 21세기 문식성의 특성과 국어교육의 목표
2. 국어 교과의 목표

# 제4장 국어 교과의 목표

## 1. 21세기 문식성의 특성과 국어교육의 목표

### (1) 문식성(文識性)의 미궁(迷宮 )

문식성(literacy)이라는 용어는 여러 가지 의미와 용도로 사용되고 있다. 일상적 의미에서 문식성은 특정 맥락과 무관하게 존재하는, 일련의 읽기 기능과 쓰기 기능의 추상적 집합과 연관을 맺는다. 그리하여 일상적으로 교육을 통하여 높은 수준의 문식성을 학생들에게 길러 주어야 하는 것을 명백하고도 당연한 교육적 과제로 인식하고 있다. 그러나 이러한 인식은 문식성의 역사적, 정치적, 문화적, 이념적 속성을 경시한 데서 비롯된 것으로서 문식성의 개념에 대한 새로운 정치적 사회적 경제적 미궁을 초래하게 된다. 문식성이라는 용어와 연관하여 역사적 문식성, 윤리적 문식성, 문화적 문식성, 경제적 문식성, 사회정치적 문식성, 환경적 문식성 등이 문식성 교육의 새로운 과제로 등장하고 있기 때문이다.

문식성(literacy)이라는 말은 다층적이고 복합적인 의미를 지니고 있을 뿐만 아니라 언어적, 사회적, 문화적, 정치적, 역사적 맥락과 매우 밀접하게 연관되어 있는 말이다. 문식성의 문제를 연구하는 사람들에게 있어서 문식성의 효과나 결과를 문식성의 문제가 발생하는 역사적 사회적 정치적 맥락과 구분하여 설명한다는 것은 매우 어려운 일이다. 어떤 인지적 속성이나 기능이 문식성의 습득과 어떻게 연관되는지를 연구하고자 할 경우에 연구자는 문식성의 복합적 특성으로 인하여 심각한 혼란에 직면할 수밖에 없게 된다.

지난 반세기동안 다음과 같은 연구 문제들에 대하여 문식성 연구가들은 의욕적으로 도전해 왔다. 사회의 발전과 문화의 발전에 대하여 문식성이 얼마나 많은 기여를 하였는가? 어떤 사회나 문화에 있어서 문식성은 극적인 사회적 정치적 변화의 결과물인가? 어떠한 사회적 목적 혹은 사건이 문식성의 향상을 가져다주는가? 개인의 발달과 인지에 대하여 문식성이 미치는 영향은 무엇이며, 그 영향은 학습 환경에 기인하는 것인가 아니면 읽기와 쓰기의 과정에서 동원되는 새로운 사고방식의 결과물인가? 사람들이 문식적 활동의 과정에서 실제로 어떤 일을 하게 되는지를 밝히는 것이 과연 가능한 일인가?

문식성의 개념을 탈맥락적인 기능의 추상적 집합으로 보게 되면 교육체제나 사회체제에 있어서 부적합한 모형을 만들어 내게 된다. 어떤 개인이나 사회는 미리 정해진 문식성의 가치 기준에 도달하지 못하였다고 하여 부적격이란 표지를 부여받게 된다. 이러한 부적합 모델은 실제로 학교 현장에서의 읽기 지도 프로그램이나 쓰기 지도 프로그램에서 광범위하게 적용되어 왔다. 학교 현장에서 학생들로 하여금 미리 정해진 문식성의 상태에 도달할 수 있도록 지도하는 일은 언어 사용의 사회적, 문화적 맥락과 개인의 정체성 사이의 상호작용성을 소홀히 다루게 됨으로써 문식성의 실질적 발달을 저해할 수도 있다. 학생들이 학교에서 교육받는 표준적이고 절대적인 담화와 다른 맥락에서 실제로 사용하고 있는 실제적인 담화 사이에는 현격한 간극이 있을 수 있다. 실증주의적 모형에 바탕을 둔, 가치중립적이고 객관적인 기준에 의하여 학교 교육의 과정에서 행해지는 문식성 평가는 학생들이 더욱 높은 수준의 문식적 기능을 습득하는 데 저해요인으로 작용할 수도 있다.

문식성에 대한 연구는 문식성의 다층적 측면과 사회적 문화적 정치적 맥락과의 상호교섭적 측면을 밝히는 데 주력하여 왔다. 그리고 문식성 연구의 주요 업적들은 사회언어학, 문화기술학, 문화인류학 등의 다양한 학문 분야에서 이루어졌다. 이들 연구로 인하여 언어적 문화적 사회적 정치적 맥락과 이데올로기 맥락의 상호교섭 작용 내에 존재하게 되는 문식성의 복합적 특성이 어느 정도 규명되었으며, 이러한 특성이 교육과정과 교수학습 활동 속에 반영되게 되었다. 읽기와 쓰기와 같은 문식적 활동은 문화적·사회적 맥락 속에 내재할 뿐만 권력과 권위 관계와도 밀접한 연관을 맺는다. 어떠한 문식성 이론도 중립적이거나 객관적일 수 없다. 그러므로 교육 체제 내에서 복합적·다층적 문식성을 강조하는 일은 교육의 기회 균등을 신장하고 교육의 수월성을 확보하는 일과도 직결된다.

문식성은 단순히 어떤 특정의 텍스트를 읽고 쓸 줄 아는 것을 뜻하는 것이 아니고 구체적인 언어 사용 맥락에서 구체적인 목적으로 그러한 지식을 적용할 줄 아는 것을 뜻하는 것으로 이해할 필요가 있으며, 문식성의 인지적 결과에 대한 탐구도 다른 영역에서의 사회적으로 조직된 활동의 영향에 관한 탐구로 인식할 필요가 있다 (Scribner & Cole, 1981). 또한, 문식성은 가정이나 지역공동체에서 사용하는 일차적 담화의 조정 능력이라기보다는 학교나 직장이나 학문공동체에서 사용하는 이차적 담화의 조정 능력으로써 상위인지적 능력 혹은 상위언어적 능력과도 직결된다. 문식성은 일련의 기능들의 집합으로서가 아니라 다양한 맥락에서의 읽기와 쓰기와 연관되는 사고의 양식임과 동시에 목표 지향적인 활동임과 아울러 사회적 맥락과 언어 사용 활동의 목적과 분리될 수 없는 문화적으로 규정된 현상으로 인식할 필요가 있다 (Langer, 1987).

### (2) 21세기 사회에서의 문식성이 지닌 특성

디지털 시대의 도래와 함께 텍스트 매체, 음성 매체, 영상 매체 등의 전통적인 구분이 어렵게 되었다. 책, 텔레비전, 영화, 음악 등의 전통적인 매체가 인터넷과 같은 새로운 플랫폼을 통하여 재형상화되고 간편하게 교환될 수 있는 디지털 매체의 형태로 전환되고 있다. 이와 같은 추세와 함께 21세기의 문식성에서는 읽고 쓰고 셈할 수 있는 능력 이상의 것을 요구하고 있다. 읽기 활동의 경우에 있어서 문어매체에 대한 읽기 기능이 여전히 필수적인 기능이기는 하다. 그러나 실제로 21세기의 사람들이 접하게 되는 많은 정보들은 그림자료, 동영상자료 등의 형식을 취하거나 웹사이트나 데이터베이스에서 볼 수 있는 새로운 형태를 취하고 있기 때문에 이러한 매체적 특성에 적합한 읽기 기능을 보유할 필요가 있다. 21세기의 새로운 문식적 기능을 보유하기 위해서는 단순히 컴퓨터를 자유자재로 이용할 수 있는 기능을 갖추는 것만으로는 불충분하며, 광범위한 영역의 기술적 지식과 비판적 사고력과 학습의 과정을 새로운 관점에서 이해하고자 하는 의지와 실행 능력 등을 통합적으로 보유해야 할 것이다.

과학기술과 직업과 사회의 발달과 밀접한 연관을 맺고 있는 21세기의 문식성은 기술적 문식성, 정보 문식성, 매체 창의성, 사회적 능력과 책임 등의 4가지 특성을 지녔다는 점에서 그 특성을 규정할 수 있다 (21st Century Literacy Summit, 2002). 기술적 문식성은 다양한 원천으로부터 정보에 접근하고, 가정 학교 직장 등의 다양한 환경에서 다른 사람들과 의사를 소통하기 위하여 인터넷과 같은 새로운 매체를 효율적으로 활용할 수 있는 능력과 연관되는 개념이다. 정보 문식성은 정보를 수집하고, 수집한 정보를 타당하게 평가하여 적절한 맥락에서 활용하고, 수집한 정보의 연관성과 질에 관한 비판적 의견을 형성할 수 있는 능력과 연관되는 개념이다.

인터넷의 등장과 함께 매체 내용의 생산과 보급은 거의 무제한적으로 모든 사람들에게 개방되어 있다. 이러한 상황에서 매체 창의성은 학습과 직업생활과 시민생활을 위한 정단한 수단으로써 매체 내용을 생산하고 보급할 수 있는 능력과 연관되는 개념이다. 사회적 능력과 책임은 매체 사용자로서 정보를 선정하고 여과하기 위하여 적절한 도구와 지식의 보유, 그리고 매체 생산과 보급의 사회적 결과를 신중하게 고려할 수 있는 능력과 책임감 등과 연관되는 개념이다.

디지털 기술의 발달과 함께 21세기의 사회에서는 교육 분야에 있어서 새로운 학습 환경을 조성할 수 있는 중요한 수단을 갖추게 되었다. 학생들은 시간과 공간의 제약을 벗어나 자유롭게 광범위한 정보에 접근할 수 있게 되었다. 학습의 내용 또한 수직적으로나 수평적으로 크게 확충되었으며, 학생들의 흥미와 요구와 능력에 따라 비교적 쉽게 조절될 수 있게 되었다. 학생들은 필요한 학습 정보를 수동적으로 수용하는 대신에 주어진 정보를 조절하고 적용함으로써 자신의 학습 경험을 재구조화하고 재설계할 수 있게 되었다. 또한, 21세기의 문식력을 효과적으로 신장할 수 있는 도구와 자원에 모든 사람들이 균등하게 접근할 수 있는 기회가 부여되고 있으며, 사회 구성원들은 누구나 평생학습의 중요성을 인식하게 되고 세상의 변화와 함께 새로운 지식과 기술을 축적해 나갈 수 있게 되었다. 그리고 사람들은 국경을 자유자재로 넘나들며 다른 세계의 사람들과 생각과 정보를 공유하면서 서로 다른 가치체계와 문화에 대한 이해를 심화할 수 있게 되었다.

### (3) 21세기 문식성과 국어교육의 당면 목표

국어 교육의 가장 기본적인 목표는 학생들로 하여금 국어 활동 능력을 제대로 갖추게 하는 데 있다. 그런데 국어 활동 능력을 갖춘 상태란 구체적으로 어떠한 상태인지에 관해 명확하게 규정을 짓기란 매우 어려운 일이다. 국어 활동 능력의 기준은 역사의 흐름에 따라 크게 변화해 왔을 뿐만 아니라 한 개인이 속한 사회 집단에 따라 서로 달리 인식되고 있기 때문이다. 오늘날 국어교육 현장에서는 교육과정 운영 및 수업 운영에 있어서 다양한 접근이 이루어지고 있다. 국어교육에 관한 이와 같은 다양한 접근 방식들에서 다음과 같은 중요한 공통 분모를 추출할 수 있다. 학생들이 장차 그들의 삶을 살아가면서 직면하게 될 국어 활동 능력에 대한 다양한 요구를 충족시킬 수 있는 능력을 국어교육을 통하여 학생들에게 반드시 길러 주어야 한다는 점이다. 또한, 국어 교과는 교과 자체로서도 중요하지만 다른 교과에서의 학습을 뒷받침하는 중요한 기능을 한다는 점이다. 그리고 언어 능력은 유의미한 활동과 상황에서의 교육을 통하여 가장 잘 개발할 수 있다는 점이다. 국어교육에 대한 이러한 시각은 교사는 물론이고 학부모와 교육행정가, 교육정책 수립가 등 우리 교육의 미래와 국어교육의 미래에 대한 책임을 지니고 있는 모든 사람들이 반드시 공유해야 할 시각이다.

21세기의 새로운 문식성 요구에 대응하여 학생들을 잘 준비시키기 위해서는 국어교육의 지향 점에 대한 공유된 이해가 필요하다. 과학기술과 사회의 변화는 의사소통과 사고 활동을 위한 언어 사용 방식을 변화시키고 있으며, 앞으로도 이러한 변화는 더욱 가속화할 전망이다. 국어 활동 능력에 대한 기대는 21세기에 들어서면서 더욱 높아지고 있다. 21세기의 시민들이 자신의 사회와 직장에 온전하게 참여하기 위해서는 높은 수준의 국어 활동 능력과 함께 21세기의 사회가 요구하는 새로운 문식력을 보유하고 있어야 할 것이다. 또한 각 개인에게는 10년 전만 해도 꿈도 꾸지 못했을 수준의 기술적 능력을 요구하게 될 것이다. 따라서 현대 사회와 미래 사회에서 요구되는 국어 활동 능력은, 문자 언어와 음성 언어는 물론이고 인터넷, 영화, 텔레비전, 상업적 및 정치적 광고, 사진 등과 같은 전자매체 언어와 시각 언어를 능동적이고 비판적이고 창의적으로 사용할 수 있는 능력이며, 정보를 수집하고 다른 사람들과 효과적으로 의사를 소통할 수 있는 일련의 기술적 전략을 이용할 수 있는 능력이다.

21세기의 새로운 문식성 요구에 대응하여 지금까지 실시되어 온 국어교육의 성격과 목표와 내용과 방법을 전면적으로 재검토할 필요가 있다. 국어 활동 능력의 학습은 내용, 목적, 발달, 상황의 네 가지 특징적인 측면으로 분석할 수 있다. 21세기의 새로운 문식성 요구를 국어교육에 체계적으로 반영하기 위해서는 국어 활동 능력 학습의 네 가지 측면, 즉 내용 측면, 목표 측면, 발달 측면, 상황 측면 등에 대한 정밀한 재검토 작업이 이루어져야 한다.

내용 측면은 학생들이 국어 교과에서 무엇을 알아야 하며, 무엇을 할 수 있어야 하는 지와 연관되는 측면이다. 국어 교과의 내용은 문어와 구어와 시각 텍스트에 관한 지식은 물론 그러한 텍스트를 창안하고 해석하고 비판하는 과정에 관한 지식을 포함하는 것이다. 국어 활동의 과제가 무엇이냐에 따라 국어 교과의 내용은 개인적 지식이나 기술적 지식이나 사회적 지식과 연관될 수 있다. 주어진 언어활동 상황에 따라 개인적 지식과 학문적 지식과 사회적 지식이 결합될 수도 있다.

목표 측면은 학생들이 국어 교과의 내용 요소들을 학습해야 하는 이유와 함께 언어 사용 활동의 바람직한 결과, 동기, 이유, 목적 등과 연관되는 측면이다. 우리는 무언가를 배우기 위하여, 어떤 아이디어를 표출하기 위하여, 정보를 전달하기 위하여, 다른 사람들을 설득하기 위하여, 관찰한 것을 기록하기 위하여, 미적 경험을 향유하기 위하여, 또는 사회적 활동에 참여하기 위하여 언어활동을 하게 된다. 이러한 여러 가지 목적들은 인간의 언어활동 과정에서 복합적으로 추구되는 경우가 많다.

발달 측면은 학생들이 유능한 언어사용자로서 어떻게 성장·발달해 가야 하는 지와 연관되는 측면이다. 언어 사용자로서의 학생들은 내용적 지식과 일련의 전략을 축적해 나갈 뿐만 아니라 다양한 형태의 언어 사용 활동에 참여하면서 이들 지식과 전략을 유연하게 적용하는 능력을 개발해 나간다. 국어 교과를 통한 학습을 통하여 학생들은 언어를 명료하게, 전략적으로, 비판적으로, 그리고 창의적으로 사용할 수 있는 능력을 신장해 나가게 된다. 학생들은 자신의 목적과 목표를 달성하기 위하여 최선의 언어 사용 방식이 무엇인지를 깨닫게 되며, 언어의 관습에 관한 지식과 이들 지식을 적용하는 능력을 개발해 나가게 된다. 도한 학생들은 그들 자신의 경험과 텍스트에 관한 지식을 통합하는 능력을 점진적으로 신장해 나가게 된다.

위에서 제시한 세 가지 측면은 모두 언어활동 상황의 영향을 받는다. 언어활동을 둘러 싼 사회적 맥락과 문화적 맥락은 언어의 구조와 의미와 사용 방식에 영향을 미친다. 모든 언어 학습은 특정의 사회적 맥락과 문화적 맥락 안에서 이루어지기 때문에 상황 측면은 국어 활동 능력의 학습을 총체적인 관점에서 규정할 수 있도록 해 준다.

21세기의 새로운 문식성 요구에 대응하여 국어교육의 당면 과제를 독서교육의 지향 점을 중심으로 하여 제시하면 다음과 같다.

첫째, 학생들은 텍스트와 학생들 자신과 우리 문화 및 세계 문화에 대한 이해를 구축하기 위하여 광범위한 영역의 텍스트를 다양한 매체를 통하여 읽어야 한다. 학생들이 읽어야 할 텍스트는 문학 작품과 비문학 작품, 고전 작품과 현대 작품을 모두 포괄해야 하며 매체 유형 또한 학습자의 요구와 흥미를 고려하여 다양해야 한다.

둘째, 학생들은 인간 경험의 다양한 측면, 즉 철학적 윤리적 심미적 측면 등에 대한 이해를 구축하기 위하여 여러 시기에 걸친 광범위한 영역의 작품을 다양한 매체와 기법으로 읽어야 한다. 학생들이 읽어야 할 작품의 유형과 양은 합리적인 수준과 절차에 따라 결정되어야 한다.

셋째, 학생들은 텍스트를 이해하고 해석하고 평가하고 감상하기 위하여 다양한 전략을 활용할 수 있어야 한다. 이들 전략은 학생들 자신의 경험, 다른 독자 및 필자와의 상호작용, 단어의 의미 및 다른 텍스트에 대한 지식, 텍스트의 특성에 대한 지식, 전자매체의 특성에 대한 지식, 전자매체의 효율적인 활용 전략 등을 바탕으로 도출해야 한다.

넷째, 학생들은 문어 텍스트와 비문어 텍스트를 이해하고 생산하기 위하여 언어의 구조, 언어 관습, 매체 이용 기법, 비유적 언어, 장르 등에 관한 지식을 축적하고 이들 지식을 국어 활동의 과정에서 창의적으로 적용할 수 있어야 한다.

다섯째, 학생들은 다양한 유형의 기술 자원 및 정보 자원을 적극적이고도 창의적으로 활용할 수 있어야 하며 디지털 매체의 활용에 대한 책임감을 지녀야 한다. 여섯째, 학생들은 문화, 지역, 사회적 역할 등에 따라 달라질 수 있는 언어 사용의 방식이나 유형 혹은 방언 등에 대하여 이해하고 존중할 수 있어야 하며, 다양한 언어 공동체의 유식하고 사려 깊고 창조적이고 비판적인 구성원으로서 참여할 수 있어야 한다.

21세기의 새로운 문식성 요구에 대응하여 학생들을 잘 준비시키기 위해서는 국어교육의 성격과 목표와 내용과 방법에 대한 전면적인 재검토 작업이 이루어져야 할 것이다. 과학기술과 사회의 변화는 의사소통과 사고 활동의 방식과 함께 문식 활동 방식의 변화를 가속화 시키고 있다. 21세기의 주역이 될 우리의 학생들이 미래 사회에서 성공적이고도 가치 있는 삶을 살아갈 수 있도록 준비시키기 위해서는 높은 수준의 국어 활동 능력과 함께 21세기의 사회가 요구하는 높은 수준의 문식력을 보유할 수 있도록 최선의 방식으로 도와주어야 한다. 21세기가 요구하는 높은 수준의 문식력은 일련의 기술적 기능들의 집합이 아니라 고도의 지적 능력, 미래에 대한 통찰력, 공동체적 삶을 영위하는 데 필요한 올바른 인간성과 가치관 등을 바탕으로 한 격조 높은 삶의 양식과 밀접한 연관을 맺게 될 것이다.

## 2. 국어 교과의 목표

다음에서는 제6차 국어과 교육과정에서부터 2011 국어과 교육과정에 이르기까지 국어과 교육과정 해설서에 제시된 내용을 바탕으로 하여 국어 교과의 목표를 과목별로 정리하여 제시해 보기로 한다.

### (1) 제6차 교육과정에 세시된 국어 교과의 목표

국어과 교육의 목표를 설정하는 방식은 두 가지를 생각할 수 있다. 하나는 국어 교육의 목적과 학교 교육에서의 교과로서의 정당성 등을 종합적으로 고려하여 국어 교육의 본질을 규명하고 이를 바탕으로 교과 목표를 설정하는 것이고, 다른 하나는 국어 교육의 고유 영역이라고 믿고 있는 기본적인 언어 기능(four basic language skills), 또는 국어 교육의 내용이라고 믿고 있는 문학, 언어, 작문의 각 학문 분야에서 제공하는 지식 체계를 근간으로 목표를 설정하는 것이다. 이 중에서 후자의 방법은 이미 미국에서 자국어 교육 전문가로 구성된 '10인 소위원회'에서 체계적으로 검토한 결과 인위적이라는 평가가 나온지 오래이다. 따라서 국어과의 교과 목표는 전자의 방법으로 설정하는 것이 보다 합리적이라 할 수 있다

국어과 교육의 본질은 국어과가 '무엇'을, '왜','어떻게'가르치고 배워야 하는 교과인지를 규명함으로서 바르게 파악할 수 있다. 국어과 교육에서 무엇을 학습시킬 것인가하는 물음에 대한 대답은 해답자의 국어 교육관에 따라 두 가지 대답이 가능할 것이다. 하나는 계발시켜야 할 기능 즉, 언어 사용 기능을 강조하는 입장이고, 다른 하나는 국어과 교육에 내용을 제공해 준다고 믿고 있는 배경이 되는 학문의 개념 원리 등을 중요하게 가르쳐야 한다는 입장이다.

국어과 교육의 내용으로 상정하는 것들을 '왜' 가르쳐야 하는가 하는 물음에 대한 대답은 합리적 사고의 계발을 돕기 위하여, 기본적인 언어 기능의 신장을 돕기 위하여, 국어과 교육의 배경 학문이 제공해 주는 개념적 구조를 이해시키기 위하여 등이 가능하다. 이 중에서 앞의 두 가지 관점은 궁극적으로는 같은 것이라고

할 수 있으므로 이 물음에 대한 대답은 두 가지가 가능한 셈이다. 그러나 초등학교, 중학교, 고등학교 각 단계에서 무엇을 더 중요한 것으로 보아야 할 것인가는 대체로 해답자의 국어 교육관이 결정적인 영향을 미친다고 할 수 있을 것이다.

국어과는 교과 목표를 성취하기 위하여 가르쳐야 할 내용을 어떻게 가르쳐야 하는가 하는 물음에 대한 해답은 앞에서 제기한 두 가지 물음에 대답하는 방식에 따라 다를 것이다. 그러나 한 가지 분명한 것은 국어과의 교수 학습은 지도하는 내용이 무엇이든 학생들의 능동적인 언어 사용을 권장해야 한다는 점이다.

지금까지 논의한 내용을 종합하면, 국어과는 '언어'를 교육의 본체(substance)로 하고, 학생들의 언어 사용 기능을 신장시키기 위하여, 주로 학생들의 능동적이고 창의적인 언어 사용 활동을 존중하면서 가르치고 배우는 교과라는 점이 보다 합리적이다. 따라서 국어과 교육의 목표는 국어 교육의 본질 추구에 적합하게 설정하는 것이 논리적으로 타당하다. 여기에서 국어 교육의 본질을 추구한다는 말은 국어 교육을 받은 학생들이 바르게 생각하고 느낄 수 있는 '전인의 특성을 갖춘 인간'으로 성장하도록 돕는다는 뜻이다. 학생들이 이러한 특성을 갖춘 인격체로 성장하도록 돕기 위해서는 인지적 학습 내용과 정의적 학습 내용을 균형 있게 학습시킬 수 있도록 해야 할 것이다.

제6차 국어과 교육과정에서는 국어 교과의 목표 설정과정에서는 다음 두 가지 원칙을 중시하였다. 첫째, 국어 교과의 목표는 인지적 학습 목표와 정의적 학습 목표를 포괄 할 수 있게 설정할 필요가 있다는 점이다. 국어과에서 인지적 학습 목표는 국어 교육을 통하여 습득 또는 계발 시켜야 할 '지식', '기능'과 관련되고, 정의적 학습 내용은 국어 교육과 관련하여 계발시켜 주어야 할 '태도', 습관' 등과 관련된다. 둘째, 국어 교과의 목표 설정과정에서 국어과는 상호 보완적이면서 층위가 서로 다른 세 가지 영역의 통합으로 구성된 교과라는 관점에서 각 영역의 궁극적인 도달점을 교과 목표로 설정할 필요가 있다는 점이다.

제6차 중학교 국어과 교육과정에 제시된 국어 교과의 목표는 다음과 같다.

국어 생활을 바르게 하고, 국어와 민족의 언어 문화에 대한 이해와 관심을 가지게 한다.

가. 말과 글을 통하여 생각과 느낌을 정확하게 표현하고 이해하게 한다.

나. 국어에 관한 기초적인 지식을 익히고, 국어를 바르게 사용하게 한다.

다. 문학에 관한 기초적인 지식을 갖추고, 작품 감상력과 상상력을 기르게 한다.

### (2) 제7차 교육과정에 세시된 국어 교과의 목표

제7차 교육 과정에 제시한 국어과의 '목표'는 '전문'과 국어 교육의 내용으로서의 지식, 기능, 태도에 관한 학습의 결과, 성취하기를 기대하는 도달점을 설정하여 제시하였다. 즉, 국어과의 지향점이 인지적 교육 내용으로서의 지식의 습득과 기능의 향상, 정의적 교육 내용으로서의 태도, 가치, 동기, 습관 등에 대한 학습을 균형 있게 하여 지적으로 성숙하고 정서적으로 안정된 균형잡힌 한국인을 양성하는 데 있음을 명시하였다.

제7차 교육 과정에 제시한 국어과 교육 목표의 또다른 특징은 초·중·고등 학교의 국어과 교육 목표를 일원화하여 제시한 점이다. 따라서, 초등 학교 1학년에서 도달해야 할 교육 목표는 고등 학교 1학년에서 도달해야 할 교육 목표와 동일하다. 다만, 학습자의 학습 능력 수준과 성취 수준에 따라 국어 사용 양상이 얼마만큼 정확하고, 해석적이며, 비판적이고, 창의적인가에 따라 수준이 달라진다는 점이 학교급별 성취 수준의 차이로 나타난다.

국민 공통 기본 교육 기간인 초등 학교 1학년부터 고등 학교 1학년까지 국어 학습을 통해 도달해야 하는 지향점으로서의 국어과의 교육 목표는 다음과 같다.

언어 활동과 언어와 문학의 본질을 총체적으로 이해하고, 언어 활동의 맥락과 목적과 대상과 내용을 종합적으로 고려하면서 국어를 정확하고 효과적으로 사용하며, 국어 문화를 바르게 이해하고, 국어의 발전과 민족의 언어 문화 창달에 이바지할 수 있는 능력과 태도를 기른다.

가. 언어 활동과 언어와 문학에 대한 기본적인 지식을 익혀, 이를 다양한 국어 사용 상황에서 활 용하는 능력을 기른다.

나. 정확하고 효과적인 국어 사용의 원리와 작용 양상을 익혀, 다양한 유형의 국어 자료를 비판적 으로 이해하고, 사상과 정서를 창의적으로 표현하는 능력을 기른다.

다. 국어 세계에 흥미를 가지고 언어 현상을 계속적으로 탐구하여, 국어의 발전과 국어 문화 창달 에 이바지하려는 태도를 기른다.

제6차 교육과정은 국어과의 교육 '목표'를 국어 교육 관련 정의적 영역의 목표를 표현한 '전문'과 '언어 사용 기능' 영역 관련 목표, '언어' 영역 관련 목표, '문학' 영역 관련 목표를 각각 한 항목씩 설정하여 제시하였다. 이와는 달리 제7차 교육 과정은 학습자의 '창의적 국어 사용 능력 향상'을 국어 교육의 궁극적 목표로 설정하고, 이 목표 성취에 필요한 교육 내용으로 인지적 교육 내용과 정의적 교육 내용이 있다고 보고, 국어 교육의 내용적 특성과 관련한 성취 수준을 국어과의 교육 목표로 설정, 제시하였다. 이는 인지적 교육 내용에는 지식과 기능 요인이, 정의적 교육 내용에는 태도(동기, 흥미, 습관, 가치) 요인이 있다고 본 데 따른 것이다.

따라서, 제7차 교육 과정의 교육 목표는 인지적 영역과 정의적 영역의 학습을 포괄하여 '전문'으로 제시하고, 인지적 교육 내용과 관련하여 ① 지식 교육의 목표와 ② 국어 사용 능력 향상 목표를 설정하여 제시하였다. 국어 교육의 내용으로서 인지적 교육 내용과 관련한 목표 설정에서 강조한 것은 두 가지이다. 첫째, 국어 사용 능력 향상을 위한 지식으로 언어 활동, 언어, 문학에 대한 지식이 있음을 밝히고, 이들 지식 교육 목적이 다양한 국어 사용 상황에서 활용할 수 있는 지식 교육이어야 함을 강조하였다. 둘째, 다양한 유형의 국어 자료를 비판적으로 이해하는 능력과 사상과 정서를 창의적으로 표현하는 능력의 향상을 강조하였다. 다음으로 정의적 교육 내용과 관련하여 ③ 정의적 태도 형성에 대한 목표를 설정하여 제시하였는데, 이와 관련해서는 국어 세계에 대한 흥미, 언어 현상의 탐구, 국어의 발전과 국어 문화의 창조로 확장되는 교육 활동을 강조하였다.

### (3) 2007 교육과정에 세시된 국어 교과의 목표

2007년 개정 국어과 교육과정의 목표는 국어과 교육을 통해서 학습자가 성취하기를 기대하는 도달점을 포괄적, 종합적으로 기술한 '전문'과 이를 한 단계 구체화한 '세부 목표'로 구성되어 있다. 이러한 목표 진술을 통하여 국어과의 지향점이 인지적 교육 내용으로서의 지식의 습득과 기능의 향상, 정의적 교육 내용으로서의 태도, 가치, 동기, 습관 등에 대한 학습을 균형 있게 하여 지적으로 성숙하고 정서적으로 안정된 균형 잡힌 한국인을 양성하는 데 있음을 명시하였다.

2007 국어과 교육과정은 제7차 교육과정의 목표 진술 방식을 유지하여 초·중·고등 학교의 국어과 교육 목표를 일원화하여 제시하였다. 따라서 초등 학교 1학년에서 도달해야 할 교육 목표는 고등 학교 1학년에서 도달해야 할 교육 목표와 동일하다. 다만, 학습자의 학습 능력 수준과 성취 수준에 따라 국어 사용 양상이 얼마만큼 정확하고 비판적이며, 효과적이고 창의적인가에 따라 수준이 달라진다는 점이 학교급별 성취 기준의 차이로 나타난다.

국민 공통 기본 교육 기간인 초등 학교 1학년부터 고등 학교 1학년까지 국어 학습을 통해 도달해야 하는 지향점으로서의 국어과의 교육 목표는 다음과 같다.

국어 활동과 국어와 문학의 본질을 총체적으로 이해하고, 국어 활동의 맥락을 고려하면서 국어를 정확하고 효과적으로 사용하며, 국어 문화를 바르게 이해하고, 국어의 발전과 민족의 국어 문화 창조에 이바지할 수 있는 능력과 태도를 기른다.

가. 국어 활동과 국어와 문학에 대한 기본적인 지식을 익혀, 이를 다양한 국어 사용 상황에 활용하면서 자신의 언어를 창조적으로 사용한다.

나. 담화와 글을 수용하고 생산하는 데 필요한 지식과 기능을 익혀, 다양한 유형의 담화와 글을 비판적이고 창의적으로 수용하고 생산한다.

다. 국어 세계에 흥미를 가지고 언어 현상을 계속적으로 탐구하여, 국어의 발전과 미래 지향의 국어 문화를 창조한다.

2007 국어과 교육과정은 제7차 국어과 교육과정의 목표 제시 방식을 유지하여 '전문'과 '세부 목표'로 구분하여 국어과 교육과정의 목표를 제시하였다. 전문에서는 학습자가 학습의 결과로서 '알아야 할 것'(이해 영역), '실천해야 할 것'(실천 영역), '지녀야 할 태도'(태도 영역)를 중심으로 기술하였다. 학습자는 국어 수업을 통해서 '국어 활동', '국어', '문학'에 이해를 확충해야 하며, 국어 활동에 작용하는 맥락을 충분히 고려하면서 정확하고 효과적으로 국어를 사용할 수 있어야 한다. 또한 국어 문화에 대한 바른 이해를 바탕으로 국어과 발전과 국어 문화 창조에 이바지하려는 태도를 가져야 한다.

2007 국어과 교육과정의 세부 목표는 전문의 내용을 구체화한 것으로서 세 개의 항으로 구성되어 있다. '가'항에서는 국어 능력 신장을 위해서 국어과에서 배우고  익혀야 할 지식은 국어 활동, 국어, 문학에 대한 지식임을 밝히고, 이러한 지식을 배우는 이유는 지식 자체의 습득에 있는 것이 아니라 자신의 언어를 창조적으로 사용하는 국어 능력의 신장에 있음을 강조하였다. '나'항에서는 국어 능력은 담화와 글을 수용하고 생산하는 능력이며, 이러한 능력을 신장시키기 위해서는 관련된 지식과 기능을 학습해야 한다는 점을 강조하였다. 특히, 담화와 글의 수동적인 수용·생산을 지양하고 비판적이고 창의적인 수용·생산을 지향해야 한다는 점을 명시

하였다. '다'항은 정의적 교육 내용과 관련된 목표로서 국어 세계에 대한 흥미, 언어 현상의 탐구, 국어의 발전과 국어 문화의 창조를 강조하였다.

### (4) 2007 교육과정에 세시된 고등학교 국어과 선택 과목의 목표

고등학교 국어과 선택 과목은 2009 교육과정부터 서로 다른 영역의 과목이 통합됨에 따라 각 영역 고유의 목표를 선명하게 파악하기 어렵다. 따라서 다음에서는 영역별 특성이 뚜렷이 드러나는 2007 교육과정의 고등학교 국어과 선택 과목의 목표에 대해서 정리해 보기로 한다.

#### ㈎ '화법' 과목의 목표

고등학교 화법 과목 교육과정에서는 교육 목표를 다음과 같이 전문과 하위 목표로 구분하여 제시하고 있다.

> 화법에 대한 올바른 이해와 폭넓은 담화 활동을 바탕으로 다양한 의사소통 맥락에 능동적으로 대처하는 능력을 신장하고 바람직한 우리말 문화를 창조하는 태도를 기른다.
> 가. 화법의 본질을 체계적으로 이해한다.
> 나. 화법의 절차와 전략을 익혀 효과적으로 의사소통을 한다.
> 다. 다양한 담화 활동에 능동적으로 참여하는 태도를 가진다.

전문은 화법 교육이 나아가야 할 전체적인 목표를 기술하고 있다. 전문에서는 화법에 대한 올바른 이해와 담화 활동이라는 구체적인 교육 활동을 제시하고, 이러한 교육 활동이 의사소통 맥락에 능동적으로 대처할 수 있는 능력을 신장하고, 바람직한 우리말 문화를 창조하고자 하는 태도를 기르는 데 지향점을 두어야 한다고 서술하고 있다.

화법 능력을 기르기 위해서는 먼저 화법에 대한 개념적인 지식을 갖추고 있어야 한다. 화법에 대한 지식적인 이해는 그 목표가 화법 능력을 신장시키는 데 있지 지식 습득 자체에 있는 것이 아니다. 그리고 개념적 지식에 더하여 여러 가지 담화 상황에 참여하는 경험이 필요하다. 화법이란 구체적인 언어 실천 행위이기 때문에 구체적이고 실제적인 경험이 없이는 그 능력을 기를 수 없다.

화법에 대한 이해와 담화 참여 경험을 통해 다양한 의사소통 맥락에 능동적으로 대처하도록 하여야 한다. 여기서 의사소통 맥락이란 외적으로는 참여자 맥락, 시공간 맥락, 사회 · 문화적 맥락을 의미하며, 내적으로는 언어적 맥락을 의미한다.

그리고 화법 교육을 통하여 바람직한 우리말 문화를 창조하는 태도를 기르도록 해야 한다. 우리말 문화란 우리 조상들의 삶의 전통을 바탕으로 형성된 말 문화를 의미한다. 전통적인 우리말 문화는 서구의 설득 중심적이고 논리 중심적인 화법 전통과 달리 다른 사람을 배려하는 것이 핵심을 이루어 참여자들의 인간관계 개선에 화법의 중심을 두었던 선인들의 삶에 토대를 두고 있다. 화법 교육을 통해 자신의 목적만을 추구하는 삶의 자세 대신 상대를 배려하고 존중하면서 공동의 목적을 추구함으로써 상생을 도모하는 삶의 자세로 전환할 수 있어야 한다.

하위 목표 '가'는 화법 수행을 위해 화법에 대한 개념적 지식을 체계적으로 이해하도록 하는 지식의 측면이고, '나'는 화법의 수행하기 위한 기능의 신장과 다양한 맥락에서 효과적으로 사용할 수 있는 전략의 측면이며, '다'는 이러한 활동 경험을 쌓은 능력을 바탕으로 능동적으로 담화 유형에 참여하고자 하는 태도를 기르도록 함으로써 우리말 문화를 창조적으로 계승할 수 있는 태도의 측면이다. '가'의 목표는 화법의 개념적 지식에 대한 목표이다. 화법의 성격, 요소, 유형을 잘 이해하고, 화법과 매체의 관계를 잘 파악하도록 하여 화법이란 어떤 행위인지, 어떤 요소들로 구성되었는지, 화법에는 어떤 유형들이 있는지를 잘 이해하고, 다양한 매체와 화법이 어떤 관련을 가지는지를 파악하도록 하여야 한다. 이러한 지식의 습득을 통해 화법의 원리를 잘 이해할 수 있게 하고 나아가 그 원리를 통해 바람직한 화법 수행 능력을 신장시키는 데 바탕이 되도록 해야 한다.

화법의 개념적 지식을 다룰 때 학습자들이 지식을 단편적으로 학습하지 않도록 해야 한다. 지식을 학습할 때는 각 지식의 내적인 체계를 세워 학습하도록 하여야 하며, 화법의 전체적인 모습 속에서 각 지식들이 분절되지 않도록 각 지식의 체계적 위상을 분명히 하여 지도해야 한다.

'나'는 담화를 수행하는 구체적인 방법과 각 맥락에 따른 절차와 전략을 익히도록 하여 효과적으로 의사소통하도록 하여야 하는 것을 목표로 제시하고 있다. 화법은 실천적인 활동이기 때문에 수용과 생산이라는 언어 기능에 대한 연습이 없이는 그 능력이 신장될 수 없다. 효과적으로 의사소통한다는 것은 의미의 수용과 생산이라는 언어적 목표와 바람직한 인간관계 개선의 목표를 모두 효과적으로 달성하려는 의사소통을 의미한다. 나아가 자기 목적 달성만을 위한 화법에서 참여자 모두의 목적을 달성할 수 있는 문제해결적 화법을 통해 참여자들이 함께 상생할 수 있는 화법을 의미한다. 따라서 절차와 전략이란 단순히 언어적 의미의 수용과 표현의 차원을 넘어 공동의 문제를 해결함으로써 상생하며 인간관계를 개선할 수 있도록 하는 절차와 전략을 의미한다.

'다' 다양한 담화 활동에 능동적으로 참여하는 태도란 일차적으로 적극적이고 활발하게 다양한 담화 유형에 참여하려는 적극적인 자세를 가리킨다. 그리고 인간관계를 개선하고자 하는 적극적인 노력, 배려와 상생의 우리말 문화를 계승하는 데 적극적으로 참여하고자 하는 노력을 의미한다. 다양한 담화 유형의 참여는 '가'에서 이해한 화법에 대한 개념적 지식과 '나'에서 쌓은 절차와 전략을 바탕으로 이루어져야 한다.

### ㈏ '독서' 과목의 목표

2007 개정 국어과 교육과정 '독서' 과목의 목표는 독서 과목의 교육을 통해서 학습자가 도달하게 될 것으로 기대되는 상태를 포괄적으로 기술한 '전문'과 이를 구체화한 '세부 목표'로 구성되어 있다. 이러한 목표 진술을 통하여 독서 과목이 인지적 교육 내용으로서의 지식의 습득 및 독서 기능의 향상을 지향할 뿐만 아니라 정의적 교육 내용으로서 바람직한 태도를 형성하게 하는 것을 목표로 하고 있음을 명시하고 있다.

독서에 대한 이해와 풍부한 독서 활동을 바탕으로 독서 능력을 신장하고 독서 문화를 향유하는 태도를 기른다.

가. 독서의 본질을 체계적으로 이해한다.

나. 글을 읽는 목적과 글의 특성에 맞게 능동적으로 독서할 수 있는 기능을 익힌다.

다. 가치 있는 다양한 글을 풍부하게 읽는 태도를 가진다.

(가) 항에서 독서의 본질을 체계적으로 이해하는 것은 독서 능력의 기본적인 자질이다. 독서가 의미를 구성하고 문제를 해결하며 의사소통을 하는 등의 행위라는 본질적인 특징을 앎으로써 독서 능력의 성격을 이해하고 독서 문화 형성의 방향을 가늠할 수 있기 때문이다. 또 글의 특성과 맥락, 독서의 과정과 방법 및 역사와 가치 등은 독서를 수행하기 위한 기초 지식으로서 독서 활동에 수반되어야 할 요소로서 필요하다. 다만 이런 독서의 본질은 그 자체를 단순히 알고 있거나 자체 목적적으로 이해하기보다, 독서 능력을 기르고 바람직한 독서문화를 형성하는 데 긍정적이고 능동적으로 작용할 수 있도록 해야 한다. 그러므로 독서의 본질에 대한 이해는 학습자가 다양한 글들을 읽어가면서 지속적으로 적용하고 확장할 수 있도록 하는 것이 바람직하다.

(나) 항에서 글을 읽는 목적과 글의 특성에 맞게 능동적으로 독서할 수 있는 기능을 익힌다는 것은 독서 교육은 실제적인 독서 능력을 기르는 데에 핵심이 있다는 사실을 강조한 것이다. 독서 기능은 글을 읽는 목적과 글의 특성에 따라 사실적, 추론적, 비판적, 감상적, 창조적 독해를 선택적 혹은 복합적으로 능숙하게 수행할 수 있으며, 글의 의미를 구성해 가는 과정에서 독자의 배경 지식과 경험을 적극적으로 동원할 수 있는 능력을 의미한다. 또한 독서 과정에서의 문제를 해결하는 절차와 방법 및 전략에 대한 지식과 이를 성찰하거나 조절하는 초인지를 갖추고, 이들을 독서에

서 활용할 수 있는 상태를 뜻한다. 독서 기능의 이러한 복합적인 성격을 이해하고, 의미 있는 독서 경험을 축적하는 가운데 자연스럽게 이러한 기능을 익힐 수 있게 하는 데 중점을 둔다.

(다) 항에서 가치 있는 다양한 글을 풍부하게 읽는 태도를 가진다는 것은 정의적 교육 내용과 관련된 목표로서 바람직한 독서의 태도 형성에 관한 목표이다. 독서의 태도는 크게 글을 선택하는 태도와 글을 읽는 태도로 다시 나누어 볼 수 있다. 글을 선택할 때에는 자신의 독서 목적이나 상황을 고려하여 선택하되, 기왕이면 시대와 문화를 초월하여 가치를 인정받을 수 있는 글들을 골라 읽는 것이 바람직하다. 또한 독자의 경험이 가질 수밖에 없는 지역적, 시대적, 계층적 한계를 넘어서는 쪽으로 독서의 범위를 다양하게 확대해 가는 것이 좋다. 글을 읽을 때에는 글의 특징을 잘 살피고, 맥락을 잘 파악하며, 독자의 배경 지식과 글의 정보를 연관 지으면서 최대한 풍부한 의미를 읽어낼 수 있도록 노력하는 적극적인 태도가 요구된다. 이러한 태도들이 수업 시간 외에 일상생활로 이어지고, 학창 생활을 마친 이후에도 지속될 수 있도록 지도하는 것이 중요하다.

### ㈐ '작문' 과목의 목표

2007 개정 국어과 교육과정 '작문' 과목의 목표는 작문 과목의 교육을 통해서 학습자가 도달하게 될 것으로 기대되는 상태를 포괄적으로 기술한 '전문'과 이를 구체화한 '세부 목표'로 구성되어 있다. 이러한 목표 진술을 통하여 작문 과목이 인지적 교육 내용으로서의 지식의 습득 및 작문 기능의 향상을 지향할 뿐만 아니라 정의적 교육 내용으로서 바람직한 태도와 습관을 형성하게 하는

것을 목표로 하고 있음을 명시하고 있다.

개인적, 사회적 행위로서의 작문에 대한 이해와 다양하고 풍부한 상황에서의 작문 활동을 바탕으로 작문 능력을 신장하고 작문 활동을 통해 공동체에 적극적으로 참여하는 태도를 기른다.
가. 언어 표현 행위로서의 작문의 성격, 과정, 가치를 이해한다.
나. 작문 내용의 생성, 작문 내용의 조직 및 전개, 작문 내용의 표현과 관련된 기능을 익힌다.
다. 개인적・사회적 문제 상황에서 능동적으로 글을 쓰는 태도를 가진다.

(가) 언어 표현 행위로서의 작문의 성격, 과정, 가치 이해

작문의 본질에 해당하는 성격, 과정, 가치를 체계적으로 이해하는 것은 작문 능력을 구성하는 가장 기본적인 부분이다. 작문의 의사소통적 특성과 문제 해결과정으로서의 성격을 충분하게 이해하지 못하는 필자는 작문 행위를 잘 수행할 수 없다. 다만 이때 작문의 성격과 과정을 체계적으로 이해한다는 목표가 이에 대한 지식을 단편적으로 정리하여 암기하는 것으로 받아들여지는 것은 바람직하지 않다. 이러한 이해는 학습자가 다양한 작문 상황에서 실제로 작문을 하는 과정에서 느끼고 알도록 지도하는 것이 바람직하다.

(나) 작문 내용의 생성, 작문 내용의 조직 및 전개, 작문 내용의 표현과 관련된 기능

작문의 기본적인 과정은 내용의 생성, 조직 및 전개, 표현 등이다. 이러한 과정에서 만나게 되는 문제들을 해결하기 위해서는 이에 관련된 기본적인 기능들을 가지고 있어야 한다. 다만, 이에 대

한 학습이 고립적이고, 분절적이고 단순 반복적이어서는 바람직하지 않다. 작문의 기능은 실제 글을 쓰는 과정에서 만나게 되는 문제들을 해결하는 과정에서 구체화되고 이를 연습하는 과정에서 학습자의 능력으로 체화되는 것이므로 실제의 과정과 관련지어 지도하는 것이 바람직하다.

(다) 개인적, 사회적 문제 상황에서 능동적으로 글을 쓰는 태도

'다'항은 정의적 교육 내용과 관련된 목표로서 바람직한 작문의 태도 형성에 관한 목표이다. 작문은 내적 대화를 통한 자기 성찰의 과정이며, 사회 문화적 창조행위이므로 개인적으로나 사회적으로 만나게 되는 문제 상황을 직시하고 분석하고 비판하며 새로운 대안을 모색하려는 태도를 갖고 이를 글로 나타내는 태도가 요구된다. 이러한 태도들은 수업 시간에서 일상생활로 이어지고, 학창생활을 마친 이후에도 지속될 수 있도록 지도하는 것이 중요하다.

**㈑ '문법' 과목의 목표**

'문법' 교육과정에서는 '문법' 과목의 목표를 전문(前文)과 세 가지 구체적 목표로 제시하고 있다.

국어에 대한 이해와 국어에 대한 탐구 활동을 바탕으로 문법 능력을 발달시키고 국어와 국어 문화의 발전에 기여하는 태도를 기른다.

가. 국어의 원리와 규칙을 이해한다.

나. 실제 국어 생활에 대한 탐구를 바탕으로 문법 능력을 기른다.

다. 국어를 사랑하고 국어 문화를 창의적으로 발전시킨다.

전문은 크게 '국어에 대한 이해와 국어에 대한 탐구 활동을 바

탕으로'와 '문법 능력을 발달시키고 국어와 국어 문화의 발전에 기여하는 태도를 기른다.'의 두 부분으로 나누어진다. '문법 능력의 발달과 국어와 국어 문화의 발전에 기여하는 태도'가 보다 궁극적인 목표로서 이러한 목표는 '국어에 대한 이해와 국어에 대한 탐구 활동'을 바탕으로 할 때에 효과적으로 달성될 수 있다.

이상의 목표들은 다음 세부 목표와 연계되어 있다. 첫째 목표는 국어의 원리와 규칙을 이해한다는 것으로 이것은 1단계 목표라고 볼 수 있다. 국어의 원리와 규칙에 대한 이해는 문법 능력 증진뿐만 아니라 국어에 대한 바람직한 태도 형성의 기반이 된다. 이 첫째 목표는 문법 내용 체계의 <국어와 앎>의 내용과 특히 긴밀한 관련을 맺고 있다.

둘째 목표는 실제 국어 생활에 대한 탐구를 바탕으로 문법 능력을 기른다는 것으로 이는 2단계 목표라고 할 수 있다. 이 둘째 목표는 특히 내용 체계의 <국어와 삶>과 긴밀한 관련을 맺고 있다. 구체적으로는 실제 국어 생활의 정확성과 적절성을 높이기 위해 반드시 익힐 필요가 있는 국어 규범에 대한 지식과 그 현상에 대한 기술적인 탐색 및 탐구를 염두에 둔 것이다. 특히 탐구 활동은 언어 자료를 통해 문제를 발견하고 진단하여 규칙이나 원리를 도출하는 과학적 분석 과정이다. 따라서 이를 통해 무엇이 오류이고 무엇이 바른 것인지를 파악하는 분석 능력도 기를 수 있다. 따라서 탐구 능력을 계발하여 모든 언어 자료를 분석하는 도구로 실용화하면 실천적 문법 능력도 함양될 수 있다.

셋째 목표는 국어를 사랑하고 국어 문화를 창의적으로 발전시킨다는 것으로 이는 3단계 목표라고 할 수 있다. 이는 특히 내용 체계의 <국어와 얼>과 긴밀한 관련을 맺고 있다. 구체적으로는 국어의 변천사를 살펴보고 국어의 미래를 예측해 보면서 개인의 국어에 대한 태도를 함양하는 것을 의도하고 있다. 거시적, 장기적으로 볼 때에 문법 교육은 학습자가 자기 모어를 사랑하고 국어의 발전을 이끌 수 있는 주체가 되는 것을 지향한다. 이러한 거시적 목표는 결국 모어의 정체성을 자각하고 모어를 사랑할 때에 가능한데 그러한 모어에 대한 정체성 자각과 사랑은 결국 자기 정체성의 자각이며 자기 자신의 삶을 존중 및 사랑하고 감사할 때에 가능하다.

이는 과거 문법 교육에서도 일정 부분 제시되어 왔던 목표이기도 하다. 이를 위해 '바른말 고운말' 등의 국어 순화 생활 등이 강조되어 왔다. 그러나 개정 교육과정에서는 그보다도 국어 인물사, 국어 운동사, 국어 수난사, 국어의 세계화 같은 것을 다루도록 하였다. 가령, 주시경 선생의 삶을 탐구하고 조선어학회 사건의 전개 과정을 조사하면서 국어를 지키려고 애쓰다 희생하신 분들의 정신을 계승하고자 하는 태도를 기르도록 하였다.

문법 교육은 인지적, 정의적, 실천적 교육을 지향한다. 문법 지식에 대한 이해를 바탕으로(인지적 측면) 자기의 언어 습관이나 언어 행동을 성찰 및 탐구하며 나아가 모어 사랑의 정신을 함양할 수 있다(정의적 측면). 이러한 과정을 통해 형성된 지식과 가치는 신념을 낳고 신념은 행동을 낳으며 행동은 습관을 낳아 학습자들의 국어 생활에 변화가 일어날 것이다. 그리고 개개 학습자들의 언어 습관은 궁극적으로 국어 문화를 형성하게 될 것이다(실천적 측면). 그러한 점에서 문법은 지·정·의의 삼위일체 교육으로 설계될 수 있으며 우리는 아래 그림과 같은 순환 과정이 문법 능력을 형성하는 하나의 길이 됨을 알 수 있다. 이는 위의 목표들도 사실상

단계별 목표라기보다는 서로 교호하며 지속적으로 추구해야 할 통합적 목표임을 의미한다.

따라서 우리가 문법교육을 통해 길러내고자 하는 교육적 인간상은 객관적 지식의 체계만을 암기하고 있는 '지식인'이나 그러한 지식을 실용적 국면에 단순 활용할 줄 아는 '실용인'이라기보다는 적극적이고 능동적인 '언어적 주체'라고 볼 수 있다. 여기서 언어적 주체란 첫째, '관계적 지식'과 '인격적 지식'을 갖고 있는 학습자이다. 문법 지식은 그 자체로 가치가 있음을 인정하고, 문법 지식과의 인지적·정의적 상호작용을 통해 문법 지식과 어떤 '관계'를 맺는 일련의 활동(예컨대 탐구 활동)을 수행하여 의미 있는 지식(관계적 지식)을 생성해 낼 수 있는 학습자로서, 자기 자신과 공동체의 언어 문제에 대한 고찰과 탐구 등을 바탕으로 스스로 생성하고 체득한 지식을 소유한 학습자이다. 따라서 언어적 주체는 명제적 지식과 절차적 지식의 융합으로서의 지식을 갖고 있다. 둘째, 자신의 언어 사용 방식뿐만 아니라 공동체의 언어 문제를 점검 및 반성할 줄 아는 학습자로서, 과거 국어 문화뿐만 아니라 미래 국어 문화의 발전 방향도 탐색할 줄 아는 학습자이다.

#### ㈒ '문학' 과목의 목표

'문학' 과목의 목표는 전문(前文)과 영역별 목표를 재편성한 세 가지 항목의 개조식 목표로 구성하였다. 전문에서는 '문학' 과목의 목표를 포괄적으로 제시하였고, 세 가지 항목의 개조식 목표에서는 지식, 활동, 태도의 관점에서 주요한 목표들을 분류하여 제시하였다.

고등학교 '문학' 과목의 목표는 다음과 같다.

문학의 올바른 이해와 폭넓은 경험을 바탕으로 문학 작품을 수용하고 생산하는 능력을 기르며, 자아를 실현하고 공동체의 발전에 기여하는 태도를 함양한다.

가. 문학에 대한 지식과 경험을 바탕으로 하여 능동적으로 문학 활동을 한다.

나. 문학 작품의 수용과 생산 활동을 통하여 언어에 대한 통찰력을 기르고, 창의적으로 사고하고 소통하는 능력을 함양한다.

다. 문학을 통하여 인간과 세계를 총체적으로 이해하고, 문학의 가치와 아름다움을 향유하며, 공동체의 문화 발전에 적극적으로 참여한다.

전문에 제시된 '문학' 과목의 목표는 문학 이해와 경험, 문학 능력, 자아, 공동체의 네 범주를 설정하고 각 범주들이 밀접한 연관 관계에 있음을 보였다. 문학 학습의 주요 목표로 문학 이해, 문학 경험, 문학 활동 능력을 제시하였고, 이러한 문학 학습의 목적이 궁극적으로 자아의 실현과 공동체의 발전에 기여하는 것임을 밝혀 문학 학습의 방향을 분명히 제시했다.

목표 '가' 항목은 문학에 대한 지식, 문학 경험, 능동적인 문학 활동이 주요 내용을 구성하고 있다. 이 중 문학 경험은 학습자가 문학과 자신의 삶과의 밀접한 관련성을 체험할 때 문학 학습이 현실성을 띨 수 있음을 강조한 것이며, 아울러 객관적인 이해 대상으로서의 문학이 아니라 인간의 의미 있는 경험의 하나로 문학이 학습자에 의해 경험될 때 문학의 실질적인 가치가 구현된다는 관점을 도입한 것이기도 하다. 이 연장선상에서 문학의 활동, 즉 문학의 수용과 생산 활동에 학습자가 능동적으로 임할 수 있다고 보았다.

목표 '나' 항목은 문학의 수용과 생산 활동, 언어에 대한 통찰력, 창의적인 사고와 소통 능력이 주요 내용을 구성하고 있다. 7차 교육과정의 '문학' 교육 과정에서는 문학의 수용과 '창작'으로 목표 내용으로 제시했는데, 여기서는 '창작'을 '생산'으로 확대함으로써 작품의 창작 외에 작품의 다양한 응용 활동도 문학 활동에 포괄하였다. 아울러 문학 활동이 '언어에 대한 통찰력' 신장에 기여함을 밝혀 학습자의 모국어에 대한 감수성과 직관력 향상이 문학 학습을 통해서도 이루어짐을 강조했다. 창의적인 사고는 문학 활동에 요청되는 상상력의 발휘가 학습자의 창의적 사고로 이어짐을 제시한 것이며, 창의적인 소통 능력은 문학의 수용과 생산 자체가 소통일 뿐만 아니라 문학 활동을 통한 상상력의 신장과 감수성의 발달이 학습자로 하여금 타인이나 세계를 통찰하고 정감을 통해 교류하는데 큰 도움을 줄 수 있음을 말한 것이다.

목표 '다' 항목은 문학을 통한 인간과 세계에 대한 총체적 이해, 문학의 가치와 아름다움의 향유, 공동체의 문화 발전에 참여하기를 주요 내용으로 하고 있다. 인간과 세계를 총체적으로 이해한다는 것은 문학 학습의 궁극적 지향점의 하나가 문학이 다루는 다양한 주제들을 매개로 학습자가 인간과 세계의 여러 과제들을 실질적으로 탐색하고 이를 토대로 인간과 세계에 대한 이해를 심화하는 것임을 강조한 것이다. 이것은 목표 '가' 항목의 문학의 체험과 관련이 있다. 문학의 가치와 아름다움의 향유는 문학 학습의 또 다른 궁극적 지향점으로 문학이 갖고 있는 가치와 아름다움의 향유를 제시한 것이다. 개개인의 이러한 향유가 습관이 되면 그것이 곧 문화의 하나로 자리 잡게 되는 것이다. 이 점에서 이 내용은 태도와 연관된다. 공동체의 문화 발전에의 참여는 태도로서 문학이 문화의 주요한 구성원이므로 적극적인 문학 활동이야말로 문화 발전에 직결됨을 밝힌 것이다.

'문학' 과목의 목표는 국민 공통 기본 과목의 '국어' 과목의 목표와 유기적 관계를 맺으며, 특히 '국어' 과목 중 '문학' 영역의 목표를 심화·발전시켜 종합한 것이다.

### (바) '매체언어' 과목의 목표

고등학교 '매체 언어' 과목의 교육과정에서는 교육 목표를 다음과 같이 전문과 하위 목표로 구분하여 제시하고 있다.

매체 언어에 대한 비판적 이해를 바탕으로 언어 문화 향유 능력을 신장하고 바람직한 국어 생활을 영위하는 주체적 태도를 기른다.

가. 매체 언어의 개념과 특성, 역할 그리고 매체 자료의 유형을 이해한다.

나. 매체 언어의 성격에 대한 이해를 바탕으로 하여 매체 언어와 정보 사회, 대중 문화, 인간 관계를 파악한다.

다. 매체 자료를 비판적으로 수용하고 창의적으로 생산하며, 사회적 소통과 문화 창조에 참여할 수 있는 능력을 기른다.

'매체 언어' 과목은 국어교육의 관점에서 매체에 접근하는 과목으로서, 매체 언어를 바라보는 비판적 관점을 바탕으로 한다. 이는 매체 언어가 현실을 바라보는 특정한 관점을 구성한다는 인식을 바탕으로, 매체 자료의 표면에 드러나지 않은 숨은 의도와 가치를 읽어낼 수 있는 능력을 강조하는 것이다. 매체의 의미는 있는 그대로의 세상을 자연스럽게 보여주는 것이 아니라, 특정한 관점과 가치를 지닌 개인과 집단에 의해 인위적으로 구성되는 것으로, 상업적 의도나 정치적 의도를 지닐 수 있고, 더 나아가 이데올로기적 의미나 가치를 내포할 수 있다. 매체의 의미는 매체 언어의 형식과 내용을 통해 표현되고 전달된다. 매체는 현대 사회에서 언어 생활에 큰 영향을 미치고 가치를 전이시키며 문화를 형성하는 데 중요한 역할을 한다. 따라서 매체 언어에 대한 비판적 이해를 바탕으로 하여 언어 문화 향유 능력을 신장하고 바람직한 국어 생활을 영위하는 주체적 태도를 기르는 것은 매우 중요하다.

(가) 매체 언어의 개념과 특성, 역할, 그리고 매체 자료의 유형 이해

'매체 언어'란 다양한 매체의 언어적 기능, 즉 의미 실현 방식에 주목하는 용어이다. 기존의 언어가 음성 언어와 문자 언어를 뜻하는 것이었다면, 매체 언어는 매체의 특성에 따라 말과 글만이 아니라 소리나 동영상과 같은 또 다른 차원의 '언어들'이 결합하여 의미를 생성하기도 함을 뜻하는 용어이다. 예를 들어, 책이라는 매체의 언어는 일반적으로 문자 언어이다. 그런데 책이라 하더라도 그림책의 경우에는 그림이 문자 언어를 그대로 반복하는 것이 아니라, 문자 언어와 그림이 함께 어우러져 의미를 구성한다. 그러므로 그림책이라는 매체의 언어는 문자 언어와 그림이라고 볼 수 있다. 매체의 특성에 따라 매체 언어는 한 가지로만 이루어진 단일 양식일 수도 있지만, 두 가지 이상의 언어가 함께 상호작용하는 복합 양식의 언어일 수도 있는 것이다. 또 다른 예로, 텔레비전이라는 매체의 언어는 영상 언어이다. 영상 언어는 문자 언어나 음성 언어와 같이 단일한 양식으로 구성된 것이 아니라, 사람의 대사와 같은 음성 언어, 다양한 소리와 음악, 이미지와 동영상 등 복합적인 언어와 기호가 한데 복합적으로 어우러져 의미가 구성된다. 문자 언어나 음성 언어와 같은 단일 양식의 언어이든, 혹은 영

상 언어와 같은 복합 양식의 언어이든, 의미를 구성하는 역할을 한다는 점에서 매체 언어는 언어의 일종이라 할 수 있다. '매체 언어' 과목에서는 이와 같은 매체 언어의 개념과 특성을 이해하도록 하는 것이 중요하다.

한편 '매체 언어' 과목에서는 다양한 유형의 매체 자료가 있으며, 그 텍스트적 특성이나 매체적 특성 등에 대해 이해하도록 하는 것이 중요하다. 매체 언어 교육이 실제 교수학습 상황에 적용될 때 교사와 학생들이 직접 접하게 되는 것은 다름 아닌 뉴스, 광고, 드라마, 대중가요, 만화, 온라인 대화 등 다양한 매체 자료이다. 같은 사건을 다룬 이야기라 하더라도 그것이 객관적인 정보를 바탕으로 하여 사회 현상에 대한 이해를 목적으로 하는 뉴스나 다큐멘터리에 등장하는 경우와, 허구적인 이야기를 바탕으로 인간과 사회에 대한 진실을 탐구하고 인간이 놓인 삶의 조건을 성찰하게 하는 드라마나 영화에 등장하는 경우, 그리고 오락적인 목적의 코미디 프로그램에 등장하는 경우, 사회적 비판을 위한 풍자나 패러디에 등장하는 경우, 이야기의 의미와 그에 대한 가치 판단은 달라질 수밖에 없다. 따라서 매체 자료를 접할 때 그것이 속한 매체 자료 유형을 이해하는 것은 의미의 소통에 있어 생산자와 수용자 간의 약속이라 할 수 있는 매체 자료의 유형에 대해 이해하는 것은 매우 중요하다.

(나) 매체언어의 성격에 대한 이해를 바탕으로 매체언어와 정보사회, 대중문화, 인간관계 파악

현대 사회는 정보 사회이다. '정보 사회'란 정보의 수용, 생산, 유통, 활용 등이 경제, 정치, 문화 활동에 있어 매우 중요한 역할을 하는 사회이다. 최근에는 '지식 경제'라는 용어가 등장할 정도

로, 현대 사회에서는 정보의 이해가 모든 부가가치를 창출하는 데 중요한 역할을 하고 있다. 현대 사회에서 정보의 중요한 출처이자 자원은 바로 매체이다. 정보 사회의 기반이 되는 매체에는 책, 신문, 텔레비전, 인터넷 등이 포함되는데, 일반인들이 인터넷을 통해 정보를 얻는 비중은 날이 갈수록 높아지고 있다. 언어를 통해 정보를 획득하고, 비판적으로 정보를 평가하며, 더 나아가 정보를 생산할 수 있는 능력은 중요한 매체 언어 능력이자 국어 능력의 일부라 할 수 있다.

책, 신문, 텔레비전과 같은 전통적인 대량 전달 매체는 대체로 전문가들이 정보를 생산하여 이들 매체에 그 내용을 담아 일반인들에게 전달하는 방식으로 소통이 이루어진다. 이에 비해 인터넷은 누구나 쉽게 접속하여 정보를 얻고 또 스스로 정보를 나눌 수 있는 쌍방향적인 매체이다. 정보 사회에서 요구되는 능력은 단순히 기술적으로 정보에 접근하는 데 그치지 않고, 수많은 매체에서 제공되는 정보에서 필요한 정보를 찾아내고, 정보의 적합성과 관점을 질적으로 평가하며, 자신의 목적에 맞게 정보를 재구성하고, 이를 배포할 수 있는 능력까지 포함한다. 이러한 측면에서 정보 사회 속에서 매체 언어가 지닌 성격과 역할을 파악하는 것은 매체 언어 능력의 중요한 일부이다.

한편 매체 언어는 대중매체를 통해 전달되고 공유되어 대중에게 인기를 끄는 문화인 대중 문화를 수용하고 생산하는 언어라는 측면도 지닌다. 대중가요, 만화, 애니메이션, 영화, 텔레비전 드라마와 오락 프로그램, 인터넷 소설, 컴퓨터 게임 등 노래나 이야기와 관련되는 대중 문화가 특히 매체 언어와 관련된다. 대중문화는 상업적 성격을 지니고 대량 전달을 특징으로 하는 대중매체를 통해 수용자에게 전달되는 경우가 대부분이다. 이 때문에 대중 문화에 대한 이해는 그것이 전달되는 경로인 대중매체에 대한 비판적 이해와 이를 수용하는 수용자의 성찰적 태도를 요구한다.

대중 문화는 청소년의 여가와 또래 문화 형성에도 큰 비중을 차지한다. 대중 문화는 청소년들이 일상 생활에서 친구들과 나누는 대화는 물론 사회적 관계에도 영향을 미치기 때문이다. 대중 문화에 대해 인간의 삶을 바라보고 성찰하는 태도가 부족하고 상업적 이윤만을 추구하는 통속적이고 저급한 오락 문화라는 부정적 시각도 존재한다. 그러나 대중 문화에 대해서는 청소년들의 내재된 욕망이 투영되는 방식에 주목하여, 학습자들이 자신의 문화 수용 방식에 대해 객관적으로 이해하도록 도움을 주고, 더 나아가 문화에 대한 비평적 안목을 길러주는 방향으로 학습이 이루어지도록 할 필요가 있다. 또한 대중 문화는 당대의 청소년 문화를 반영하는 측면이 있다는 점에서 매체 언어가 청소년 문화를 표현하고 전달하는 방식에 대해서도 관심을 기울일 필요가 있다.

현대 사회에서 매체 언어는 소통에 참여하는 개인들 간의 인간관계를 형성하거나 유지하고, 혹은 파괴하기도 한다. 소통은 본래 의미를 생산하고 이것을 해석하는 과정에서 일어나는 언행적 차원의 활동과 관계 차원의 활동으로 구분되는데, 현대 사회의 매체는 인간 관계의 형성, 유지, 파괴에도 큰 역할을 한다. 특히 컴퓨터 기술의 발달에 따른 인터넷의 전자 우편, 메신저, 블로그, 미니홈피, 카페, 커뮤니티에서 일어나는 대화나 글쓰기, 또 휴대전화의 문자 메시지는 인간 관계의 형성, 유지, 파괴에 있어 매우 큰 비중을 차지한다. 인터넷이나 휴대전화를 매개로 하여 이루어지는 소통은 대량 전달 매체를 통한 소통 방식과 유사하게 동일한 정보를 다수의 수용자들에게 신속하게 전달할 수 있으면서도, 마치 얼굴을 마주 보고 이루어지는 대면 소통 방식처럼 개인적인 소통을 매개하는 특성을 지닌다.

현대 사회의 인간 관계는 직접 만나서 얼굴을 마주보고 나누는 대화를 통해서 형성되거나 유지되기도 하지만, 시간과 공간의 제약을 받지 않고 쌍방향적으로 문자와 이모티콘을 사용하는 인터넷 소통이나 휴대전화 소통을 통해서도 이루어질 수 있다. 인터넷은 본래 정보의 공개와 공유라는 공적인 목적에서 출발했지만 인간의 상호작용과 인간 관계 유지가 인터넷 공간에서 활발하게 일어나기 시작하면서, 인터넷 공간의 개인화 경향이 중요한 현상으로 나타나게 되었다. 반대로 휴대전화는 본래 개인들 간의 인간 관계 형성과 유지를 위해 사용되는 매체로서의 기능이 더 강했으나, 집단 이메일 발송 등의 기능을 가지면서 공적인 목적으로도 사용되게 되었다. 따라서 매체를 통해 일어나는 소통에서의 언어 사용이 공적인 맥락과 사적인 맥락의 특성을 구분하여 이루어질 수 있도록 주의할 필요가 있다. 현실 세계에서도 공적 영역의 언어 사용 방식과 사적 영역의 언어 사용 방식에 차이가 있는 것과 마찬가지로, 매체를 통해 이루어지는 인간 관계 역시 언어 사용 목적에 따라 언어 사용을 적절히 달리 하는 것 역시 매체 언어 능력의 일부라 할 수 있다.

(다) 매체자료를 비판적으로 수용하고 창의적으로 생산하며, 사회적 소통과 문화 창조에 참여

매체 언어가 구체적인 물리적 형태를 갖춘 것이 매체 자료이다. 매체 자료는 외부의 현실을 단순히 반영하는 것이 아니라 다양한 외부적 요인에 의해 영향을 받으며 의도적으로 특정 내용과 표현

방식을 선택하여 의미를 구성한다. 우리가 겪는 경험도 이렇게 매체에 의해 구성된 의미에 의해 영향을 받는다. 따라서 매체 자료의 의미가 어떤 의도로 어떻게 구성되었으며, 어떤 요인들이 상호 연관되어 있는지를 비판적으로 분석하고 평가하며, 다양한 관점과 가치를 고려하여 매체 자료를 수용하는 것이 중요하다. 또한 매체 자료에 대한 비판적 분석과 평가 못지않게, 매체가 의미를 전달하기 위해 사용한 창의적인 표현 방식과 예술적 의도로 만들어진 작품의 심미적 가치를 이해하고 향유하는 것 또한 중요하다.

매체 자료를 비판적으로 이해하고 분석하는 능력뿐 아니라 매체 언어를 통해 표현하고 매체 자료를 생산하는 능력, 이를 바탕으로 사회적 소통과 문화 창조에 참여할 수 있는 능력을 기르는 것도 중요하다. 매체 자료의 생산을 강조하는 이유는 매체의 수용자뿐 아니라 생산자로서 매체에 접근함으로써 매체 언어와 매체 자료의 특성을 보다 잘 이해할 수 있기 때문이다. 특히 대중 매체의 경우에는 실제로 매체 자료를 표현하고 생산해 보는 경험을 통해 학습자들은 매체 언어가 의도와 목적을 가지고 특정한 내용을 선택하여 특정 방식으로 표현하는 의도적 선택의 결과임을 알 수 있게 된다. 이러한 인식을 통해 매체 언어와 자료의 표면에 드러나지 않은 숨은 의도와 가치를 더 잘 이해하게 될 수 있기 때문이다. 또한 인터넷과 같은 디지털 매체의 경우에는 매체 자료의 생산을 통해 일상적인 의사소통을 중재하는 매체의 특성을 보다 잘 이해할 수 있게 된다.

매체는 개인적인 소통뿐 아니라 사회적 의견을 나누고 여론을 형성하는 등 사회적 의사소통에 있어서도 중요한 역할을 한다. 현대 사회에서 매체는 일반인들의 참여가 중요하게 여겨지는 참여 문화를 형성하는 데 기여할 수 있다. 따라서 매체를 통하여 사회적 의사소통에 적극적으로 참여하는 민주시민으로서의 태도를 갖는 것이 중요하다. 이 과정에서 매체 언어를 통한 창의적인 언어 문화 창조에 적극적으로 참여하도록 하여야 한다.

## 3. 2011 교육과정에 제시된 국어 교과의 목표

### ㈎ '국어' 교과의 목표

국민 공통 기본 교육과정 '국어' 교과의 목표는 다음과 같다.

국어 활동과 국어와 문학을 총체적으로 이해하고, 국어 활동의 맥락을 고려하여 국어를 정확하고 효과적으로 사용하며, 국어를 사랑하고 국어 문화를 누리면서 국어의 창의적 발전과 국어 문화 창조에 이바지할 수 있는 능력과 태도를 기른다.

가. 국어 활동과 국어와 문학에 대한 기본적인 지식을 익힌다.

나. 다양한 유형의 담화와 글을 비판적이고 창의적으로 수용하고 생산한다.

다. 국어의 가치와 중요성을 인식하고 국어 생활을 능동적으로 하는 태도를 기른다.

### ㈏ 고등학교 선택 과목 '국어 Ⅰ' 과목의 목표

'국어 Ⅰ'의 목표는 다음과 같다.

국어 활동과 국어와 문학을 총체적으로 이해하고, 건전한 교양인으로서 갖추어야 할 일반적인 국어 능력을 신장시켜 국어의 발전과 국어 문화 창조에 이바지할 수 있는 능력과 태도를 기르는 것을 목표로 한다.

가. 국어 활동과 국어와 문학에 대한 일반적인 지식을 바탕으로 다양한 상황에서 국어를 창의적으로 사용한다.

나. 다양한 유형의 담화와 글을 능동적이고 적극적으로 수용·생산함으로써 교양인이 갖추어야 할 일반적인 국어 능력을 함양한다.

다. 국어 문화에 흥미를 가지고 국어 현상을 탐구하여 국어 생활과 국어의 발전에 이바지하는 태도를 기른다.

### ㈐ 고등학교 선택 과목 '국어 II' 과목의 목표

'국어 II'의 목표는 다음과 같다.

국어 활동과 국어와 문학을 심층적으로 이해하고, 성숙한 교양인으로서 갖추어야 할 전문적인 국어 능력을 신장시켜 국어의 발전과 국어 문화 창조에 이바지할 수 있는 능력과 태도를 기르는 것을 목표로 한다.

가. 국어 활동과 국어와 문학에 대한 전문적이고 심화된 지식을 익혀 다양한 상황에서 국어를 창의적으로 사용한다.

나. 다양한 유형의 담화와 글을 비판적이고 창의적으로 수용·생산함으로써 교양인이 갖추어야 할 심화된 국어 능력을 함양한다.

다. 국어 문화에 대한 폭넓은 이해를 바탕으로 미래 지향적인 국어 문화를 창조하는 태도를 기른다.

### ㈑ 고등학교 선택 과목 '화법과 작문' 과목의 목표

'화법과 작문' 과목의 목표는 다음과 같다.

'화법과 작문'은 '국어'와 '국어 I', '국어 II'에서 학습한 지식, 기능, 태도를 바탕으로 장차 다양한 학문과 직업에서 담화와 글을 생산할 수 있는 전문 능력을 기르는 데 중점을 둔다. 즉, '화법과 작문'은 화법과 작문 활동을 통해 일상생활이나 학습 상황에서 필요한 의사소통 능력, 문제 해결 능력, 사고 능력, 대인 관계 능력 등을 함양하고 개인적인 소통 행위를 넘어 사회적 의사소통 행위로서의 화법과 작문의 특성을 이해하여 언어 공동체의 관습에 부합하는 언어 행위를 유도함으로써 올바른 의사소통 문화를 형성하도록 기여하는 것을 목표로 한다.

가. 화법과 작문의 본질과 원리를 체계적으로 이해한다.

나. 원활한 소통으로 바람직한 인간관계를 형성하며 갈등과 문제를 해결한다.

다. 상황과 대상에 적합하게 효과적으로 정보를 전달하고 설득한다.

다. 바람직한 의사소통 문화를 형성하기 위해 진실성 있고 배려하는 태도를 기른다.

### (마) 고등학교 선택 과목 '독서와 문법' 과목의 목표

'독서와 문법' 과목의 목표는 다음과 같다.

'독서와 문법'은 '국어'와 '국어 Ⅰ', '국어 Ⅱ'에서 학습한 지식, 기능, 태도를 바탕으로 다양한 학문과 직업에서 생산되는 담화와 글을 정확하고 효과적으로 독해하고 국어를 올바르게 사용하는 전문 능력을 기르는 데 중점을 둔다. 즉 다양한 전문 분야의 독서 활동과 국어에 대한 탐구 활동을 바탕으로 비판적이고 창의적으로 독해하며, 정확하고 효과적으로 국어를 사용하여, 문제를 해결하는 통합적이고 전문적인 국어 능력을 신장하고, 국어와 삶과 사회에 대한 성찰을 통해 독서 문화와 국어 문화를 발전시켜 나가는 태도를 기르는 것을 목표로 한다.

가. 독서와 언어의 본질을 사회 문화적 소통 차원에서 체계적이고 전문적으로 이해한다.

나. 국어 현상을 탐구하고 다양한 자료를 분석하며 비판적·창의적 문제 해결 능력을 기른다.

다. 다양한 관점의 글을 비판적으로 읽고 논리적으로 의미를 재구성하며 사회적 공동체의 독서 활동에 능동적으로 참여한다.

라. 독서와 문법을 통하여 개인의 삶과 사회 현상을 성찰하며 국어 문

화를 창의적으로 발전시키는 태도를 기른다.

### (바) 고등학교 선택 과목 '문학' 과목의 목표

'문학' 과목의 목표는 다음과 같다.

'문학'은 '국어'와 '국어 Ⅰ', '국어 Ⅱ'에서 학습한 지식, 기능, 태도를 바탕으로 다양한 학문과 직업에서 문학의 가치를 인식하고, 적절한 문학 활동을 통해 문학을 올바르게 수용하며 생산하는 전문 능력을 기르는 데 중점을 둔다. 즉 통시적·공시적으로 다양한 사회·문화적 맥락 속에서 문학의 제반 양상을 이해하고 문학 활동에 능동적으로 참여하며 이를 자신의 삶과 연계하여 이해함으로써 예술 문화를 발전시켜 나가는 태도를 기르는 것을 목표로 한다.

가. 문학에 대한 지식과 경험을 바탕으로 문학에 대한 체계적 이해를 갖추고 능동적으로 문학 활동을 한다.

나. 문학 수용과 생산 활동을 통하여 언어에 대한 통찰력을 기르고, 창의적으로 사고하고 소통하는 능력을 기른다.

다. 문학을 통하여 인간과 세계를 총체적으로 이해하고, 문학의 가치와 아름다움을 향유하며, 심미적 안목을 높인다.

라. 한국 문학의 보편성과 특수성을 이해하고, 우리 공동체의 문학 문화 발전에 적극적으로 참여한다.

### (사) 고등학교 선택 과목 '고전' 과목의 목표

'고전' 과목의 목표는 다음과 같다.

'고전'은 고전의 가치를 인식하고, 고전을 제재로 한 다양한 국어 활동을 통해 교양인으로서의 국어 능력을 심화하며, 고전과의 소통을 생활화하는 태도를 기르는 것을 목표로 한다.

가. 고전의 가치와 고전을 통한 국어 능력 심화의 중요성을 인식한다.

나. 다양한 고전을 제재로 한 국어 활동을 통하여 교양을 형성하고 교

양인으로서의 국어 능력을 심화한다.

다. 고전과의 소통을 생활화하여 교양을 쌓고 수준 높은 국어 생활을 영위하는 태도를 기른다.

# 제 5 장

## 국어 교과의 내용 체계

1. 국어 교과의 내용 구성에 관한 관점과 준거
2. 국어 교과의 내용 체계

# 제5장 국어 교과의 내용 체계

## 1. 국어 교과의 내용 구성에 관한 관점과 준거

### (1) 국어과 교육과정 내용 구성에 관한 관점의 변천

국어 교과의 3대 영역으로서 언어 사용 기능(표현·이해) 영역과 문학 영역과 언어 지식 영역이 함께 설정된 것은 제4차 교육과정부터이다. 제1차에서 제3차 국어과 교육과정까지는 국어과 교육의 영역을 국어 사용 활동 중심으로 구성하였다. 제4차 국어과 교육과정의 내용 선정 과정에서는 국어과 교육의 본질이 국어과 교육의 관련 분야 학문이 제공하는 지식과 개념에 대한 교육에 있다는 관점을 비교적 철저하게 반영하였다. 이 관점에 의하면, 국어과 교육의 내용은 주로 국어과의 세 분야, 즉 언어 사용 기능, 문학, 언어 지식 분야와 관련되는 학문으로부터 선택한 지식이다. 언어 사용 기능 교육의 내용은 수사학으로부터 선정된 개념과 명제와 절차이며, 문학교육의 내용은 문학이론으로부터 선정된 개념과 명제이고, 언어 지식 교육의 내용은 언어학으로부터 선정된 개념과 명제와 절차이다(이대규, 1995).

제4차 국어과 교육과정의 내용을 구성하는 데 있어서 기저 이론으로 작용한 학문 중심 교육과정 이론은 국어과 교육 내용을 체계적으로 선정하는 데는 물론이고 국어 교육학을 정립하는 데 기여하였다. 국어과 교육의 목표 설정이나 내용 선정에 있어서 관련 분야 전문가의 상식적 수준에서의 판단이나 경험에만 의존할 경우, 국어과 내용 선정의 학문적 체계화는 결코 기대할 수 없을 것이며, 학교 현장의 국어과 수업을 위한 명시적 지침을 제대로 제공할 수 없을 것이기 때문이다. 그러나 과학이나 수학 혹은 사회교과 교육과는 달리 국어과 교육의 경우에는 배경 학문으로 쉽게 상정할 수 있는 언어 표현 이론과 표현 교육 이론, 언어 이해 이론과 이해 교육 이론, 언어 지식 교육 이론, 문학 교육 이론 등이 제대로 개발되어 있지 않았기 때문에 제4차 국어과 교육과정의 내용 체계 및 내용은 여러 가지 문제점을 안고 있었다. 그럼에도 불구하고 국어과 교육이 상식과 경험의 수준을 넘어서 학문적 배경을 가진 이론에 바탕을 두어야 한다는 시각은 위에서 제시한 여러 관련 분야의 이론을 탐구하는 활동을 활성화하였으며, 나아가서는 국어교육학이라는 학문 분야의 기틀을 마련하는 데 기여하였다.

제5차 국어과 교육과정에서는 국어교육을 통한 성취 목표를 언어에 의한 지적 기능의 신장과 정서의 함양과 사회성의 발달로 보고, 말과 글을 통하여 학생들의 표현 기능과 이해 기능을 신장하는 데에 중점을 두고 내용을 구성하였다. 이와 관련하여 제5차 국어과 교육과정에서는 국어교육의 배경 학문으로 상정되어 왔던 언어학과 문학과 수사학의 지식, 개념, 원리 등에 대한 이해보다는 학생들의 언어적 성장을 중요한 교육적 성취로 인식하였다.

제5차 국어과 교육과정의 내용 선정 및 조직 과정에서 중요하게 고려된 점은 다음과 같다(노명완·박영목·권경안, 1988). 첫째, 표현과 이해의 두 활동은 언어와 사고 사이를 연결짓는 정신적 과정이므로, 학생들에게 필요한 것은 객관화된 지식이나 규범화된 원리가 아니라 자신이 어떻게 언어를 사용하고 있는가에 대한 실재적인 자기 인식이라는 점에 근거하여 국어과 교육과정의 내용 구성에서는 지식적인 요소의 학습보다는 학생들의 직접적인 언어 활동 참여와 자신의 언어 사용과정에 대한 실제적인 인식에 중점을 두었다. 둘째, 국어과 교육을 통하여 학습하여야 할 내용은 계발시켜야 할 기능과 학습하여야 할 지식으로 나눌 수 있는데 제5차 국어과 교육과정에서 중시한 지식은 무엇에 관한 지식이라기보다는 어떻게에 관한 지식이다. 셋째, 말하기, 듣기, 읽기, 쓰기, 언어, 문학의 여섯 영역으로 구분된 국어과 교육과정의 내용 영역 중에서 언어 사용 기능 영역에서는 실제의 언어생활에서 많이 접하는 소재를 학습활동의 소재로 선정하였다. 넷째, 언어 사용이 사고와 언어 사이를 연결짓는 지적 과정이라는 점에 근거하여 국어과 교육과정의 내용 선정에서 사고와 언어를 연결짓는 활동을 특히 강조하였다. 다섯째, 학년간의 내용 선정에서는 논리적인 원리보다 심리적인 원리를 중시하였는데, 사적인 언어사용에서 공적인 언어사용으로, 단순한 것에서 복잡한 것의 순으로, 구체적인 것에서 추상적인 것의 순으로 내용 및 활동을 조직하였다. 여섯째, 말하기, 듣기, 읽기, 쓰기의 네 가지 언어 활동은 서로 유기적으로 연결될 때 효과적인 기능 신장을 꾀할 수 있다는 점에 유의하여, 이 네 가지 형태의 언어 활동이 유기적으로 연결될 수 있도록 교육과정의 내용을 선정하였다. 일곱째, 언어 지식 영역과 문학 영역에서는 최소한의 기초적인 지식과 개념을 이해할 수 있도록 내용을 엄선하여 제시하였으며, 이들 지식이나 개념들이 언어적 또는 문학적 맥락 속에서 다루어지도록 하였다.

제6차 국어과 교육과정의 특징 중의 하나는 국어과 교육의 내용 체계를 각 영역별로 구조화하여 제시하였다는 점이다. 국어과 교육의 목표를 성취하는 데 필요한 내용을 선정하고 이를 다시 체계화하여 일관되게 구조화하는 문제는 매우 어려운 과제이다. 그 이유는 어떤 관점에서 국어과 교육과정 내용을 구성하는가의 문제와도 깊이 관련되어 있지만, 보다 본질적으로는 각 영역의 지도 내용들이 국어 교육의 목표를 성취하는데 상호 어떻게 관련되고, 그것들은 목표 성취에 어떤 방향으로 어떻게 기여 하는지에 대한 과학적이고 신뢰할 만한 연구가 거의 없기 때문이다.

제6차 교육과정에서는 이러한 점을 전제로 하여, 국어과는 층위가 서로 다르기는 하지만 국어 교육의 목표 성취에 상호 보완적으로 작용하는 '언어 사용 기능', '언어 지식', '문학'의 세 영역의 통합으로 구성된 교과라는 관점을 취하고, 다음과 같은 원칙에서 각 영역의 내용을 체계화하였다(박영목·한철우·윤희원, 1995). 첫째, 언어 기능으로서의 말하기, 듣기, 읽기, 쓰기 영역의 '내용 체계'는, 각 영역별로 기능 수행을 가능하게 하는 기본적인 지식 및 원리를 바탕으로 실제적인 언어 사용 활동이 통합적으로 이루어 질 수 있도록 하기 위하여 지도 내용을 크게 '본질', '원리', '실제'의 세 가지 범주로 유목화하고, 각 범주의 하위 지도 내용을 구조화하였다. 둘째, 언어 지식 영역은 언어의 본질과 국어의 구조에 관한 이해를 바탕으로 국어의 올바른 사용에 관한 활동이 효과적으로 이루어질 수 있도록 하기 위하여 지도 내용을 크게 '언어의 본질', '국어의 이해', '국어의 사용'의 세 가지 범주로 유목화하고 각 범주의 내용을 구조화하였다. 셋째, 문학 영역은 문학의 본질 및 작품 이해의 기본 원리에 관한 이해를 바탕으로 학생들의 문학 작품 감상 능력이 신장될 수 있도록 하기 위하여 지도 내용을 '문학의 본질', '문학 작품의 이해', '문학 작품 감상의 실제'의 세 가지 범주로 유목화하고 각 범주의 내용을 구조화하였다. 넷째, 학생들의 전인적 성장을 돕기 위하여 정의적 영역의 지도 내용을 체계화하였다. 이는 국어 교육의 내용이 지식 및 기능에 편중될 위험성을 배제하기 위해서인데, 국어 교육 관련 '태도 및 습관' 요인은 '내용 체계'에서는 각 영역별 '실제' 범주의 하위 항목으로 하여 구조화하였다.

현대의 교육과정 이론은 전통주의, 개념적 경험주의, 재개념주의 등의 세 부류로 구분될 수 있다(Giroux, Penna, Pinar, 1981). 전통주의자들은 교육의 목적을 인간 행동의 바람직한 변화에 두고 있다. 행동주의적 사고에 기초한 전통주의적 교육과정에서는 관찰 가능한 교육 목표를 진술하는 일을 중시하며, 진술된 행동 목표는 일정한 평가 방법을 통하여 목표 달성이 확인되어야 한다는 입장을 취하고, 지식을 앎의 과정으로 인식하지 않고 구체적 사실로서 인식하는 경향을 보인다. 개념적 경험주위자들은 모든 학문에 내재하는 지식의 구조를 중시하며, 실증주의적 합리성에 근거한 양적 연구 방법을 주로 사용한다. 재개념주의자들은 교육과정을 보다 넓은 사회 구조와 질서 속에서 거시적으로 파악하려고 하며,

학교 사회에서의 지식과 문화와 권력과 사회적 통제 사이의 관계를 중시하고, 개인의 실존적 경험, 주관성, 의미, 저항 등의 문제를 심층적으로 해석하고자 한다.

교육과정 내용의 원천이 될 수 있는 것으로서 학습자의 경험과 흥미, 생활 문제 및 사회적 문제, 학문적 탐구를 통하여 축적된 지식의 구조 등을 생각할 수 있는데, 개념적 경험주의자들은 학문적 탐구를 통하여 축적된 지식의 구조만을 교육과정의 원천으로 생각하는 경향이 있다. 그런데 학문적 탐구를 통하여 구조화된 지식의 구조는 해당 학문과 관련되는 기능과 태도를 포함하지 않거나 포함할 수 없다는 문제점을 지니게 된다. 그리하여 개념적 경험주의자들 중에는 총체적으로 유용 가능한 문화를 교육과정의 근거로 삼아야 한다는 주장을 내세우기도 한다. 개념적 경험주의자들은 해당 학문 내에서의 분석적 방법을 통해서 밝혀진, 잠재적으로 매우 중요한 가치를 지닌 요소를 중심으로 교육과정의 내용을 삼아야 한다고 주장한다. 이들은 교육 과정의 내용 요소로서 어떠한 내용을 선정해야 할 것인지를 결정하는 기준으로서, 그 내용 요소들이 해당 학문 분야에서 얼마나 근본적이고 중요한 위치를 차지하는지, 해당 학문의 구조를 얼마나 잘 설명해 주는지, 해당 학문의 특징적인 사고 과정과 탐구 양식을 얼마나 적절하게 반영하는지를 고려할 것을 주장하고 있다.

재개념주의자들은 개념적 경험주의자들이 강조하는 지식에 대하여 비판적 입장을 취한다. 이들은 객관적 사실의 영역으로서 다루어지는 지식, 즉 외재적 지식은 인간의 의미나 간주관적 교류와는 무관한 것으로서, 학습자에 의하여 질문되고 분석되고 협상되는 것이 아니라 교사에 의하여 관리되고 습득되어지는 것으로 해석한다. 외재적 지식의 강조는 결과적으로 왜 이것을 알아야 하는가와 같은 질문을 경시하게 되고 이러한 지식을 습득하는 가장 효과적인 방법은 무엇인가와 같은 질문만을 중시하게 된다는 것이다. 객관적이고 외재적인 지식은 일상적인 의미 체계를 생성하는 자아 형성 과정 혹은 인식 주체와 인식 대상 간의 해석적 관계 설정의 과정으로부터 배제 될 수밖에 없다고 이들은 주장한다. 재개념주의자들은 교육과정의 내용으로 중시해야 할 지식은 객관적이고 외재적인 지식이 아니라 비판적 이해와 해방을 지향하는 자기 지식이라는 점을 강조한다. 또한, 새로운 양식의 교육과정은 가치 중립성이라고 하는 이데올로기의 가면을 벗어야 하고, 교육과정의 내용으로 다루어지는 지식은 외부에서 주어지는 것으로 인식할 것이 아니라 의문시되고 분석되고 논쟁과 의사소통을 통하여 교실 사회 풍토에 융해되어야 하는 것으로 인식해야 한다는 점을 강조한다.

제6차 교육과정 총론 개발 연구진은 위에서 살펴 본 세 가지 교육과정 이론의 장점을 두루 살리는 통합적 입장을 취하였으며, 이러한 입장은 제6차 교육과정 각론 개발 연구 과정에서 하나의 지침으로 활용되었다. 국어 교과의 내용 선정에 관한 연구에 있어서 하위 영역 구분에 관한 문제는 지난 10 여년 동안 중요한 논의의 대상이 되어 왔다. 이들 논의는 대개의 경우 하위 영역 사이의 관계에 초점을 두어 왔다. 학생의 관점에서 볼 때, 국어 교육을 받는 목적은 자신의 국어 능력(지식, 기능, 태도 및 가치관)을 보다 나은 상태로 향상하는 데 있다고 할 수 있다. 국어과 각 영역의 학습을 통하여 체득한 능력은 유기적으로 작용하여 학생들의 총체적 국어 능력을 형성하게 될 것이다. 이러한 관점에서 제6차 국어과 교육과정을 개발하는 과정에서는 국어 교과를 구성하는 세 영역

사이의 관계를 대립적이거나 종속적인 관계로 인식하지 않고, 서로 다른 차원에서의 역할과 기능을 상호 보완적으로 수행하는 관계로 인식하였다.

제7차 국어과 국어과 교육과정의 구성 방향은 학습자 중심의 교육과정 구성, 교육 효과의 극대화를 위한 교육 내용의 구조화, 중복되거나 불필요한 학습 내용의 축소 및 통합 등으로 정리할 수 있다(이인제 외, 1997). 제7차 국어과 교육과정의 구성 체제는 큰 틀에서는 제6차와 큰 차이가 없으나 세부적인 면에서는 교육과정 운영에 실질적인 도움을 줄 수 있는 체제로 구성되어 있다. 제7차 국어과 교육과정 연구진은 국어과 교육의 목표를 국어 사용 능력 신장에 두고, 국어과 교육의 성격에 관한 다양한 관점들이 국어과 교육의 상위 목표를 달성하는 데 상호보완적으로 기여할 수 있다는 점을 중시하여 국어 교과의 성격을 규정하고자 하였다. 창의적인 국어 사용 능력은 국어의 작용 양상 및 구조와 체계에 대한 이해를 바탕으로 점진적으로 신장될 수 있으며, 이러한 능력은 기성의 국어 문화를 창의적으로 해석하고 비판적으로 수용하여 새로운 국어 문화 창조의 원동력으로 작용하는 바탕이 된다고 제7차 국어과 교육과정 연구진은 인식하였다. 이에 따라 제7차 국어과 교육과정에서는 국어과 교육의 목적을, 정확한 국어 사용 능력의 신장, 국어 문화의 향수, 가치 있는 새로운 국어 문화의 창조 등을 국어과 교육의 목표로 설정하였다.

2007 국어과 교육과정은 국어과의 성격을 “한국인의 삶이 배어 있는 국어를 창조적으로 사용하는 능력과 태도를 길러, 국어를 정확하고 효과적으로 사용하게 하고, 미래 지향적인 민족의식과 건전한 국민 정서를 함양하며, 국어 발전과 국어 문화 창달에 이바

지하려는 뜻을 세우게 하기 위한 교과"로 규정하였다. 이를 통해 국어과는 기능적 문식성의 신장과 국어 문화의 창조, 공동체의 발전과 자아 성장에 중점을 두어야 하는 교과임을 분명히 하였다. 국어과의 성격에 제시된 교육의 목적을 실현하기 위해 2007 국어과 교육과정에서는 교육 내용의 범주를 듣기, 말하기, 읽기, 쓰기, 문법, 문학의 여섯 영역으로 구분하였다. 2007 국어과 교육과정의 '목표'는 국어과 교육을 통해서 학습자가 성취하기를 기대하는 도달점을 포괄적, 종합적으로 기술한 '전문'과 이를 한 단계 구체화한 '세부 목표'로 구성되어 있다. 이러한 목표 진술을 통하여 국어과의 지향점이 인지적 교육 내용으로서의 지식의 습득과 기능의 향상, 정의적 교육 내용으로서의 태도, 가치, 동기, 습관 등에 대한 학습을 균형 있게 하여 지적으로 성숙하고 정서적으로 안정된 균형 잡힌 한국인을 양성하는 데 있음을 명시하였다.

대한민국 정부가 수립된 이후 국가 수준의 국어과 교육과정은 모두 열 차례에 걸쳐 개정 고시되었다. 교육과정 총론을 기준으로 할 때, 1차에서 2차까지의 교육과정은 경험 중심 교육과정 이론에 바탕을 두었으며, 3차 교육과정은 학문 중심 교육과정 이론에, 4차 및 5차 교육과정은 인간 중심 교육과정 이론에, 6차 이후의 교육과정은 통합적 교육과정 이론에 그 바탕을 둔 것으로 알려지고 있다. 그런데 국어과 교육과정 내용 구성의 배경 이론은 총론의 교육과정 이론과 그 궤를 약간 달리하고 있다. 제3차 국어과 교육과정은 경험 중심 교육과정 이론에, 제4차 국어과 교육과정은 학문 중심 교육과정 이론에, 제5차 국어과 교육과정은 인간 중심 교육과정 이론에, 제6차 이후의 국어과 교육과정은 통합적 교육과정 이론에 그 바탕을 두고 있다.

2012년 3월 현재 초중등학교에서 국민 공통 기본 교육과정으로서의 국어 과목 교육과정은 2007 국어과 교육과정이 적용되고 있는 상태이고, 고등학교 선택 과목 교육과정은 2009 고등학교 국어과 선택 과목 교육과정이 적용되고 있는 상태이다. 2011 국어과 교육과정은 2013년 3월 1일부터 연차적으로 적용될 예정인데 초등학교 1, 2학년과 중학교 1학년은 2013년 3월 1일부터, 초등학교 3, 4학년, 중학교 2학년, 고등학교 1학년은 2014년 3월 1일부터, 초등학교 5, 6학년, 중학교 3학년, 고등학교 2학년은 2015년 3월 1일부터, 그리고 고등학교 3학년은 2016년 3월 1일부터 적용될 계획이다.

2007 국어과 교육과정은 수준별 교육과정의 문제점 개선, 교육 내용의 체계 개선 및 적정화, 국어 교육에 대한 요구를 반영한 교육 내용의 선정 및 선택 과목의 개선, 학습자의 학습을 중시하는 교육과정 구성, '방법'과 '평가' 항 제시 내용의 정보성과 유용성 제고의 다섯 가지를 기본 방향으로 하여 개정되었다.

2009 개정 교육과정에서는 1학년~9학년까지의 공통 교육과정과 10학년~12학년의 선택 교육과정 체제를 새롭게 도입하였으며, 그 결과 고등학교는 전 학년 선택 교육과정의 형태로 운영되는 새로운 체제에 들어서게 되었다. 이에 따라 2009 고등학교 국어과 선택 과목 교육과정은 선택 과목별 이수 비율 간의 현격한 차이를 극복하고 균형 있는 국어 학습을 도모하고자 기존 선택 과목들을 '화법과 작문 Ⅰ, Ⅱ', '독서와 문법 Ⅰ, Ⅱ', '문학 Ⅰ, Ⅱ'의 6개 과목으로 재구조화하였다. 이는 기존 선택 과목인 '화법'과 '작문', '독서'와 '문법' 을 통합한 후 학습 중점에 따라 Ⅰ, Ⅱ 과목으로 나누고, 별도의 과목으로 분리되어 있던 '매체 언어'의 내용을 국

어 활동과의 통합적·연계적 속성을 고려하여 '화법과 작문 Ⅰ, Ⅱ', '독서와 문법 Ⅰ, Ⅰ', '문학 Ⅰ, Ⅱ' 과목에 통합, 반영한 결과이다.

2011 개정 국어과 교육과정에서는 내용 연계성 강화 및 양과 수준의 적정화를 개정의 기본ㅁ 방향으로 삼았다. 학년군 간 내용 연계성 강화를 위해 학년별 성취 기준 제시 방식에서 학년군별 성취 기준 제시 방식으로 전환하였으며, 교과 간 내용 연계성 강화를 위해 공통교육과정 기간 조정(10학년→9학년)에 따른 공통 과목과 선택 과목 간의 내용 재조정 및 연계성 확보를 기하였다. 그리고 교육 내용 양의 적정화와 학습량의 적정화를 위해 학년군·교과군을 고려한 최소 필수 학습 내용을 정선함으로써 교과 내용을 약 20% 정도 감축 조정하였고, 고교 선택 과목의 각 과목별 이수 단위가 5단위로 단일화된 점을 감안하여 이에 맞추어 내용을 적정화하였다.

### (2) 국어과 교육과정 내용 선정의 준거

국어과 교육과정 내용의 선정은 국어교육의 성격과 목표를 어떻게 규정하는가에 따라 달라질 수 있다. 제6차 국어과 교육과정에서는 국어과의 성격을 '언어 사용 기능을 신장시키고, 국어에 관한 기본이 되는 지식을 가지게 하며, 문학의 이해와 감상 능력을 길러 주는 교과'로 규정하고 있다. 또한, 고등학교 국어과 교육의 일반적 목표를 '국어 생활을 정확하고 효과적으로 하며, 언어와 국어에 관한 체계적인 지식을 갖추고, 문학의 이해와 문학 작품 감상 능력을 기르며, 국어의 발전과 민족의 언어 문화 창조에 이바지하게 한다.'로 규정하고 있다. 제6차 국어과 교육과정에서는 이와 같은 성격 및 목표 규정을 근간으로 하여 내용 영역을 언어 사용 기능 영역으로서의 말하기·듣기·읽기·쓰기 영역, 언어 지식 영역, 문학 영역 등 모두 여섯 개 영역을 설정하였다. 제7차 국어과 교육과정과 2007 국어과 교육과정에서의 내용 구성 또한 일차적으로 제6차 국어과 교육과정에 제시된 국어과 교육의 성격과 목표에 바탕을 둔 영역 설정에서부터 출발하고 있다.

국어과 교육과정의 내용으로서 다루게 될 지식은 국어과 교육의 배경 학문으로부터 선정해야 할 것이다. 이 경우에 국어과 교육의 일차적 배경 학문은 수사학과 문학 이론과 언어학(이대규, 1995), 또는 언어학과 문학(김대행, 1995)이 아니라 국어교육학이어야 할 것이다. 국어교육학의 학문적 정체성이 완전하게 확립되어 있지 않은 현 상황에서 이러한 주장을 제기하는 것은 논의의 대상이 될 수도 있으나 국어과 교육과정의 내용 선정 및 구성 문제를 학문적인 수준에서 해결하기 위해서는 국어교육학 이론을 바탕으로 하여 국어과 교육과정의 내용으로 다루어야 할 지식의 실체를 규명해야 하기 때문이며, 또한 국어교육학의 하위 영역별로 상당한 정도의 연구 성과가 축적된 상태이기 때문이다.

국어과 교육의 내용 영역 설정에 대해서 최근의 연구들에서는 조금씩 다른 방안을 제시하고 있기는 하지만 국어과 교육과정의 내용 구성에 있어서 배경 학문으로 상정할 수 있는 하위 영역들을 분명하게 제시하고 있다. 국어과 교육의 내용 영역 설정은 국어과 교육의 목표를 어떻게 설정하느냐에 달라질 수 있으며, 국어 활동을 어떤 방식으로 분류하느냐에 따라서도 달라질 수 있다. 국어 활동은 국어 활동의 양식 면을 기준으로 구분할 수도 있고, 국어 활동의 목적 면을 기준으로 구분할 수도 있다. 그리고 국어 활동의 교육은 그 목적, 내용과 목표, 방법, 평가, 자료 등의 측면에서 구분할 수 있다.

국어교육의 중요한 목적이 국어 활동을 잘 할 수 있는 능력을 학생들에게 길러 주는 데 있다는 점에 대해서는 상당한 정도의 공감대가 국어교육학계 내부에서 형성되어 있다. 그런데 막상 '국어(활동) 능력'의 개념에 대해서는 약간씩 서로 다른 시각을 가지고 있는 것이 사실이다.

김수업(1989)은 국어(활동)의 세계를 일상의 국어와 예술의 국어로 구분하고 이들 각각에 대하여 다시 삶의 영역과 앎의 영역으로 구분하였다. 이러한 구분체계에 의하면 국어교육을 통하여 학생들에게 길러주고자 하는 국어(활동) 능력은 말하기·듣기·쓰기·읽기 등 삶의 영역에서의 일상의 국어 능력, 말과 글에 대한 이론 및 역사에 대한 지식으로 구성되는 앎의 영역에서의 일상의 국어 능력, 문학의 창작 및 감상 등 삶의 영역에서의 예술의 국어 능력, 문학에 대한 이론 및 역사에 대한 지식으로 구성되는 앎의 영역에서의 예술의 국어 능력 등으로 구성된다고 볼 수 있다.

김대행(1995)은 국어 활동의 영역을 체계로서의 국어 활동, 사용으로서의 국어 활동, 생활문화로서의 국어 활동, 예술 문화로서의 국어 활동으로 구분하였다. 이러한 구분 체계에 의하면, 국어교육을 통하여 학생들에게 길러 주고자 하는 국어 (활동) 능력은 이들 네가지 영역에 걸친 국어 (활동) 능력이라고 할 수 있다.

노명완(최현섭 외, 1996)은 국어 활동 현상을 듣기, 말하기, 읽기, 쓰기 등의 표현·이해 현상과 언어와 문학과 국어 활동에 관한 지식으로 구분하였다. 이러한 구분 체계에 의하면 국어 (활동) 능력은 문학적 양식과 비문학적 양식을 포괄하는 표현 기능 및 이해 기능, 그리고 이러한 기능 수행의 기반이 되는 언어와 문학과 국어활동에 관한 지식으로 구성된다고 볼 수 있다.

박영목(박영목 외, 1995)은 제6차 국어과 교육과정을 개발하는 과정에서 국어과 교육을 통하여 길러 주고자 하는 국어 능력의 구성 요인을 언어 사용 활동의 형태별 기능 및 태도, 언어 사용 활동의 목적에 따른 담화 혹은 텍스트의 양식, 언어 사용 활동의 기저 지식 등의 세 가지 측면으로 구분하여 추출하고자 하였다. 이러한 구분 체계에 따르면, 학생들에게 길러 주고자 하는 국어 능력은 문학적 목적으로의 국어 사용 기능 및 태도와 의사소통적 목적으로의 국어 사용 기능 및 태도, 그리고 이러한 기능 및 태도의 수행과 직결되는 언어(텍스트 혹은 담화) 자체에 대한 개념적 지식과 언어(텍스트 혹은 담화)의 사용에 관한 절차적 지식으로 구성된다고 볼 수 있다.

위에서 살펴본 것처럼 국어 활동 능력을 구성하는 요인을 바라보는 시각에는 약간씩 차이가 있음에도 불구하고 이러한 시각들에서 국어과 교육과정의 내용 선정을 위한 다음과 같은 시사점을 추출할 수 있다. 첫째, 국어 활동은 문학적 목적으로의 국어 활동과 의사소통적 목적으로의 국어 활동으로 구분할 수 있다는 점이다. 둘째, 국어 활동 능력을 구성하는 요인에는 지식 요인과 기능 요인과 태도 및 가치관 요인이 있다는 점이다. 셋째, 국어 활동 요인을 구성하는 지식 요인은 언어 자체에 관한 개념적 지식과 언어의 사용(표현 및 이해)에 관한 절차적 지식으로 구성된다는 점이다.

국어과 교육과정의 내용 선정 과정에서 반드시 고려해야 할 사항은 언어학(국어학) 지식과 문학 지식이다. 언어학으로부터 선정된 지식과 문학(국문학) 이론으로부터 선정된 지식들 중에는 국어 활동을 잘 하도록 하는 일과 직접적인 연관이 없는 지식들도 있을 수 있다. 국어 활동 능력을 신장하는 데 직접적인 기여를 할 수 없는 지식이라고 하여 국어과 교육과정의 내용 선정 과정에서 무조건 배제하는 일은 없어야 할 것이다. 국어학 연구와 문학 연구를 통하여 축적해 놓은 지식들 중에는 국어 활동을 잘 하도록 하는 데 심층적으로 기여할 수 있는 지식도 많을 수 있으며, 더구나 언어 지식 교육과 문학 지식 교육은 그 자체로서의 내재적 목적을 지닌다고 볼 수 있기 때문이다(이대규, 1995). 그러므로 언어학 지식과 문학 지식으로부터 국어과 교육과정의 내용을 엄선하기 위한 타당하고도 합리적인 준거를 마련할 필요가 있다.

국어과 교육과정 내용의 선정 과정에서 또 한 가지 고려해야 할 중요한 사항은 지식의 구성에 관한 사회구성주의적 관점이다. 최근 언어교육 분야에서 중시되고 있는 사회구성주의 이론에 의하면 언어 교육을 통하여 길러 주고자 하는 지식은 다음과 같은 특징을 지니는 것으로 설명되고 있다(Shanahan, 1994). 첫째, 지식은 명시적인 개념 혹은 사실의 집합이 아니라 주어진 문제에 대한 해결 방안으로서 사람들이 담화의 형식으로 생산하는 것이다. 둘째, 담화는 어느 하나의 지식 구성 체계에 속하는 진술들의 집합이다. 셋째, 지식의 구성 체계는 각 개인의 정신 세계에서 작동할 뿐만 아니라 담화 그 자체 내에서도 작동한다. 이 체계는 모든 영역에 걸쳐 보편적 타당성을 지니기는 어려우며, 사람들은 그 구성 체계를 어떤 특정 영역 내에서 특정한 방식으로 기술한다. 넷째, 국어과 교육의 과정에서 국어과 교사는 자신이 해결해야 할 여러 문제들에 대한 해결 방안을 제시해야 하는데, 이 과정에서 국어과 교사는 국어 교육적 담화 내에서의 언어로 지식을 창출한다.

지식의 구성에 관한 사회구성주의적 관점과 연관하여 언어 사용 분야의 내용을 선정할 때에는 다음과 같은 사항에 유의할 필요가 있다. 첫째, 언어 사용의 과정은 의미구성과정임과 동시에 사회적 상호작용 과정이다. 둘째, 언어 사용자는 누구나 언어 사용의 과정에서 나름대로의 가설을 설정할 뿐만 아니라 그 가설을 검증한다. 셋째, 학생들의 언어 사용 능력은 언어 사용 환경과 밀접한 관련을 맺는다. 넷째, 언어 사용 능력의 발달은 의미를 획득하거나 창안하고자 하는 언어 사용자의 욕구에서 비롯된다. 다섯째, 창의적 사고 능력과 밀접하게 관련되는 언어 표현 능력은 언어 이해 능력의 발달과 직결된다. 여섯째, 언어 사용자는 언어 기호뿐만 아니라 사회적 환경과 문화적 환경에 포함되어 있는 다양한 기호 체계를 통하여 의미를 구성하거나 재구성한다. 일곱째, 텍스트(혹은 담화)의 의미는 정적인 것이 아니라 동적인 것으로서 언어 사용자와 텍스트(담화)와 언어 사용 환경의 상호작용에 따라 끊임없이 변화한다. 여덟째, 교사의 역할은 텍스트(담화)와 언어 사용자와 언어 사용 환경에 적합한 의미 구성 행위를 촉진하고 중재하는 데 있다.

국어과 교육과정의 내용을 체계적으로 구성하기 위해서는 다음과 같은 두 가지 측면에서의 요구를 수용할 수 있어야 할 것이다. 첫째 요구는 국어과 교육과정의 내용 문제를 둘러 싼 국어교육계 내부의 요구이다. 여기서 국어교육계는 국어과 교사, 국어과 교육과정 개발자, 국어교과서 편찬자, 국어교육 정책 수립가 및 행정가, 국어교육학자 등을 포괄하는 개념이다. 둘째 요구는 국어과 교육과정의 내용 선정에 직접적이거나 간접적으로 영향을 미치는 국어교육계 외부의 요구이다.

제7차 국어과 교육과정의 내용 체계는 제6차 국어과 교육과정의 내용 체계를 근간으로 하여 수정·보완되고 정교화되었다고 할 수 있다. 제7차 국어과 교육과정의 내용 체계는 말하기, 듣기, 읽기, 쓰기, 언어(지식), 문학 등 여섯 개 영역별로 내용을 제시하였는데, 각 영역별 내용은 본질, 원리, 태도, 실제의 네 가지 범주별로 구성되어 있다. 여기에서 본질 범주는 각 영역의 본질에 관한 개념적 지식을 엄선하기 위한 체제로서의 구실을 하는 것이며, 원리 범주는 각 영역별 활동 능력을 효과적으로 신장하는 데 바탕이 되는 절차적 지식을 엄선하기 위한 체제로서의 구실을 하는 것이고, 태도 범주는 실제 활동과 연관된 동기와 흥미와 습관과 가치관 등을 엄선하기 위한 체제로서의 구실을 하는 것이고, 실제 범주는 각 영역별 활동의 유형을 엄선하기 위한 체제로서의 구실을 하는 것이다.

2007 국어과 교육과정은 제7차 교육과정의 취지를 유지하여 국민 공통 기본 교육과정의 정신 구현에 적합한 내용 체계를 구안하였다. 즉 국민 공통 기본 교육 기간 10년(초등학교 1학년부터 고등학교 1학년까지의 10년)을 하나의 단위로 보아 단일한 '내용 체계'를 마련하였다. 제7차 교육과정과 같이 영역을 듣기, 말하기, 읽기, 쓰기, 문법, 문학으로 설정하였으며, 6개 영역은 국어 교육의 궁극적인 목표인 국어 능력의 신장에 기여해야 한다는 관점에서 내용 체계를 구성하였다. 그리고 국어 교육이 개별적이고 독립적이며 단편적인 지식이나 기능을 익히는 활동보다는 구체적인 담화와 글을 수용하고 생산하는 활동을 지향해야 한다는 관점에서 내용 체계를 구성하였다. 제7차 교육과정의 내용 체계에서는 내용

범주(본질, 원리, 태도)가 상위 범주였고, 실제 범주는 하위 범주였다. 그러나 개정 국어과 교육과정에서는 실제 범주를 상위 범주(1차 조직자)로 설정하고, 내용 요소 범주(지식, 기능, 맥락)를 실제 범주의 규정을 받는 하위 범주(2차 조직자)로 설정하였다. 2007 국어과 교육과정에서는 내용 요소 범주에서 태도 범주를 삭제하였다. 태도 범주에 포함된 '동기', '흥미', '습관', '가치'를 학년별, 영역별로 제시함으로써 언어 활동에 대한 긍정적인 태도가 특정 학년, 특정 영역에서 형성될 수 있다는 잘못된 인식을 심어줄 수 있다고 판단하였기 때문이다.

2007 국어과 교육과정에서는 내용 요소 범주로 '맥락' 범주를 새롭게 설정하였다. 담화와 글의 수용, 생산 활동, 지식과 기능의 쓰임은 그 자체만으로 적절성을 평가할 수 없다. 이들과 상호 작용하는 맥락과의 관계 속에서 그 적절성이 평가된다. 맥락의 강조는 언어 활동에 역사성, 사회성, 윤리성을 부여하고, 언어 활동이 갖는 관계성, 소통성, 대화성을 환기시킴으로써 비판적, 성찰적인 언어 학습자를 형성하는 데 목적이 있다. 제7차 교육과정의 내용 범주인 '본질', '원리'는 개정 교육과정의 내용 요소 범주인 '지식', '기능'과 각각 대응한다. 본질, 원리는 그 용어가 지시하는 바가 무엇인지 불분명하여 해당 내용을 직접적으로 지시할 수 있는 용어로 바꾸어야 한다는 주장이 제기되어 왔다. 2007 교육과정에서는 이러한 주장을 수용하여 '본질'을 '지식'으로, '원리'를 '기능'으로 바꾸었다.

2011 국어과 교육과정에서는 2007년 개정 교육과정과 마찬가지로 국어 교육이 구체적인 담화와 글을 수용하고 생산하는 활동을 지향해야 한다는 관점에서 실제 범주를 상위 범주(1차 조직자)로

설정하고 내용 요소 범주(지식, 기능, 태도)를 실제 범주의 규정을 받는 하위 범주(2차 조직자)로 설정하였다. 그리고 내용 요소 범주에서 '맥락' 범주를 삭제하고 이를 '지식' 범주에 포함하였다. 이는 영역별로 '맥락'에 대한 해석이 다양하여 실제 교육 과정에서 구현하는 데에 어려움이 있었다는 판단과 원래 맥락이란 넓은 의미에서 '지식'의 성격을 가지고 있다는 판단 때문이었다. 2011 국어과 교육과정에서는 '태도' 범주를 다시 설정하였다. 그리고 내용 영역을 듣기, 말하기, 읽기, 쓰기, 문법, 문학의 여섯 영역에서 듣기·말하기, 읽기, 쓰기, 문법, 문학의 다섯 영역으로 축소 조정하였다.

### (3) 국어 교과 내용 선정의 개선 방향

새로운 국어과 교육과정을 설계하는 과정에서는 국어 교과의 내용 체계와 내용에 대한 면밀하고도 체계적인 검토가 심층적으로 이루어져야 할 것이다. 현행 국어과 교육과정의 내용은 그 연계성과 위계성이 미흡하여 내용이 학년 수준과 맞지 않는 경우가 많으며, 수준별 학습 활동에 제시된 내용의 변별성 부족하다는 등의 비판을 받고 있다. 이러한 비판에 적극적으로 대처하기 위해서는 무엇보다도 먼저 학습자의 수준에 적합한 국어과 교육과정 내용의 선정을 위한 기초 연구가 충실하게 이루어져야 할 것이다. 학습자의 국어활동능력의 발달 단계에 적합한 교육 내용이 무엇인지에 관한 타당하고도 명료한 근거도 없이 국어과 교육과정의 내용을 위계화 하게 되면 국어과 교육과정의 선진화와 타당화와 체계화를 기대할 수 없게 된다. 국어과 교육과정 내용의 위계화는 다음 두 가지 기준을 바탕으로 하여 이루어질 수 있다. 첫째 기준은 국어활동의 대상이 되는 텍스트의 유형과 장르와 복잡성과 텍스트와 연관되는 경험 등을 들 수 있다. 둘째 기준은 국어활동의 명료성, 전략성, 비판성, 창의성 정도 등이 될 수 있다.

새로운 국어과 교육과정을 설계하는 과정에서는 국어 교과의 내용 영역에 대한 면밀하고도 체계적인 검토가 심층적으로 이루어져야 할 것이다. 현행 국어과 교육과정의 내용 영역은 듣기, 말하기, 읽기, 쓰기, 국어지식, 문학의 여섯 영역으로 구성되어 있다. 그런데 이들  영역 간에는 횡적 연계성이 미흡하다. 왜냐하면, 국어 활동 영역과 국어지식 영역과 문학 영역을 대등한 차원에서 평면적으로 나열하고 있기 때문이다. 앞으로 새로운 국어과 교육과정을 설계하는 과정에서는 국어 활동의 양식을 기준으로 내용 역을 설정할 필요가 있다. 이 경우 국어 교과의 내용 영역은 구어 매체로서의 말하기와 듣기, 문어 매체로서의 읽기와 쓰기, 영상 매체로서의 보기와 나타내기 등이 될 것이다. 그리고 이들 각 영역별 교육과정 내용은 국어활동의 목적, 국어활동의 대상이 되는 텍스트, 국어활동의 기반이 되는 국어 지식과 국어 관습과 국어활동 과정과 전략이 되어야 할 것이다.

국어 교과는 독자적인 내용 영역을 지닌 교과가 아니고, 듣기 말하기 읽기 쓰기 보기 나타내기 등의 국어활동 영역과 국어 지식 영역과 문학 영역의 복합적인 통합으로 구성된 교과이다. 국어활동 영역을 구성하는 듣기 말하기 읽기 쓰기 보기 나타내기 등의 하위 활동 영역은 각각 서로 다른 영역의 활동을 지원하고, 사고 활동과 학습 활동을 촉진한다는 데서 그 특성을 찾을 수 있다. 이러한 인식 하에서 현행 국어과 교육과정은 듣기, 말하기, 읽기, 쓰기, 국어지식, 문학의 여섯 영역을 내용 영역으로 설정하고 있다. 앞으로의 새로운 국어과교육과정은 국어과교육의 본질에 충실하게 기여하는 방향으로 설계되고 개선되어야 할 것이다. 이를 위해서는 단언적 지식 중심의 내용 선정에서 벗어나 절차적 지식과 인지 전략을 중시하는 내용 선정 방식을 지향해야 할 것이다. 그리고 표현 활동과 이해 활동의 과정에서 학습자의 창의적 태도와 정서를 중시하는 방향으로 내용 선정이 이루어져야 할 것이며, 지식에 대한 언어적 표상 활동과 비언어적 표상 활동이 창의적인 방식으로 이루어질 수 있도록 학생들을 최선의 방식으로 지원하고 안내할 수 있도록 국어과 교육과정의 내용을 선정해야 할 것이다. 국어과 교육과정의 내용은 결국 사려 깊고 격조 높은 국어활동을 할 수 있는 사람을 최선의 방식으로 길러 낼 수 있는 방향에서 선정되어야 할 것이다.

새로운 국어과 교육과정에서의 영역 구분에서는 다음과 같은 사항을 중시할 필요가 있다. 첫째, 국어 활동의 양식을 기준으로 내용 영역을 설정할 필요가 있으며, 현행 교육과정과의 연계성을 고려하여 말하기, 듣기, 읽기, 쓰기의 네 영역으로 구분하는 것이 바람직할 것이다. 둘째, 21세기의 사회에서 요구되는 새로운 문식력에 대한 요구를 적극적으로 반영해야 할 것이며, 읽기 영역에는 보기 관련 활동을, 쓰기 영역에는 나타내기 관련 활동을 포함시켜야 할 것이다. 셋째, 문학 텍스트에 대한 학습 활동은 지식과 전략과 태도.가치.신념을 중심으로 하여 언어 사용 활동의 네 영역 모두에 걸쳐 이루어져야 할 것이다. 넷째, 기존 국어지식 영역의 내용은 언어 사용 활동의 네 영역 모두에 걸쳐 실제적인 방식으로 다루어져야 할 것이다. 새로운 국어과 교육과정의 내용 선정은 국어 활동 능력의 신장에 필요한 개념적 지식, 국어 활동 능력의 신장에 필요한 인지 전략, 바람직한 국어 활동 능력을 위한 태도.가치관.신념, 국어 활동 능력의 신장을 위한 실제적인 국어 활동을 위주로 하여 이루어져야 할 것이다. 그리고 국어과 교육과정의 내용을 체계적으로 선정하고 조직하기 위해서는 각 영역별 내용의 균형성 및 연관성 요인과 함께 계열성 요인을 중시해 할 것이다.

새로운 국어과 교육과정을 연구.개발하는 과정에서 가장 핵심이 되는 일은 국어과 교육과정 내용을 구조화 하는 일과 학년별 및 영역별 성취 기준을 설정하는 일과 성취 기준에 따라 기본 과정 심화과정 보충과정 등의 각 과정에서 다루어야 할 활동 및 내용을 제시하는 일일 것이다. 이러한 작업을 단기간에 수행한다는 것은 어쩌면 불가능한 일일지도 모른다. 이러한 상황을 고려할 때, 새로운 국어과 교육과정의 연구 개발진이 염두에 두어야 할 사항을 제시하면 다음과 같다. 첫째, 기존의 국어과 교육과정 내용을 근간으로 해야 할 것이다. 지나치게 급격한 내용상의 변화는 국어과 교육 현장에서의 심각한 혼란을 야기할 가능성이 많기 때문이다. 둘째, 국어과 교육과정의 내용 선정 과정에서 국어교육학 분야에서 이루어진 연구 성과들을 적극적으로 반영해야 할 것이다. 셋째, 국어과 교육과정의 내용을 체계화 하는 과정에서 선진 외국의 자국어 교육 개혁을 위한 연구 동향을 면밀하게 검토해야 할 것이다. 세계화 및 정보화 시대를 경험하고 있는 현재의 상황에서 자국어 교육의 개혁은 상당한 정도의 보편성과 공통성을 지니면서 추진되고 있기 때문이다.

세계 여러 나라의 교육과정 개발과 연관하여 인지주의 혁명은 국어 활동 능력의 개념을 새로운 시각으로 재조명하게 하였다. 지식의 습득에 대한 과거의 기계적 이론과는 달리 학습은 정신의 구성과 의미 형성의 능동적 과정이라는 점을 강조하였다. 인지주의 이론에 의하면 기존의 지식구조와 신념이 새로운 학습을 가능하게 함과 촉발한다. 학습 과정에서의 지성적 사고에는 자기조정과 언제 어떻게 기능을 사용해야 하는지에 관한 의식이 포함된다. 그리고 어떤 전문성을 단순히 정보의 축적으로써 개발되는 것이 아니라 원리에 입각한 일관된 사고방식과 문제 표상에 의하여 개발된다(Shepard, 2000). 또한 Vygotsky와 다른 소비에트 심리학자들의 업적에 힘입어 마음은 사회적이고도 문화적 영향에 의하여 결정된다는 자각을 이끌어내게 되었다. 지능에 대한 전통적 이론은 '인지적 능력은 사회적 지지를 받는 상호작용을 통하여 개발된다'는 새로운 이론에 의하여 대치되었다. 비록 Vygotsky가 아동들이 어떻게 사고 학습을 하게 되는 지에 대하여 주된 관심을 지녔지만 그의 사회적 중재 이론은 시간이 지나면서 지능 발달, 학문분야에서의 전문성, 상위 인지적 기능, 정체성 형성 등에 적용되었다. 사실 이와 같은 새로운 패러다임에 있어서 가장 중요한 것 하나는 바로 발달과 학습은 일차적으로 사회적 과정이라는 점이다.

학습이론으로부터의 이러한 통찰은 교육과정 개선을 위한 일련의 원리를 마련해 주었다. '모든 학생들은 학습할 수 있다.'라는 슬로건은 단지 소수의 우수학생 집단만 도전적인 교과 내용을 통달할 수 있다는 과거의 신념을 반박하기 위한 것이다. 다양한 학습자를 위해 동등한 기회를 제공한다는 것은 가정과 공동체의 상호작용 유형 및 언어와 일관성을 지니는 교육과정과 양질의 교수학습을 위한 실제적인 기회를 제공함을 의미한다. 교사와 학생 사이의 상호작용 방식과 교실에서의 일상적 교수학습 절차는 학생들로 하여금 학문공동체 내에서의 사고 양식 및 표현 양식의 측면에서 가치 있는 경험을 할 수 있도록 도와주어야 한다. 학교의 학습은 학생들의 흥미와 동기를 강화하기 위해서 뿐만 아니라 실제 세계 맥락에서 지식을 이용할 수 있는 능력을 개발하기 위해서 학교 바깥 세계와 밀접하게 연결되어야 하며 실제적이어야 한다. 인지 능력의 개발과 함께 교실에서의 기대와 사회적 기준은 어려운 문제를 기꺼이 풀고자 하는 마음과 같은 중요한 성향의 개발을 강화해 주어야 한다.

국어활동은 현재를 이해하고 과거를 반추하며 미래를 상상하고, 아이디어를 공유하고 아이디어를 창출하기 위한 인간 행위이다. 국어 교과는 이러한 국어활동 능력을 신장하기 위한 교과라는 데서 그 특성을 찾을 수 있다. 국어 교과에서는 언어 사용의 방식과 연관되는 과정 요인과 함께 언어 사용의 대상과 연관되는 내용 요인도 함께 다룬다. 과정 요인은 듣기, 말하기, 읽기, 쓰기, 보기, 나타내기 등의 언어 사용 활동에 이용되는 기능, 전략 등과 연관되는 요인이다. 내용 요인은 문학 텍스트와 비문학 텍스트에 나와 있는 중요한 문제, 중요한 생각, 중요한 갈등 등과 연관되는 요인이다. 언어 사용 활동의 과정에서 접하게 되는 다양한 텍스트에서 발견할 수 있는 아이디어, 경험, 문화적 관점 등은 학생들로 하여금 이 세상을 폭넓게 조망할 수 있는 안목과 통찰력을 형성케 해 줌과 아울러 문화적, 언어적, 문학적 전통과 유산을 심도 있게 이해할 수 있게 해 준다.

국어과 교육의 궁극적인 목표는 학생들에게 높은 수준의 개인적, 사회적, 직업적, 시민적 문식력을 함양하는 데 있다. 이러한 목표를 달성하기 위해서는 국어 교과에서 학생들로 하여금 가정과

학교와 사회 공동체와 직장에서 인쇄매체, 시각매체, 청각매체, 기술매체 등을 이용하여 효과적이고도 기능적으로 의사소통을 할 수 있는 능력, 중요한 개념과 생각과 주제에 관하여 분석적이고도 창의적으로 생각할 수 있는 능력, 국어활동, 즉 국어 표현 활동과 이해 활동을 통하여 문제를 발견하고 해결할 수 있는 능력, 국어활동을 통하여 사회적, 문화적, 언어적 공동체 내에서의 공통점과 차이점을 발견할 수 있는 능력, 구어텍스트와 시각텍스트와 문어텍스트의 심미적 요소를 이해하고 감상할 수 있는 능력, 국어활동을 통하여 인간 경험에 관한 통찰력을 지속적으로 개발해 나갈 수 있는 능력, 국어활동을 통하여 호기심, 인내심, 지적 유연성, 반추적 사고 등과 같은 평생 학습자로서의 특성을 개발해 나갈 수 있는 능력, 국어활동을 통하여 모든 교과 영역의 지식을 연결 지음으로써 세상에 대한 이해를 증진할 수 있는 능력 등을 효과적으로 신장해 나갈 수 있도록 최선의 방식으로 도와주어야 할 것이다.

국어 교과는 독자적인 내용 영역을 지닌 교과가 아니고, 듣기 말하기 읽기 쓰기 보기 나타내기 등의 국어활동 영역과 국어 지식 영역과 문학 영역의 복합적인 통합으로 구성된 교과이다. 국어활동 영역을 구성하는 듣기 말하기 읽기 쓰기 보기 나타내기 등의 하위 활동 영역은 각각 서로 다른 영역의 활동을 지원하고, 사고 활동과 학습 활동을 촉진한다는 데서 그 특성을 찾을 수 있다. 국어 교과에서는 국어활동의 과정에 대한 학습과 내용에 대한 학습이 통합적으로 이루어진다. 구어텍스트와 문어텍스트와 시각텍스트 속에 내포된 보편적인 인간 경험, 주요 문제, 아이디어, 갈등 등은 듣기 말하기 읽기 쓰기 보기 활동에 필요한 과정과 기능과 전략의 교수학습에 필요한 맥락을 제공해 준다. 국어활동에 필요한 지식과 기능과 전략은 모든 교과 영역에서 통합적으로 작용하여 학생들로 하여금 문제를 해결하게 하고 비판적이고 창의적으로 사고할 수 있게 해 준다.

국어과 교육의 중핵적인 목표라고 할 수 있는 국어활동 능력의 신장은 창의적 사고력의 신장과 밀접한 연관을 맺는다. 언어로서의 국어와 사고는 대단히 밀접하게 연관되는 개념이다. 언어는 그 자체로서 사고를 표상하는 형식이며, 사고를 중재하고 촉진하는 수단이 되기도 한다. 앞으로의 새로운 국어과 교육과정이 창의성을 중시하는 방향으로 설계되기 위해서는 국어과 교육과정의 내용을 국어교육의 본질에 충실하게 기여하는 방향으로 선정해야 할 것이다. 이를 위해서는 단언적 지식 중심의 내용 선정에서 벗어나 절차적 지식과 인지 전략을 중시하는 내용 선정 방식을 지향해야 할 것이다. 그리고 표현 활동과 이해 활동의 과정에서 학습자의 창의적 태도와 정서를 중시하는 방향으로 내용 선정이 이루어져야 할 것이며, 지식에 대한 언어적 표상 활동과 비언어적 표상 활동이 창의적인 방식으로 이루어질 수 있도록 학생들을 최선의 방식으로 지원하고 안내할 수 있도록 국어과 교육과정의 내용을 선정해야 할 것이다. 국어과 교육과정의 내용은 결국 사려 깊고 격조 높은 국어활동을 할 수 있는 사람을 최선의 방식으로 길러 낼 수 있는 방향에서 선정되어야 할 것이다.

## 2. 국어 교과의 내용 체계

다음에서는 제6차 국어과 교육과정에서부터 2011 국어과 교육과정에 이르기까지 국어과 교육과정 해설서에 제시된 내용을 바탕으로 하여 국어 교과의 내용 체계를 과목별로 정리하여 제시해 보기로 한다.

### (1) 제6차 국어과 교육과정의 내용 체계

국어과 교육과정의 변천사에 있어서 국어 교과의 내용 체계를 처음으로 설정한 시기는 제6차 국어과 교육과정 시기부터이다. 제6차 국어과 교육과정의 내용 체계를 설정한 근거를 정리하여 제시하면 다음과 같다.

국어과는 언어 사용 기능 영역, 언어 지식 영역, 문학 영역의 세 가지 주요 영역으로 구성된다. 그리고 언어 사용 기능 영역은 말하기/듣기/읽기/쓰기의 네 가지 하위 영역으로 구성된다. 제6차 국어과 교육 과정에서는 이들 여섯 영역의 내용을 체계화하였다. 언어 기능 영역으로서의 말하기/듣기/읽기/쓰기 영역의 경우에는 각 언어 기능의 수행을 가능하게 하는 기본 지식 및 원리와 함께 언어 사용의 여러 유형별로 실제적인 언어 사용 활동이 통합적으로 이루어질 수 있도록 내용 체계를 구성하였다. 언어 지식 영역은 언어의 본질과 국어의 특성에 관한 기초적인 지식 및 국어의 구조에 대한 이해를 바탕으로 국어의 올바른 사용에 관한 학습 활동이 효과적으로 이루어질 수 있도록 내용 체계를 구성하였다. 문학 영역은 문학 작품의 감상 활동이 실제로 이루어질 수 있도록 내용 체계를 구성하였다.

국어과 교육의 영역별 세부 지도 내용은 영역별 '내용 체계'를 근간으로 각 영역을 구성하는 주요 지도 내용들을 유목화하여 범주를 설정하고, 각 범주별 하위 지도 내용들을 체계화하는 방식으로 '내용 체계'를 작성하였다. 언어 사용 기능 영역의 지도 내용은 각 언어 기능의 본질과 관련된 범주, 각 언어 기능 수행에 기저가 되는 지식 또는 원리와 관련된 범주, 각 언어 기능의 실제 수행 활동과 관련된 범주로 구분하여 체계화하였다. 언어 지식 영역의 지도 내용은 '언어의 본질', '국어의 이해', '국어 사용의 실제'의 세 범주로 구분하여 체계화하였다. 문학 영역의 지도 내용은 '문학의 본질', '문학 작품의 이해', '문학 작품 감상의 실제'의 세 범주로 구분하여 체계화하였다. 그리고 국어과 교육의 내용이 지식 및 기능에 편중될 위험성을 배제하기 위하여 각 영역 관련 '태도와 습관' 요인을 위계화, 계열화하여 세부 내용으로 하위 분류하였다. 제6차 국어과 교육과정의 내용 체계는 다음과 같다.

| 영역 | 내용 | | |
|---|---|---|---|
| 말하기 | 1. 말하기의 본질<br>1) 말하기의 특성<br>2) 말하기의 기본 과정과 절차<br>3) 말하기의 여러 가지 상황 | 2. 말하기의 원리<br>1) 내용 선정의 여러 가지 원리<br>2) 내용 조직의 여러 가지 원리<br>3) 표현 및 전달의 여러 가지 원리 | 3. 말하기의 실제<br>1) 정보 전달을 위한 말하기<br>2) 설득을 위한 말하기<br>3) 친교 및 정서 표현을 위한 말하기<br>4) 공식적인 말하기의 태도 및 |

| | | | |
|---|---|---|---|
| | | | 습관 |
| 듣기 | 1. 듣기의 본질<br>1) 듣기의 특성<br>2) 정확한 듣기의 방법<br>3) 듣기의 여러 가지 상황 | 2. 듣기의 원리<br>1) 정보 확인의 여러 가지 원리<br>2) 내용 이해의 여러 가지 원리<br>3) 평가 및 감상의 여러 가지 원리 | 3. 듣기의 실제<br>1) 정보를 전달하는 말 듣기<br>2) 설득하는 말 듣기<br>3) 친교 및 정서 표현의 말 듣기<br>4) 공식적인 말 듣기의 태도 및 습관 |
| 읽기 | 1. 읽기의 본질<br>1) 읽기의 특성<br>2) 정확한 읽기의 방법<br>3) 읽기의 여러 가지 상황 | 2. 읽기의 원리<br>1) 단어 이해의 여러 가지 원리<br>2) 내용 이해의 여러 가지 원리<br>3) 평가 및 감상의 여러 가지 원리 | 3. 읽기의 실제<br>1) 정보를 전달하는 글 읽기<br>2) 설득하는 글 읽기<br>3) 친교 및 정서 표현의 글 읽기<br>4) 정확한 읽기의 태도 및 습관 |
| 쓰기 | 1. 쓰기의 본질<br>1) 쓰기의 특성<br>2) 쓰기의 기본 과정과 절차<br>3) 쓰기의 여러 가지 상황 | 2. 쓰기의 원리<br>1) 내용 선정의 여러 가지 원리<br>2) 내용 조직의 여러 가지 원리<br>3) 표현 및 전달의 여러 가지 원리 | 3. 쓰기의 실제<br>1) 정보 전달을 위한 글 쓰기<br>2) 설득을 위한 글 쓰기<br>3) 친교 및 정서 표현을 위한 글 쓰기<br>4) 정확한 글 쓰기의 태도 및 습관 |
| 언어 | 1. 언어의 본질<br>1) 언어의 특성<br>2) 언어와 인간<br>3) 언어와 사회 | 2. 국어의 이해<br>1) 음운의 체계와 변동<br>2) 단어의 형성<br>3) 문장의 구성 요소와 기능<br>4) 단어의 의미<br>5) 문장과 이야기 | 3. 국어 사용의 실제<br>1) 표준어와 표준 발음<br>2) 맞춤법<br>3) 국어 순화<br>4) 국어를 정확하게 사용하는 태도 및 습관 |
| 문학 | 1. 문학의 본질<br>1) 문학의 특성<br>2) 문학의 기능 | 2. 문학 작품의 이해<br>1) 작품과의 친화<br>2) 작품 구성 요소의 기능<br>3) 작품의 미적 구조 | 3. 문학 작품 감상의 실제<br>1) 시 감상<br>2) 소설 감상<br>3) 희곡 감상 |

| | | | |
|---|---|---|---|
| | | 4) 작품 세계의 내면화<br>5) 인간과 세계의 이해 | 4) 수필 감상<br>5) 문학 작품을 바르게 이해하고 감상하는 태도 및 습관 |

### (2) 제7차 국어과 교육과정의 내용 체계

제7차 국어과 교육 과정의 '내용 체계'를 구성한 기본 관점과 주요 내용은 다음과 같다.

#### (가) 내용 체계 구성의 기본 관점

① 국민 공통 기본 교육 과정의 정신 구현에 적합한 내용 체계를 구안하여 제시하였다. 제7차 교육 과정의 가장 큰 특징인 국민 공통 기본 교육 기간(초등 학교 1학년부터 고등 학교 1학년까지 10년간)에 적용되는 국민 공통 기본 교육 과정이라는 큰 틀을 존중하여, 국민 공통 기본 교육 기간 10년을 하나의 단위로 보아 단일한 '내용 체계'를 마련하였다.

② 듣기, 말하기, 읽기, 쓰기, 국어 지식, 문학 영역의 교육 내용이 국어 교육의 최상위 목표인 창조적 국어 사용 능력의 질적인 향상에 기여해야 한다는 관점에서 내용 체계를 마련하였다. 광복 이후 개정해 온 국어과의 교육 과정은 다음과 같은 방식으로 국어 교육의 내용을 범주화한 바 있다.

제1~3차 교육 과정에서는 말하기, 듣기, 읽기, 쓰기의 네 영역으로, 제4차 교육 과정에서는 표현이해, 언어, 문학의 세 영역으로 대별한 다음 표현이해 영역을 다시 말하기, 듣기, 읽기, 쓰기 네 영역으로 세분하여 실질적으로는 말하기, 듣기, 읽기, 쓰기, 언어, 문학의 여섯 영역으로, 제5차와 제6차는 말하기, 듣기, 읽기, 쓰기, 언어, 문학의 여섯 영역으로 구분한 뒤 각 영역의 교육 내용을 제시하였다.

제7차 교육 과정에서 국어 교육의 내용을 범주화한 실제가 제6차 교육 과정의 그것과 유사한 측면이 있기는 하다. 그러나 제7차 교육 과정은 수준별 교육 과정을 지향하고 있다는 점, 성취 수준 개념의 도입 없이는 수준별 교육 과정을 구성하기 어렵다는 점, 이를 위해서는 엄격한 의미에서 국어 교육의 내용 구조화가 전제되어야 함을 중시한 점이 제6차 교육 과정과 다르다. 먼저, 제7차 교육 과정은 제6차 교육 과정이 취한 국어과에 대한 관점, 즉 언어 기능, 언어, 문학의 세 영역의 교육 내용이 국어 교육 목표 성취를 위해 상호 보완적으로 기여해야 한다는 관점을 보완하였다. 그 대신 국어 교육의 궁극적 목표를 학습자의 창의적인 국어 사용 능력으로 설정하고, 이 목표를 성취하는 데 필요한 국어 교육의 내용은 듣기, 말하기, 읽기, 쓰기, 국어 지식, 문학의 여섯 영역으로 구분할 수 있고, 각 영역에서 선정한 교육 내용이 국어 교육의 최상위 목표 성취에 상호 보완적으로 기여해야 한다는 관점을 취하였다. 예컨대, 국어학의 학문적 탐구 결과가 초중등 학교의 국어 교육 내용으로 선정되는 경우에도 그 지식이 학습자의 국어 사용 능력 향상에 직접 기여할 수 있는 것이어야 하고, 그 내용의 학습도 관련 지식 체계의 전수에 목적을 두는 것이 아니라 학습자의 국어 사용 능력 향상을 도울 수 있게 이루어져야 함을 강조하였다.

③ 국어 교육의 내용을 듣기, 말하기, 읽기, 쓰기, 국어 지식, 문

학 영역의 순으로 제시하였다. 제6차까지 '말하기→듣기' 순으로 제시하던 것을 제7차에서 '듣기→말하기'로 조정한 것은 학습자의 언어 발달 단계를 고려한 것이다.

④ 제4차부터 제6차 교육 과정까지 사용하였던 '언어'라는 교육 내용 영역명을 '국어 지식'으로 조정하였다. 그 이유는 ① '국어'의 교육 대상이 되는 언어가 '국어'이지 '언어' 일반일 수 없고, '언어'와 '국어'와의 관계에서 보더라도 상위 개념이 하위 개념의 밑에 놓이게 되며, '언어' 영역에서 제시하였던 교육 내용의 대부분이 언어 일반에 대한 것이 아니라 주로 '국어의 구조와 체계'에 대한 지식이라는 점 등을 고려하여 영역명을 '국어 지식'으로 한정하는 것이 학습자의 국어 사용 능력 향상을 도울 수 있는 교육 내용을 선정, 조직하는 데 유효하다고 판단했기 때문이다.

지금까지 언급한 관점에서 구성한 국어과 교육의 '내용 체계'는 학습자의 창조적 국어 사용 능력 향상을 돕기 위한 교육 내용의 정선과 선정 준거로, 학년별 교육 내용의 교육적 정당성 판단과 제시 근거로, 학년별 교육 내용을 '내용+행동' 형식으로 진술하는 준거로 활용하였다.

#### (나) 국어 교육의 내용 범주화

제7차 교육 과정이 국어 교육 내용을 범주화하면서 적용한 원리는 다음과 같다.

① 국어과의 교육 내용은 학습자가 반드시 알아야 할 것으로서의 '학습 요소(내용)'와 이 학습 요소를 학습함으로써 학습자가 할 수 있어야 할 것으로서의 '수행' 두 차원을 고려하여 선정하였다. 또, 국어과는 학습자가 지적으로 성숙하고 정서적으로 안정된 사

려 깊은 국어 사용자로 성장하도록 도와 주어야 한다는 관점에서 인지적 교육 내용과 정의적 교육 내용을 균형 있게 선정하고자 하였다. 즉, 인지적 측면과 정의적 측면의 교육 내용을 균형 있게 학습하였을 때에만 학습자가 전인격체로 성장할 수 있다고 전제하였다.

② 국어과의 인지적 교육 내용으로서 학습자가 반드시 알아야 할 '지식'을 두 가지 유형으로 분류하였다. 첫째 번 유형은 단언적 지식인데, 이 지식은 '무엇은 무엇이다'와 같이 명제 형식으로 표현할 수 있는 지식으로 진리 여부를 입증할 수 있는 지식이다. 둘째 번 유형은 방법, 또는 절차에 관한 지식인데, 이 유형의 지식은 어떤 문제를 해결하는 절차와 방법 및 전략에 대한 지식으로 원리라고 할 수 있는 지식이다. 전자, 즉 명제적 지식 범주의 교육 내용을 '본질'로, 후자, 즉 방법 또는 절차적 지식 범주의 교육 내용을 '원리'로 구분하여 '내용 체계'를 구조화하였다.

③ 국어과의 정의적 교육 내용에는 국어 사용과 관련되는, 국어에 관한, 문학에 관한 심리적물리적 요인으로서 자세, 태도, 습관, 흥미, 동기, 가치 등이 있다. 이러한 성격의 교육 내용을 제7차 교육 과정에서는 '태도'라는 범주명을 사용하여 구분하였다. 국어 교육의 내용 범주명으로서 '태도'의 의미를 확대 해석하여 적용하였다.

④ 학습자가 이해하고 표현해야 할 '실제(언어 자료/텍스트)' 차원의 교육 내용을 독립 범주로 설정하였다. 이는 국어 교육의 궁극적인 목표가 다양한 목적으로 산출한 언어 자료를 비판적으로 이해하고 자신의 필요와 목적에 따라 적합한 형식의 언어 자료(텍스트)를 창의적으로 표현할 수 있는 능력, 즉 학습자의 국어 사용

능력을 향상시켜 주는 데 있다고 보았기 때문이다. 그런데 이 능력은 학습자가 반드시 알아야 할 학습 요소로서 '본질', '원리', '태도'에 관한 지식을 학습한다고 하여 저절로 향상되지 않는다. 이 능력은 학습한 지식을 구체적인 국어 사용 상황에 직접 적용해 보는 실제적인 국어 사용 경험을 체화(體化)할 때 효과적으로 향상될 수 있는 능력이다. 이러한 점을 고려하여 국어 사용의 '실제(언어 자료/텍스트)'와 관련된 교육 내용을 독립 범주로 설정하고, 이 범주의 교육 내용을 '실제'라는 범주명을 사용하여 구분하였다.

#### (다) 국어 교육의 내용 체계 구조화 관점

국어 교육의 내용을 구조화한 뒤 '내용 체계'를 구성할 때 취한 기본 관점은 다음과 같다.

① 듣기, 말하기, 읽기, 쓰기, 국어 지식, 문학의 교육 활동은 각 영역의 '본질', '원리', '태도' 범주의 교육 내용과 '실제' 범주의 교육 내용이 유기적으로 관련되어야 의도한 교육 목표를 달성할 수 있다고 보고 '내용 체계'를 구조화하였다. 예를 들어, 쓰기 능력을 향상시키기 위해서는 '쓰기'를 보다 잘 수행하는 데 필요한 쓰기의 필요성, 목적, 방법, 상황 등 '본질'에 관한 학습, 실제의 쓰기 수행과 직접적으로 관련되는 '원리'에 관한 학습, 바람직한 글쓰기의 '태도'에 관한 학습이 구체적인 언어 자료(텍스트) 산출과 통합되어야 함을 중시하여 '내용 체계'를 구조화하였다. 이런 점에서 '학년별 내용'은 '실제' 범주의 교육 내용을 일차적인 준거로 '본질', '원리', '태도' 범주의 교육 내용을 정교화하고, 이를 상호 관련지어 제시하였다. 이 원리를 완벽하게 구현하지는 못하였지만, 제7차 교육 과정의 '학년별 내용'은 그러한 관점을 유지하고

자 하였다. 특히, 듣기, 말하기, 읽기, 쓰기, 국어 지식, 문학 영역의 '내용 체계'에서 각 범주 간의 관계를 점선(－－－－)으로 표시한 것도 '실제' 범주의 교육 내용이 '본질', '원리', '태도' 범주의 교육 내용과 유기적으로 통합되어야 함을 강조하기 위해서이다.

② 국어 지식 영역의 교육 내용은 '국어의 본질', '국어의 이해와 탐구', '국어에 대한 태도', '국어의 규범과 적용'의 네 가지로 범주화한 뒤 '내용 체계'를 구조화하였다. 먼저, '국어의 본질'과 '국어의 이해와 탐구' 범주의 교육 내용이 국어에 대한 지식이고, 이의 일차적인 교육 목적이 지식의 이해와 지식의 활용에 있다고 보고, 탐구 중심의 학습 활동을 통한 자기 주도적 학습 능력 향상을 의도하여 '국어의 이해와 탐구'라는 범주명을 사용하였다. '국어 규범' 범주의 교육 내용은 맞춤법 및 표준 발음 등과 관련된 각종 규범에 대한 지식 습득과 그 지식을 실제의 국어 생활에 활용하여 보다 향상된 국어 생활을 영위하는 데 도움을 주어야 한다는 점을 중시하여 '국어의 규범과 적용'이라는 범주명을 사용하였다. '태도' 범주의 교육 내용은 '국어에 대한 태도'라는 범주명을 사용하였다. 이들 교육 내용이 '내용 체계'에는 병렬적으로 나열되어 있으나 실제 교수학습 상황에서는 각 범주 간, 교육 내용 간 상호 교섭성을 강조해야 할 것이다.

③ 문학 영역의 교육 내용은 '문학의 본질', '문학의 수용과 창작', '문학에 관한 태도'의 학습이 개별 문학 작품을 읽고 해석하고 평가하는 실제의 문학 활동과 유기적으로 관련되어야 한다는 관점에서 '내용 체계'를 구조화하였다. 문학적 국어 사용 능력은 문학에 대한 지식을 학습한다고 하여 질적으로 향상되지는 않는다. 그러므로 문학 영역의 교육 내용인 문학 지식은 문학 능력 향

상에 도움을 주는 지식이어야 하고, 그 지식은 학습자가 개별 문학 작품을 읽고 해석하고 평가하는 실제의 문학 활동을 전개하는 국면에 활용할 수 있는 것이어야 하며, 실제의 문학 활동을 통해 그러한 지식이 습득되도록 해야 한다는 관점을 유지하였다. 이것이 학습자가 개별 문학 작품을 능동적으로 수용하고, 그 결과를 다양한 방식으로 표현하는 창조적 학습 활동을 강조한 이유이다. 또, 문학 영역의 교육 내용을 체계화한 방향이자 '학년별 내용'을 제시할 때 '문학의 수용과 창작' 범주의 학습 활동, 특히 다양한 유형의 개별 문학 작품 읽기와 해석과 평가 활동을 강조하고자 한 이유이다.

지금까지 설명한 국어 교육 내용의 범주화 관점과 교육 내용 구조화의 원리에 따라 체계화한 제 7 차 교육 과정의 '내용 체계'는 다음과 같다.

<table>
<tr><th>영 역</th><th colspan="3">내 용</th></tr>
<tr><td rowspan="2">듣 기</td><td>•듣기의 본질<br>– 필요성<br>– 목 적<br>– 개 념<br>– 방 법<br>– 상 황<br>– 특 성</td><td>•듣기의 원리<br>– 청각적 식별<br>– 내용 확인<br>– 추 론<br>– 평가와 감상</td><td>•듣기의 태도<br>– 동 기<br>– 흥 미<br>– 습 관<br>– 가 치</td></tr>
<tr><td colspan="3">•듣기의 실제<br>– 정보를 전달하는 말 듣기 – 설득하는 말 듣기<br>– 정서 표현의 말 듣기 – 친교의 말 듣기</td></tr>
<tr><td></td><td>•말하기의 본질</td><td>•말하기의 원리</td><td>•말하기의 태도</td></tr>
</table>

<table>
<tr><td rowspan="2">말하기</td><td>- 필요성<br>- 목 적<br>- 개 념<br>- 방 법<br>- 상 황<br>- 특 성</td><td>- 발성과 발음<br>- 내용 생성<br>- 내용 조직<br>- 표현과 전달</td><td>- 동 기<br>- 흥 미<br>- 습 관<br>- 가 치</td></tr>
<tr><td colspan="3">•말하기의 실제<br>- 정보를 전달하는 말 하기 - 설득하는 말 하기<br>- 정서 표현의 말 하기 - 친교의 말 하기</td></tr>
<tr><td rowspan="2">읽기</td><td>•읽기의 본질<br>- 필요성<br>- 목 적<br>- 개 념<br>- 방 법<br>- 상 황<br>- 특 성</td><td>•읽기의 원리<br>- 낱말 이해<br>- 내용 확인<br>- 추 론<br>- 평가와 감상</td><td>•읽기의 태도<br>- 동 기<br>- 흥 미<br>- 습 관<br>- 가 치</td></tr>
<tr><td colspan="3">•읽기의 실제<br>- 정보를 전달하는 글 읽기 - 설득하는 글 읽기<br>- 정서 표현의 글 읽기 - 친교의 글 읽기</td></tr>
<tr><td rowspan="2">쓰기</td><td>•쓰기의 본질<br>- 필요성<br>- 목 적<br>- 개 념<br>- 방 법<br>- 상 황<br>- 특 성</td><td>•쓰기의 원리<br>- 글씨쓰기<br>- 내용 생성<br>- 내용 조직<br>- 표 현<br>- 고쳐쓰기<br>- 컴퓨터로 글 쓰기</td><td>•쓰기의 태도<br>- 동 기<br>- 흥 미<br>- 습 관<br>- 가 치</td></tr>
<tr><td colspan="3">•쓰기의 실제<br>- 정보를 전달하는 글 쓰기 - 설득하는 글 쓰기<br>- 정서 표현의 글 쓰기 - 친교의 글 쓰기</td></tr>
<tr><td>국어</td><td>•국어의 본질<br>- 언어의 특성</td><td>•국어의 이해와 탐구</td><td>•국어에 대한 태도</td></tr>
</table>

<table>
<tr><td rowspan="2">지<br>식</td><td>- 국어의 특질<br>- 국어의 변천</td><td>- 음 운<br>- 낱 말<br>- 어 휘<br>- 문 장<br>- 의 미<br>- 담 화</td><td>- 동 기<br>- 흥 미<br>- 습 관<br>- 가 치</td></tr>
<tr><td colspan="3">•규범과 적용<br>- 표준어와 표준 발음 - 맞춤법 - 문 법</td></tr>
<tr><td rowspan="2">문<br>학</td><td>•문학의 본질<br>- 문학의 특성<br>- 문학의 갈래<br>- 한국 문학의 특질<br>- 한국 문학의 사적 전개</td><td>•문학의 수용과 창작<br>- 작품의 미적 구조<br>- 작품의 창조적 재구성<br>- 작품에 반영된 사화문화적 양상<br>- 문학의 창작</td><td>•문학에 대한 태도<br>- 동 기<br>- 흥 미<br>- 습 관<br>- 가 치</td></tr>
<tr><td colspan="3">•작품의 수용과 창작의 실<br>- 시(동시) - 소설(동화, 이야기)<br>- 희곡(극본) - 수 필</td></tr>
</table>

### (3) 2007 국어과 교육과정의 내용 체계

2007 국어과 교육 과정의 '내용 체계'를 구성한 기본 관점과 주요 내용은 다음과 같다.

#### (가) 내용 체계 구성의 기본 관점

① 제7차 교육과정의 취지를 유지하여 국민 공통 기본 교육과정

의 정신 구현에 적합한 내용 체계를 구안하였다. 즉 국민 공통 기본 교육 기간 10년(초등 학교 1학년부터 고등 학교 1학년까지의 10년)을 하나의 단위로 보아 단일한 '내용 체계'를 마련하였다.

② 제7차 교육과정과 같이 영역을 듣기, 말하기, 읽기, 쓰기, 문법, 문학으로 설정하였으며, 6개 영역은 국어 교육의 궁극적인 목표인 국어 능력의 신장에 기여해야 한다는 관점에서 내용 체계를 구성하였다.

③ 국어 교육이 개별적이고 독립적이며 단편적인 지식이나 기능을 익히는 활동보다는 구체적인 담화와 글을 수용하고 생산하는 활동을 지향해야 한다는 관점에서 내용 체계를 구성하였다. 제7차 교육과정의 내용 체계에서는 내용 범주(본질, 원리, 태도)가 상위 범주였고, 실제 범주는 하위 범주였다. 그러나 개정 국어과 교육과정에서는 실제 범주를 상위 범주(1차 조직자)로 설정하고, 내용 요소 범주(지식, 기능, 맥락)를 실제 범주의 규정을 받는 하위 범주(2차 조직자)로 설정하였다.

④ 개정 국어과 교육과정에서는 내용 요소 범주에서 태도 범주를 삭제하였다. 태도 범주에 포함된 '동기', '흥미', '습관', '가치'를 학년별, 영역별로 제시함으로써 언어 활동에 대한 긍정적인 태도가 특정 학년, 특정 영역에서 형성될 수 있다는 잘못된 인식을 심어줄 수 있다고 판단하였기 때문이다. 또한 동일한 내용이 계속 반복되는 문제를 안고 있다. 언어 활동에 대한 긍정적인 태도의 형성은 모든 학년, 모든 영역에서 지속적으로 강조되어야 한다고 보고, 이를 국어과 교육과정의 성격, 목표에서 강조하였고, 교수·학습 방법과 평가에서도 구체적인 방법을 제안하였다. 한편, 특정 학년, 영역에서 다루는 것이 적합한 태도 관련 내용은 해당 학년, 영

역의 성취 기준, 내용 요소의 예에서 제시하였다.

⑤ 개정 국어과 교육과정에서는 내용 요소 범주로 '맥락' 범주를 새롭게 설정하였다. 담화와 글의 수용, 생산 활동, 지식과 기능의 쓰임은 그 자체만으로 적절성을 평가할 수 없다. 이들과 상호 작용하는 맥락과의 관계 속에서 그 적절성이 평가된다. 맥락의 강조는 언어 활동에 역사성, 사회성, 윤리성을 부여하고, 언어 활동이 갖는 관계성, 소통성, 대화성을 환기시킴으로써 비판적, 성찰적인 언어 학습자를 형성하는 데 목적이 있다.

⑥ 제7차 교육과정의 실제 범주는 언어 활동 목적을 기준으로 정보 전달, 설득, 친교, 정서 표현을 포함하고 있다. 개정 교육과정에서도 이러한 범주화 방식을 유지하고 있다. 다만, 제7차 교육과정의 '친교'라는 범주명을 '사회적 상호 작용'으로 바꾸었다. 이 범주에서 지향하는 언어 활동은 1) 개인적·사회적 목적으로, 2) 공식적·비공식적 상황에서, 3) 긍정적·비판적 인간 관계를 형성하기 위해 이루어지는 것이다. 그러나 '친교'라는 용어는 개인적 목적으로 비공식적 상황에서 긍정적 인간 관계의 형성만을 추구하는 것으로 그 의미가 축소될 수 있기 때문에 '사회적 상호 작용'으로 범주명을 바꾸었다.

⑦ 제7차 교육과정의 내용 범주인 '본질', '원리'는 개정 교육과정의 내용 요소 범주인 '지식', '기능'과 각각 대응한다. 본질, 원리는 그 용어가 지시하는 바가 무엇인지 불분명하여 해당 내용을 직접적으로 지시할 수 있는 용어로 바꾸어야 한다는 주장이 제기되어 왔다. 개정 교육과정에서는 이러한 주장을 수용하여 '본질'을 '지식'으로, '원리'를 '기능'으로 바꾸었다.

(가) 내용 체계 범주의 의미와 범주 간의 관계

① '실제'는 성취 기준 선정 범주에 해당하며, 담화와 글의 수용·생산 활동을 의미한다. 실제 범주를 구성하는 정보 전달, 설득, 사회적 상호작용, 정서 표현은 언어 활동의 목적을 기준으로 설정하였다.

② '지식', '기능', '맥락'은 내용 요소 선정 범주에 해당하며, 내용 요소는 실제, 즉 담화와 글의 수용·생산 활동에서 요구되는 세부적인 지식, 기능, 맥락을 의미한다. 학년별 내용에 제시한 '내용 요소의 예'는 이들 세 가지 범주에서 각각 선정하였다.

③ '지식'은 '담화와 글의 수용·생산 활동에서 요구되는 형식적, 본질적, 명제적 지식'을 의미한다. 하위 요소로 소통의 본질, 담화 특성, 매체 특성을 포함한다.

④ '기능'은 '담화와 글의 수용·생산 활동에 관여하는 사고의 절차나 과정'을 의미한다. 하위 요소는 영역별 특성에 따라 다르다.

⑤ '맥락'은 '담화와 글의 수용·생산 활동에서 고려해야 할 사회·문화적 배경'을 의미한다. 하위 요소로 상황 맥락, 사회·문화적 맥락을 포함한다.

⑥ '실제' 범주는 내용 요소의 범주를 규정하고 통어한다. 즉 내용 요소는 실제와의 관계 속에서만 그 의미를 갖는다. 이러한 관계는 학년별 내용에 제시한 성취 기준(실제 범주에서 선정)과 내용 요소의 예(내용 요소 범주에서 선정)를 통해 구체적으로 드러난다. 즉 내용 요소는 학습자가 해당 성취 기준에 도달하기 위해서 학습하고 익혀야 할 요소로서 기능한다.

⑦ 지식, 기능, 맥락은 담화와 글의 수용·생산 활동에서 긴밀하게 교섭하고 상호 작용한다.

지금까지 기술한 내용 체계 구성의 기본 관점, 범주의 의미 및 범주 간의 관계에 따라 구성한 개정 국어과 교육과정의 '내용 체계'는 다음과 같다.

[듣기 영역]

**듣기의 실제**

- 정보를 전달하는 말 듣기
- 설득하는 말 듣기
- 사회적 상호 작용의 말 듣기
- 정서 표현의 말 듣기

| 지 식 | 기 능 |
| --- | --- |
| ○ 소통의 본질<br>○ 담화 특성<br>○ 매체 특성 | ○ 내용 확인<br>○ 추론<br>○ 평가와 감상 |

**맥 락**

○ 상황 맥락
○ 사회·문화적 맥락

[말하기 영역]

**말하기의 실제**

- 정보를 전달하는 말 하기
- 설득하는 말 하기
- 사회적 상호 작용의 말 하기
- 정서 표현의 말 하기

| 지 식 | 기 능 |
| --- | --- |
| ○ 소통의 본질<br>○ 담화 특성<br>○ 매체 특성 | ○ 내용 생성<br>○ 내용 조직<br>○ 표현과 전달 |

**맥 락**

○ 상황 맥락
○ 사회·문화적 맥락

<table>
<tr><td colspan="2">[읽기 영역]<br>**읽기의 실제**<br>- 정보를 전달하는 글 읽기 - 설득하는 글 읽기<br>- 사회적 상호 작용의 글 읽기 - 정서 표현의 글 읽기</td></tr>
<tr><td>**지 식**<br>○ 소통의 본질<br>○ 글의 특성<br>○ 매체 특성</td><td>**기 능**<br>○ 내용 확인<br>○ 추론<br>○ 평가와 감상</td></tr>
<tr><td colspan="2">**맥 락**<br>○ 상황 맥락<br>○ 사회・문화적 맥락</td></tr>
<tr><td colspan="2">[쓰기 영역]<br>**쓰기의 실제**<br>- 정보를 전달하는 글 쓰기 - 설득하는 글 쓰기<br>- 사회적 상호 작용의 글 쓰기 - 정서 표현의 글 쓰기</td></tr>
<tr><td>**지 식**<br>○ 소통의 본질<br>○ 글의 특성<br>○ 매체 특성</td><td>**기 능**<br>○ 내용 생성<br>○ 내용 조직<br>○ 표현과 고쳐 쓰기</td></tr>
<tr><td colspan="2">**맥 락**<br>○ 상황 맥락<br>○ 사회・문화적 맥락</td></tr>
<tr><td colspan="2">[문법 영역]<br>**국어 사용의 실제**<br>- 음운 - 단어 - 문장 - 담화/글</td></tr>
<tr><td>**지 식**<br>○ 언어의 본질</td><td>**탐 구**<br>○ 관찰과 분석</td></tr>
</table>

| | |
|---|---|
| ○ 국어의 특질<br>○ 국어의 역사<br>○ 국어의 규범 | ○ 설명과 일반화<br>○ 판단과 적용 |
| **맥 락**<br>○ 국어 의식<br>○ 국어 생활 문화 | |

| | |
|---|---|
| **[문학 영역]**<br>**작품의 수용과 생산의 실제**<br>- 시(시가) - 소설(이야기)<br>- 극(연극, 영화, 드라마) - 수필·비평 | |
| **지 식**<br>○ 문학의 본질과 속성<br>○ 문학의 양식과 갈래<br>○ 한국 문학의 역사 | **수용과 생산**<br>○ 내용 이해<br>○ 감상과 비평<br>○ 작품의 창조적 재구성<br>○ 작품 창작 |
| **맥 락**<br>○ 수용·생산의 주체<br>○ 사회·문화적 맥락<br>○ 문학사적 맥락 | |

### (4) 2011 국어과 교육과정의 내용 체계

2011 국어과 교육 과정의 '내용 체계' 변화의 근거는 다음과 같

다.

① 2007년 개정 교육과정과 마찬가지로 국어 교육이 구체적인 담화와 글을 수용하고 생산하는 활동을 지향해야 한다는 관점에서 실제 범주를 상위 범주(1차 조직자)로 설정하고 내용 요소 범주(지식, 기능, 태도)를 실제 범주의 규정을 받는 하위 범주(2차 조직자)로 설정하였다.

② 내용 요소 범주에서 '맥락' 범주를 삭제하고 이를 '지식' 범주에 포함하였다. 이는 영역별로 '맥락'에 대한 해석이 다양하여 실제 교육 과정에서 구현하는 데에 어려움이 있었다는 판단과 원래 맥락이란 넓은 의미에서 '지식'의 성격을 가지고 있다는 판단 때문이었다.

③ '태도' 범주를 다시 설정하였다. 2007 개정 교육과정에서 태도 범주가 삭제된 이유는 특정 학년의 성취 기준으로 제시됨으로써 특정 학년, 특정 영역에서만 태도가 형성될 수 있다는 잘못된 인식을 심어 줄 수 있다는 점과 태도와 관련되는 유사한 성취 기준이 반복되는 문제점 때문이었다. 그러나 학교 현장을 중심으로 태도 영역 설정의 필요성이 꾸준히 제기되어 이를 수용할 필요성이 있었다. 이런 사정을 고려하여 태도 영역을 내용 요소 범주의 하나로 설정하되, 성취 기준에서는 지식, 기능과 함께 종합적으로 서술하는 방식을 취하고자 하였다.

④ '실제' 범주는 언어활동이나 언어 자료에 의한 분류와 교육과정 영역별 매체를 포함한다. 언어활동 영역은 '사회적 상호작용을 위한 활동'과 '정서 표현을 위한 활동'을 구별하는 것이 쉽지 않고 둘 사이에 중첩되는 지점이 있다는 점을 고려하여 '친교 및 정서표현을 위한 활동'으로 제시하였다.

⑤ '실제'는 성취 기준 선정 범주에 해당하며, 담화와 글을 수용하고 생산하는 언어활동을 의미한다. 실제 범주 중 '정보 전달', '설득', '친교 및 정서 표현'은 언어활동의 목적을 기준으로 설정한 것이고, '매체'는 언어활동이 이루어지는 상황을 고려하여 설정한 것이다.

⑥ '지식', '기능', '태도'는 내용 요소 선정 범주에 해당하며, 내용 요소는 담화와 글의 수용과 생산 활동에서 요구되는 세부적인 지식, 기능, 태도를 의미한다.

⑦ '지식'은 '담화와 글의 수용·생산 활동에서 요구되는 형식적, 본질적, 명제적 지식'을 의미한다. 하위 요소로 해당 영역의 개념과 특성, 글의 유형, 맥락을 포함한다.

⑧ '기능'은 '담화나 글의 수용·생산 활동에 관여하는 사고의 절차나 과정'을 의미한다. 하위 요소는 영역별 특성에 따라 다르다.

⑨ '태도'는 '담화나 글의 수용·생산 활동에서 수반되는 정의적인 요소들'을 포함한다. 하위 요소로는 영역별 특성에 따라 다소간 다르지만 '가치와 중요성', '동기와 흥미' 등을 포함한다.

⑩ '실제' 범주는 내용 요소의 범주를 규정하고 통어한다. 즉 내용 요소는 실제와의 관계 속에서만 그 의미를 갖는다. 이러한 관계는 학년군별로 제시한 성취 기준을 통해서 구체적으로 드러난다.

⑪ '지식', '기능', '태도'는 담화와 글의 수용·생산 활동에서 긴밀하게 교섭하고 상호 작용한다.

지금까지 기술한 내용 체계 변화의 근거에 따라 구성한 2011 개정 국어과 교육과정의 '내용 체계'는 다음과 같다.

<table>
<tr><td colspan="3">[듣기·말하기]<br>실제<br>• 다양한 목적의 듣기·말하기<br>−정보를 전달하는 말<br>−설득하는 말<br>−친교 및 정서 표현의 말<br>• 듣기·말하기와 매체</td></tr>
<tr><td>지식</td><td>기능</td><td>태도</td></tr>
<tr><td>• 듣기·말하기의 본질과 특성<br>• 듣기·말하기의 유형<br>• 듣기·말하기와 맥락</td><td>• 상황 이해와 내용 구성<br>• 표현과 전달<br>• 추론과 평가<br>• 상호 작용과 관계 형성<br>• 듣기·말하기 과정의 점검과 조정</td><td>• 가치와 중요성<br>• 동기와 흥미<br>• 공감과 배려<br>• 듣기·말하기의 윤리</td></tr>
<tr><td colspan="3">[읽기]<br>실제<br>• 다양한 목적의 글 읽기<br>−정보를 전달하는 글<br>−설득하는 글<br>−친교 및 정서 표현의 글<br>• 읽기와 매체</td></tr>
<tr><td>지식</td><td>기능</td><td>태도</td></tr>
<tr><td>• 읽기의 본질과 특성<br>• 글의 유형<br>• 읽기와 맥락</td><td>• 낱말 및 문장의 이해<br>• 내용 확인<br>• 추론<br>• 평가와 감상<br>• 읽기 과정의 점검과 조정</td><td>• 가치와 중요성<br>• 동기와 흥미<br>• 읽기의 생활화</td></tr>
<tr><td colspan="3">[쓰기]<br>실제<br>• 다양한 목적의 글 쓰기<br>− 정보를 전달하는 글</td></tr>
</table>

<table>
<tr><td colspan="3">– 설득하는 글<br>– 친교 및 정서 표현의 글<br>• 쓰기와 매체</td></tr>
<tr><th>지식</th><th>기능</th><th>태도</th></tr>
<tr><td>• 쓰기의 본질과 특성<br>• 글의 유형<br>• 쓰기와 맥락</td><td>• 글씨 쓰기<br>• 쓰기의 계획<br>• 내용 생성과 조직<br>• 표현하기와 고쳐쓰기<br>• 쓰기 과정의 점검과 조정</td><td>• 가치와 중요성<br>• 동기와 흥미<br>• 쓰기의 윤리<br>• 쓰기의 생활화</td></tr>
<tr><td colspan="3">[문법]<br>실제<br>• 국어 문화와 자료<br>– 구어 자료, 문어 자료<br>• 다양한 매체와 국어 자료</td></tr>
<tr><th>지식</th><th>탐구와 적용</th><th>태도</th></tr>
<tr><td>• 언어의 특성<br>• 국어의 구조<br>• 국어의 규범</td><td>• 국어의 분석과 탐구<br>• 국어 지식의 적용<br>• 국어 생활의 점검과 문제 해결</td><td>• 국어의 가치와 중요성<br>• 국어 탐구에 대한 흥미<br>• 국어 의식과 국어 사랑</td></tr>
<tr><td colspan="3">[문학]<br>실제<br>• 다양한 갈래의 문학<br>– 시(시가), 소설(이야기), 극, 수필, 비평<br>• 다양한 매체와 문학</td></tr>
<tr><th>지식</th><th>수용과 생산</th><th>태도</th></tr>
<tr><td>• 문학의 본질과 속성<br>• 문학의 갈래<br>• 문학 작품의 맥락</td><td>• 작품 이해와 해석<br>• 작품 감상<br>• 작품 비평과 소통<br>• 작품 창작</td><td>• 문학의 가치와 중요성<br>• 문학에 대한 흥미<br>• 문학의 생활화</td></tr>
</table>

# 제 6 장

# 국어과 교육과정과 교수 학습

1. 효과적인 국어과 수업을 위한 교수 학습 일반 모형
2. 국어과 교육과정에 제시된 교수학습 방법에 관한 일반 지침

# 제6장 국어과 교육과정과 교수 학습

## 1. 효과적인 국어과 수업을 위한 교수 학습 일반 모형

교수 학습 과정의 핵심은 학생들의 상호작용 환경을 체계적으로 조성하는 일이다. 교수 학습 모형은 교수 학습의 실제 과정을 설계하고 교수학습 자료를 구성하기 위한 계획 혹은 유형이라고 할 수 있다. 전통적으로 수업 모형의 일반적 유형으로 개념 수업 모형, 경험 수업 모형, 집단 탐구 수업 모형 등을 중시하여 왔다 (박성익, 1987). 개념 수업 모형의 단계는 가르쳐야 할 개념의 선정 및 심사, 적절한 수업 전략 및 보조 자료 개발, 적절한 평가 절차의 개발과 활용 등으로 구성된다. 경험 수업 모형의 주요 단계는 준비, 교육과정 계획, 평가 계획 등으로 구성된다. 집단 탐구 수업 모형의 주요 단계에는 상황의 제시와 탐구 문제의 설정, 탐구 계획 수립, 탐구 활동의 전개, 탐구 결과의 정리 및 발표, 탐구 활동에 대한 평가 등이 있다. 수업 모형과 밀접하게 연관되는 수업의 효율화 전략에는 개별화 수업 전략, 소집단 수업 전략, 협동 학습 전략 등이 있다. 그리고 수업 방법의 전형적인 예에는 강의식 수업, 토의식 수업, 발견학습, 탐구학습, 협동학습, 문제해결학습 등이 있다 (변영계 외, 2007).

지금까지 개발된 교수 학습 모형은 참으로 많다. 다음에서는 '국어과 교수 학습 방법 연구' (박영목, 2011) 제3장의 일부 내용을 바탕으로 하여 교수 학습 일반 모형에 대하여 정리하여 제시해 보기로 한다.

### (1) Joyce 등의 교수 학습 일반 모형

Joyce 등은 교수 학습 일반 모형의 유형을 정보 처리 중심 모형, 사회적 접근 모형, 개인적 접근 모형, 행동과학적 접근 모형 등 네 가지로 구분하고, 이들 각 유형에 속하는 하위 모형을 구체적으로 제시하였다 (Joyce, Weil, & Calhoun, 2008). 다음에서는 이들 각 유형에 속하는 하위 모형들을 간단히 정리하여 제시해 보기로 한다.

#### (가) 정보 처리 중심 모형

정보 처리 중심 모형을 만든 사람들은 교수학습의 과정에서 정보가 처리되고, 의사결정이 이루어지고, 지적 역량이 계발되고, 창의력이 표현되고 향상되는 것 등을 가장 중요한 학습 활동으로 인식한다. 정보 처리 중심 모형 생성자들은 우리가 세계를 이해하고 문제를 해결하고 학습자를 가르치려고 할 때에 정보 처리 역량을 증가시키는 것이 가장 중요한 일이라고 인식한다. 정보 처리 중심 모형의 하위 모형에는 귀납적 사고 모형, 개념 획득 모형, 기억 모형, 선행 조직자 모형, 탐구 훈련 모형, 창조적 문제 해결 모형 등이 있다.

① 귀납적 사고 모형

귀납적 사고 모형은 학생들로 하여금 정보를 수집하고 면밀히 검사하도록 하며, 정보를 개념으로 체계화하게 하고, 그 개념들을 조작하는 것을 학습하도록 만든다. 이 모형을 규칙적으로 사용한다면 개념들을 효율적으로 형성하게 하는 능력을 향상시키며, 정보를 바라볼 수 있는 관점의 범위를 확장시킨다. 귀납적 사고 모형의 주요 단계는 다음과 같다.

<개념 형성 전략>

1단계 : 열거하기와 배열하기

2단계 : 집단으로 묶기

3단계 : 표지 붙이기, 범주화하기

<자료 해석 전략>

4단계 : 중요한 관계들을 식별하기

5단계 : 관계들을 탐색하기

6단계 : 추론 생성하기

<원리 적용 전략>

7단계 : 결과 예측하기, 가설 정하기

8단계 : 예측과 가설을 설명하고 뒷받침하기

9단계 : 예측을 입증하기

② 개념 획득 모형

개념 획득이란 다양한 범주의 사례와 비(非)사례를 구분하는 데

쓰이는 속성이나 속성들 의 목록을 탐색하는 것이다. 사례는 본질적으로 수집 된 자료나 자료 세트의 부분집합이다. 개념의 획득이란 그 개념의 속성들을 포함하고 있는 전형적인 사례들을 그렇지 않은 예들과 비교하고 대조하여 파악하는 것이다. 범주는 다른 것에는 없는 하나 혹은 둘 이상의 특성을 공유하는 예들의 부분집합이다. 긍정적인 사례들을 비교하고 그것들을 부정적인 사례들과 대조함으로써 개념이나 범주에 대 해 명확하게 배울 수 있다. 개념 형성은 귀납적 모형의 기초가 되는 것인데, 학생들이 범주를 만드는 데 있어 기초가 되는 근거를 결정하도록 요구하고 있다. 개념 획득 모형의 주요 단계는 다음과 같다.

1단계 : <자료의 설명과 개념의 식별>

1) 교사는 표지가 붙은 예를 제시한다.

2) 학생은 긍정적인 예와 부정적인 예의 속성을 비교한다.

3) 학생은 가설을 생성하고 검증한다.

4) 학생은 필수적인 속성을 기준으로 개념 정의를 내린다.

2단계 : <개념 획득 검증>

1) 학생: 표지가 붙지 않은 예들에 대하여 '예', '아니오'로 식별

2) 교사: 가설 확인, 개념 명명, 재정

3) 학생: 다른 예들을 만들기

3단계 : <사고 전략 분석>

1) 학생: 사고 구술

2) 학생: 가설과 속성의 역할에 대해 토의

3) 학생: 가설의 유형과 수에 대해 토의

③ 기억 모형

기억모형은 내용을 기억할 필요가 있는 모든 교과에 적용될 수 있다. 기억모형은 집단적으로 활용될 수도 있고, 개인적으로 활용될 수도 있다. 기억모형은 교사 주도의 기억 전략 학습 시에 많이 활용되지만 기억 전략을 숙달한 학생이 스스로 널리 활용할 수도 있다. 그러므로 기억모형은 교사에 대한 의존도를 줄이고 학생들이 필요할 때 언제든지 적용할 수 있도록 활용되어야 한다. 기억모형은 특히 정보를 저장하고 회상하는 능력을 증진시키기 위해 설계되었다. 이 모형 은 지적 유능감, 자신의 환경에 대한 상상 기능과 주의 집중 능력은 물론 익숙하지 않은 학습 내용의 숙달 능력에 대한 의식의 증진에 중점을 둔다. 이 모형이 지닌 중요한 특징 중의 하나는 학생들로 하여금 '학습은 통제할 수 없는 신비한 내적 과정'이 아니라는 것을 인식하도록 도와준다는 것이다. 기억모형의 주요 단계는 다음과 같다.

1단계 : <자료에 집중하기> (밑줄 긋기, 개요 만들기, 심사숙고하기 등의 기법 활용)

2단계 : <연결 관계 개발하기> (자료를 친숙하게 만들기, 핵심어 대치어 연결어 체계 기법 등을 활용하여 연결 관계 개발하기)

3단계 : <감각적 이미지 확장하기> (해학적인 연상과 과장 등의 기법을 활용하기, 이미지 고치기)

4단계 : <회상 연습하기> (자료가 완전히 학습될 때까지 자료 회상 연습)

④ 선행 조직자 모형

선행 조직자는 인지적 구조를 강화하고 새로운 정보의 기억을 향상시킨다. Ausubel(1968)은 선행 조직자를 학습 과제 이전에 제시되는 학습 과제 그 자체보다 더 추상적이고 포괄적인 수준의 설명적인 내용이다. 선행 조직자의 목적은 학습 과제의 내용을 설명하고, 통합하고, 이전에 이미 학습한 내용과 상호 연관시키는 것이다. 가장 효과적인 선행 조직자에는 학습자에게 친숙한 개념과 용어와 가정뿐만 아니라 적절한 그림과 유추 등도 포함된다. 선행 조직자는 학습자가 인지할 수 있도록 구성되어야 한다. 즉, 조직자의 아이디어는 학습 과제 자체의 내용과 구분되고 더 포괄적이어야 한다. 그래서 조직자의 가장 큰 특징은 학습 내용 그 자체보다 더 추상적이고 일반적이라는 것이다. 이러한 높은 수준의 추상성이 바로 설명적인 개요와 조직자를 구별하는 점이다. 또한, 선행조직자는 그것이 설명적이든 비교적이든 개념 또는 명제의 필수적인 특성을 반드시 지적 하고 충분히 설명하여야 한다. 선행 조직 모형의 주요 단계는 다음과 같다.

1단계 : <선행 조직자의 제시>

1) 수업 목표의 명료화

2) 조직자의 제시 (정의를 내릴 수 있는 속성 식별, 적절한 예와 설명의 제공, 맥락의 제공, 반복)

3) 연관되는 지식과 경험에 대한 학습자의 의식 활성화

2단계 : <학습 과제 혹은 자료의 설명>

1) 자료의 제시

2) 학습자료의 논리적 순서를 명시적으로 만들기

3) 자료와 조직자를 연결 짓기

3단계 : <인지 조직의 강화>

1) 통합적 조화의 원리 활용

2) 학습 자료에 대한 비판적 접근 유도

3) 아이디어의 명료화

4) 아이디어의 능동적 적용

⑤ 탐구 훈련 모형

탐구 훈련 모형은 독립적인 학습자의 개발을 위해 마련되었다. 이 모형은 과학적 탐구에 대한 활발한 참여를 요구하고 있다. 탐구훈련의 일반적인 목적은 학생들이 질문을 제기하는 데 필요한 지적 소양과 기술을 개발하도록 돕고, 학생들의 호기심으로부터 유래하는 대답을 탐색하도록 돕는 것이다. 탐구훈련은 학생들에게 어떤 혼란스러운 사태를 제시하는 데에서 시작한다. 이 모형은 지식은 잠정적이라는 태도를 학생들에게 전달하는 것이 중요하다는 믿음에서 비롯되었으며 다음과 같은 전제를 바탕으로 하고 있다. 첫째, 학생들은 혼란스러울 때 자연적으로 탐구한다는 점이다. 둘째, 학생들은 그들의 사고 전략을 의식하게 되고 그것을 분석하기를 배운다는 점이다. 셋째, 새로운 전략은 언제나 학생들에게 직접 가르칠 수 있으며, 이 전략은 학생들의 기존 전략에 더 해진다는 점이다. 넷째, 협력적인 탐구는 사고를 풍요롭게 하고, 학생들이 잠정적이고 도발적인 지식의 본성에 대해 배우고 대안적 설명을 음미할 수 있도록 돕는다는 점이다.

탐구훈련은 원래 자연과학을 위하여 개발되었지만, 그 절차는 모든 교과 영역에서 유용하다. 혼동스러운 상황으로 형식화될 수 있는 어떤 주제도 탐구훈련의 대상이 될 수 있다. 문학에서 살인 미스터리와 공상 과학 이야기 등은  매우 뛰어난 혼동스러운 상황을 조성한다. 이상하거나 설명하기 어려운 상황에 대한 신문의 기사들은 자극적 사태를 구성하기 위해 사용될 수 있다. 탐구 훈련 모형의 주요 단계는 다음과 같다.

1단계 : <문제 상황의 직면>
  1) 탐구 과정의 설명
  2) 모순되는 사건의 제시
2단계 : <자료의 수집과 확인>
  1) 대상의 성질과 조건 확인
  2) 문제 상황의 발생 확인
3단계 : <자료의 수집과 실험>
  1) 연관되는 변인의 분리
  2) 인과 관계의 가설화 및 검증
4단계 : <설명의 조직과 형성>
  1) 규칙의 형성 혹은 설명
5단계 : <탐구 과정의 분석>
  1) 탐구 전략의 분석 및 더욱 효율적인 전략의 개발

⑥ 창조적 문제 해결 모형

창조적 문제 해결 모형은 교수적인 측면과 양육적인 측면 모두에서 가치가 있다. 창의적인 과정은 전달 가능하고 직접적인 훈련으로 향상될 수 있다는 믿음에 따라 구체적 교수 기법들이 개발되었다. 창조적 문제 해결법은 일반적인 창의력 개발뿐만 아니라 다양한 주제 영역에 걸쳐 창의적인 응답을 이끌 어 내는 데도 적용된다. Gordon(1961)은 창의적인 에너지가 이러한 영역에서 학습을 향상시킬 것이라고 명확하게 믿고 있었다. 이 모형에서는 창의성을 북돋아 주는 사회적 환경과 은유적인 세계에서 참가자들이 상호 의존적으로 기능할 수 있도록 해 주는 에너지를 생성시키기 위해 집단의 응집력을 사용하는 사회적 환경을 강조한다. 창조적 문제 해결법의 방법은 개인과 집단의 창의성을 향상시키기 위해 명시적으로 고안되었다. 그러나 이 모형은 암묵적인 학습에서도 적용될 수 있다. 창조적 문제 해결 모형의 주요 단계는 다음과 같다.

<전략 1: 무언가 새로운 것을 창조하라.>

1단계: 현재 상태의 묘사

교사는 학생들이 보이는 그대로 현재 상황을 묘사하도록 시킨다.

2단계: 직접적 유추

학생들은 직접적 유추 관계를 파악하고, 한 가지를 선택해서 더욱 심층적으로 탐구한다.

3단계: 개인적 유추

학생들은 2단계에서 선택한 유추의 입장이 되어 본다.

4단계: 압축된 갈등 상황

학생들은 2, 3단계에서 나온 설명들을 보고 여러 개의 압축된 갈등 상황을 파악한 뒤, 한 가지를 선택한다.

5단계: 직접적 유추

학생들은 압축된 갈등 상황에 기초하여 또 다른 직접적 유추를 생성해 내고 선택한다.

6단계: 본래 과제 재검토

교사는 학생들로 하여금 본래의 과제 또는 문제로 돌아가, 마지막 유추 또는 전체적인 창조적 문제 해결법 경험을 사용해 보도록 한다.

<전략 2: 낯선 것을 익숙하게 만들어라.>

1단계: 실제적 투입

교사가 새로운 주제에 대한 정보를 제공한다.

2단계: 직접적 유추

교사가 직접적 유추를 제안하고 학생들로 하여금 유추를 묘사하도록 한다.

3단계: 개인적 유추

교사는 학생들로 하여금 직접저인 유추의 입장이 되어보도록 한다.

4단계: 유추 비교하기

학생들은 새로운 요소와 직접적인 유추간의 유사성을 밝혀내고 설명한다.

5단계: 차이점 설명하기

학생들은 어느 부분에서 유추가 맞지 않는지 설명한다.

6단계: 탐구

학생들은 본래의 주제를 자기 자신의 용어로 다시 탐구한다.

7단계: 유추 생성하기

학생들은 자기 자신의 직접적 유추를 제공하고 유사점과 차이점을 탐구한다.

### (나) 사회적 접근 모형

사회적 접근 모형은 사회적 행동을 학습하는 법과 사회적 상호작용이 학문적 학습을 향상하는 방법을 강조한다. 사회적 접근 모형의 개발자들은 교육의 핵심 역할이 개인이 통합적인 민주적 행동을 보이고, 개인적 및 사회적 삶을 향상하고, 건설적인 민주주의적 사회 질서가 분명히 이루어지도록 하기 위해 시민들을 준비시키는 것이라고 믿는다. 그들은 협동적 행동이 기쁨, 열정, 쾌락함을 가져 오고, 소외, 비생산적 갈등을 줄인다는 점에서 본질적으로 삶의 질을 향상한다고 믿는다. 또한, 사회 이론가들은 학교가 개인이 모여서 교육을 개별적으로 받는 곳이라기보다는 생산적인 작은 사회로 본다. 사회적 접근 모형의 하위 모형에는 집단 탐구 모형, 역할 수행 모형, 모의 법정 탐구 모형 등이 있다.

① 집단 탐구 모형

집단 탐구 모형은 학생들로 하여금 자극적인 문제와 직면하게 함으로써 시작된다. 이러한 직면은 언어적으로 제시될 수 있고 실세 경험으로 제시될 수 있다. 사회적 체제는 교사에 의해 학습의 대상으로 규정된 혼돈의 현상과 관련되거나, 그 경계선 내에서의 집단 경험에 의해 발달된 의사결정에 의해 지배되는 민주적인 성격을 갖고 있다. 집단 활동은 교사에 의해 제공된 최소한의 외적 구조에 의해 시작된다. 학생과 교사는 역할의 차이를 제외하고는 동일한 위상을 갖는다. 집단 조사에서의 교사 역할은 상담가, 고문, 동료 비판가 중 하나이다. 교사는 문제 해결 또는 과제 수준, 집단 경영 수준, 개인적 의미 수준 등 세 단계에서 집단의 경험을 의도하고 성찰하여야 한다. 집단 탐구 모형의 주요 단계는 다음과 같다.

1단계 : <문제 상황의 직면> (계획적, 비계획적)
2단계 : <상황에 대한 반응의 탐색>
3단계 : <학습 과제의 형성 및 학습을 위한 조직>(문제의 정의, 역할, 과제 부여 등)
4단계 : <독립적인 학습과 집단 학습>
5단계 : <진행 상황 및 과정의 분석>
6단계 : <활동의 순환>

② 역할 수행 모형

역할놀이에서 학생들은 문제 상황을 연극으로 꾸미고 그 연극에 대해 토론을 함으로써 인간 관계 문제를 탐색한다. 학생들은 감정, 태도, 가치, 문제 해결 전략 등을 함께 탐색한다. 수업모형으로서 역할놀이는 교육의 개인적, 사회적 차원에 뿌리를 두고 있다. 역할놀이의 핵심은 실제 문제 상황에 참가자와 관찰자를 참여시키는 것과, 이러한 참여를 통해 얻어지는 문제 해결과 이해에 대한 요구이다. 역할놀이의 과정은 인간 행동의 생생한 사례를 제시하는데 학들에게 그들의 감정을 탐구하고, 태도에 대한 통찰력을 지니게 하고, 문제 해결 기술과 태도를 개발하며, 다양한 방법으로 교과 학습 문제를 탐구하는 수단을 제공한다. 역할놀이 모형의 주요 단계는 다음과 같다.

1단계 : <집단의 분위기 조성> (문제 식별 혹은 소개, 문제의 명료화, 문제와 연관되는 이야기의 해석 및 주요 문제의 탐색, 역할

수행 설명)

2단계 : <참여자의 선정> (역할의 분석, 역할 수행자의 선정)

3단계 : <수행 단계의 설정> (일련의 행동 과정 설정, 역할의 재진술, 문제 상황에 들어가기)

4단계 : <참관자의 준비> (참관 내용의 결정, 참관 과제의 부여)

5단계 : <활동하기> (역할 수행 시작, 역할 수행 유지, 역할 수행 종결)

6단계 : <토의하기와 평가하기> (역할 수행 활동의 검토, 핵심 내용에 대한 토의, 다음 활동의 개발)

7단계 : <재활동> (수정된 역할 수행, 다음 단계 혹은 대체 행동의 제안)

8단계 : 토의하기와 평가하기 (6단계와 동)

9단계 : 경험의 공유 및 일반화 (문제 상황을 실제의 경험과 문제에 연관 짓기, 일반적인 행동 원리의 탐색)

③ 모의 법정 탐구 모형

사회적 문제에 관한 논쟁을 둘러싼 대면적 대화는 언어 능력이 부족한 학생들에게는 큰 부담이 된다. 이 모형에서는 소집단 구성원들에게 하나의 입장을 취하게 하고 다른 소집단과 함께 그 입장에 대해 집단 간의 논쟁을 하게 한다. 그리고 휴식 시간을 제공하여 자기 집단 내에서 입장을 재평가하고 다시 그 문제를 토의하도록 한다. 교사는 학생들이 정보를 획득하고 자신의 아이디어를 성찰하고 용기를 북돋울 수 있는 기회를 제공하면서, 한 가지 사건에 대한 충분한 시간을 제공해야 한다. 분석과 논쟁 기술을 학생들에게 직접 가르치는 것은 자연스럽게 서서히 진행할 필요가 있다. 따라서 초기의 사건 자료는 비교적 단순하고 이전의 배경 지식을 거의 필요로 하지 않아야 하며, 가급적 교실과 가정에서 학생들이 직접 경험한 것으로부터 선정되어야 한다. 모의 법정 탐구 모형의 주요 단계는 다음과 같다.

1단계 : 소송 사건에 대한 안내 (구체적 사례의 설명, 사실의 검토)

2단계 : 쟁점의 확인 (논쟁거리 만들기, 토론 과제 선정하기, 가치 갈등식별하기, 사실적인 질문들과 정의적인 질문들 인식하기)

3단계 : 입장 정하기 (입장을 분명히 하기, 사회적 가치 혹은 입장 결정결과의 측면에서 입장 설정의 근거 밝히기)

4단계 : 관점 및 논증의 유형 탐색 (가치가 침해 받는 쟁점 설정하기, 어떤 입장의 바람직한 결과와 바람직하지 않은 결과 입증하기, 유추를 통하여 가치 갈등 명료화하기, 우선 순위 결정하기)

5단계 : 입장을 정리하고 정당화하기 (자신의 입장과 그 이유를 진술하고 일련의 유사 상황 확인하기, 입장을 정당화하기)

6단계 : 정당화한 입장의 기저가 되는 사실적 가정 검증하기 (사실적인 가정들을 식별하고 가정들 사이의 연관성 결정하기, 예상되는 결과를 정하고 그 결과들의 사실적인 타당성 조사하기)

#### (다) 개인적 접근 모형

교수 모형 중에서 개인적 접근 모형은 다양한 목적을 지닌다. 이 모형은 자기 확신감과 자아 존중감을 계발하고, 타인에 대한 공감적 반응을 구축함으로써 학생들을 정신적으로나 감정적으로 건강한 상태로 이끈다. 이 모형은 학생들에게 자신의 필요와 열망으로부터 나온 학습 의욕을 증대시킨다. 또한, 이 모형은 창의성은 물론 개인적 표현과 같은 질적 사고의 특정 유형을 효과적으로 계발한다. 이 모형은 다음 네 가지 방식으로 사용될 수 있다. 첫째, 이 모형은 교수의 일반적인 모형으로 사용될 수 있다. 둘째, 이 모형은 다른 모형을 근거로 설계된 학습 환경을 풍성하게 하기 위해 사용될 수도 있다. 셋째, 개인적 모형의 독특한 속성을 이용하여 학생들이 세상에 더욱 완전하고 긍정적으로 나아가는 것을 배우도록 돕는 데 사용될 수 있다. 넷째, 이 모형은 학문 중심 교과목에 있어서 학생을 바탕으로 교육과정을 구성할 수 있도록 해 준다. 개인적 접근 모형에 속하는 하위 모형에는 비지시적 교수 모형과 긍정적 자아 개념 발달 모형이 있다.

① 비지시적 교수 모형

비지시적 교수법 모형은 학습의 촉진을 중시하며, 학생들이 더 인격적으로 통합되고, 효과적이고 현실적인 자기 평가를 하는 것을 돕는 데 중점을 둔다. 이 모형에서 교사의 목표는 학생들이 그들 자신의 요구와 가치를 이해는 것을 도움으로써 학생들이 효과적으로 교육적 결정을 내릴 수 있게 하는 것이다. 교사는 전통적인 의사 결정자의 역할을 포기하고, 학생들의 감정에 초점을 두는 촉진자의 역할을 선택한다. 비지시적인 분위기는 네 가지의 속성을 가지고 있다. 첫째, 교사는 따뜻한 반응을 보이고 학생에 대한 진정한 관심을 표현한다. 둘째, 감정의 표현에 있어서 허용적인 분위기를 중시하여 교사는 판단하거나 설교하지 않는다. 셋째 학생은 감정을 표현할 자유가 있지만 교사를 통제하거나 규제할 자유는 없다. 넷째, 교사와 학생 사이의 관계는 어떤 유형의 강압이나 강제로부터 자유롭다. 모든 학습 과제는 학생들이 개인으로 성장하는 것을 돕기 위한 기회로 활용된다. 비지시적 교수 모형의 주요 단계는 다음과 같다.

1단계 : <도움을 주는 상황의 정의> (교사는 감정의 자유로운 표현 장려)
2단계 : <문제의 탐색> (학생은 문제를 정의하도록 장려된다. 교사는 감정을 수용하고 명료화한다.)
3단계 : <통찰력의 발달> (학생은 문제를 토의한다. 교사는 학생들을 지원한다.)
4단계 : <계획하기와 의사 결정하기> (학생은 초기 의사 결정을 계획한다. 교사는 가능한 의사 결정을 명료화한다.)
5단계 : <통합하기> (학생은 더욱 깊은 통착력을 획득하고 적극적 행동을 개발한다. 교사는 학생  들을 지원한다.)

② 긍정적 자아 개념 발달 모형

강한 자아개념은 자아 실현 행동에 의해 수반된다. 강한 자아개념을 가지면 자신감을 지고 환경과 접촉하여 생산적인 상호작용을 하게 된다. 자아 실현을 잘 하는 사람은 환경과 풍부하게 상호작용하고, 자신의 성장 발달을 위한 기회를 찾으며, 궁극적으로 다른 사람의 발달에도 기여한다. 약간 덜 발달된 개인은 환경을 다루는데 자신감을 느끼지만, 그 환경을 있는 그대로 수용 하거나 주도권을 가지고 성장을 유도하는 관계를 만들려고 하지는 않는다. 가장 덜 발달된 개인은 환경과의 불안정한 관계를 맺는다. 이들은 환경과의 적응 능력에 대해 자신감을 자지지 못한다. 교사는 누구나 학생들이 자신의 성장에 도움이 되는 충실한 태도를 개발하는 데 도움을 주기를 원한다. 학생들에게 줄 수 있는 교사의 영향력은 바로 모범을 보이는 데서 생겨난다.

### (라) 행동과학적 접근 모형

학습과 수업에 대한 행동과학적 접근 모형은 Pavlov(1927)의 고전적 조건화 실험, Thorndike (1913)의 보상 학습, 그리고 Pavlov의 원리를 인간의 심리적 장애에 적용했던 Watson과 Rayner(1921)에 그 기원을 두고 있다. 1950년대 후반에 교육자들은 학교 현장에서 행동주의 원리를 활용하기 시작했다. 행동주의 이론은 관찰 가능한 행동에 집중하여 학습에 대한 낙관적 견해를 취한다. 즉, 적절한 조건과 충분한 시간이 주어지면 학생들은 학습에서 성공할 수 있다는 것이다. 본질적으로 자극은 행동(반응)을 불러일으키고 어떤 결과를 낳게 된다. 만약, 이것이 강화된다면 비슷한 자극이 강화된 행동을 불러일으킬 확률을 높인다. 반대로, 부정적 결과는 그 행동을 유도할 확률을 줄인다. 행동과학적 접근 모형에 속하는 하위 모형에는 직접 교수 모형과 자아 통제 모형이 있다.

① 기능 중심 직접 교수 모형 (기본 연습 모형)

직접 교수 모형은 교육 프로그램에 제한적으로 활용되지만 교수 학습에 있어서 중요한 역할을 한다. 기능 중심 직접 교수 모형은 현시적 교수법으로도 불리는 과정 중심 직접 교수법과는 구별된다. 직접 교수 모형은 모든 교육 목표에, 또는 모든 학생들에게 사용되어서는 안 된다는 비판을 받고 있다. 그럼에도 불구하고 직접 교수 모형은 교수 모형들 중에서 비교적 굳건한 위상을 확보하고 있다. 직접 교수 모형 중에서 '과정 중심 직접 교수 모형'은 설명하기, 시범 보이기, 질문하기, 활동하기 등의 단계적 활동을 통하여 사고의 과정을 직접 드러내어 가르치는 모형인에 흔히 '현시적 교수 모형'으로 불리기도 한다.

직접 교수 모형의 가장 두드러진 특징은 학문에 대한 강조, 높은 수준의 교사의 지시와 통제, 학생의 진도에 대한 높은 기대, 시간과 비교적 중립적인 정서의 분위기를 관리하기 위한 체제이다. 학문에 대한 강조는 학문적 과제의 완수에 가장 높은 우선권을 두는 것을 말한다. 교사의 지시와 통제는 교사가 학습 과제를 선택하고 지시하며, 수업 중 핵심적인  역할을 유지하고, 학생이 비학문적인 이야기를 하는 양을 최소화할 때 발생한다. 학생에게 높은 기대를 갖고 학문적인 향상에 관심을 갖는 교사는 학문적 성취와 학문적 진전을 유도 하는 행동을 요구한다. 직접 교수 모형의 주요 목적은 학생의 학습 시간을 최소화하는 것이다. 그리고 부정적인 정서는 학생의 성취도를 방해한다. 직접 교수 모형의 주요 단계는 다음과 같다.

1단계 : <안내>
(수업 내용 설정, 선행 학습 검토, 수업 목표 설정, 수업 절차 설정)
2단계 : <설명>
(새로운 개념 혹은 기능의 설명 혹은 시범, 학습 과제에 대한 시각적 표상 자료 제공, 학생의 이해 정도 파악)
3단계 : <구조화된 연습 활동>

(교사의 지도에 따른 작은 단계별 연습 문제 풀이 활동, 교사의 질문에 대한 학생의 대답 활동, 학생의 오류에 대한 교사의 교정적 피드백 활동 및 연습 활동, 과제의 시각적 표상 자료 활용)

4단계 : <교사 안내 중심의 연습 활동>

(학생의 중간 독립적인 연습 활동, 학생의 연습 활동에 대한 교사의 순회지도 및 조정 활동, 칭찬 동기 촉진 무반응 등을 통한 피드백 제공, 지각적 표상 자료를 문제 해결의 자원으로 활용)

5단계 : <독립적인 연습 활동>

(교실 혹은 가정에서 학생의 독립적 연습 활동, 피드백의 지연, 확장된 기간 동안 수 차례에 걸친 독립적 연습 활동)

② 자아 통제 모형

인공두뇌심리학자들은 인간을 행동의 과정을 생성하고 피드백 수단에 의해 행동을 바꾸거나 수정하는 통제 시스템으로 해석한다. 인간을 분석하기 위한 참조 체제로서 역학 시스템의 유추를 사용할 때, 심리학자들은 '수행과 학습은 인간 조정자와 도구적 상황 각의 통제 관계에 의해 분석되어야 한다.'는 주장을 제기하였다. 즉, 학습은 학습 상황에 대한 설계뿐만 아니라 개개인의 본성에 의해 결정되는 것으로 이해되어야 한다는 것이다. 이 관점에 의하면 인간 행동은 움직임에 대해 지각할 수 있는 패턴을 포함한다. 이것은 생각이나 상징적 행동과 같은 은밀한 행동과 외현적인 행동을 모두 포함한다. 어떤 상황에서 개개인은 환경으로부터 받은 피드백에 의해 행동을 수정한다. 피드백을 수용하는 이러한 능력은 정보를 받고 전송하는 인간 시스템의 역학을 구성한다. 인간은 더 큰 언어 능력을 계발함에 따라 직접적인 피드백뿐만 아니라 비지시적인 피드백을 사용할 수 있고, 그로 인해 물리적, 사회적 환경에 대한 통제를 확대할 수 있다. 자아 통제 모형의 주요 단계를 제시하면 다음과 같다.

1단계 : <행동 원리의 소개>

1) 자아 통제는 환경과의 함수 관계에 있음을 이해시킨다.

2) 구체적 자아 통제 원리를 설명한다.

3) 적극적인 참여 의지를 갖게 한다.

2단계 : <기본 수준의 설정>

1) 목표 행동을 명료하게 규정한다.

2) 측정 절차와 계획을 결정한다.

3) 측정 수행, 통제 자극 기록, 결과 행동 및 가능한 경쟁적 반응 강화

3단계 : <자아 통제 프로그램의 설정>

1) 자극 환경과 강화에 관한 의살 결정

2) 단기 및 장기 목표와 목표 일자 결정

3) 프로그램의 문서화

4) 평가 모임 및 횟수 계획

4단계 : <프로그램의 조정 및 수정>

1) 학생들은 프로그램을 수행한다.

2) 정기적인 모임을 통하여 진전 정도를 확인하고 필요한 경우 프로그램을 수정한다.

### (2) 한국교육개발원의 수업 과정 일반 모형

한국교육개발원은 1970년대에 우리나라의 초중등학교를 대상으로 하여 새롭고 효율적인 수업체제와 학교 경영체제를 개발하고, 이들 새로운 교육체제 속에서 활용될 수 있는 다양하고 질 높은 교수학습 자료를 개발하여 학교 현장에 적용해 나갔다. 여기서 수업 체제란 교과의 수업 목표를 달성하기 위해 교사 및 학생이 따라야 할 활동의 과정과 운영에서 필요로 하는 교수 및 학습 자료의 조직을 말한다. 따라서 한 수업체제의 특징을 결정짓는 수업과정 모형과 그 특징을 표면화하는 교수 및 학습 자료로 구성된다. 다음에서는 신세호 외(1980)의 연구 보고서를 바탕으로 하여 학교 현장에서의 국어과 수업에 지대한 영향을 미친 수업과정 일반 모형을 가급적 원안 그대로 소개해 보기로 한다.

수업 과정 일반모형은 개발원 수업체제의 골격을 이루는 것으로서 수업체제하에서의 모든 수업활동이 따라야 할 절차와 원칙을 제시한 일정의 수업절차모형이다. 이 절차 모형에서는 모든 수업을 전개함에 있어 다음과 같은 5단계를 거치도록 하고 있다.

Ⅰ 계획단계 → Ⅱ 진단단계 → Ⅲ 지도단계 → Ⅳ 발전단계 → Ⅴ 평가단계

<그림 6-6> 수업 과정 일반모형

이 모형에서 <계획단계>는 어떤 학습과제의 지도를 위해 수업을 계획하는 단계이고, <진단단계>는 학생들이 그 학습과제를 학습하는 데 필요한 준비가 되어있는가를 진단하고 그에 따라 필요한 교정조치를 취하여 주는 단계이며, <지도단계>는 수업목표에 도달할

수 있도록 집중적인 교수-학습활동이 이루어지는 단계이다. 그리고 <발전단계>는 지도단계에서 이루어진 학생들의 학습 성취도를 확인하고 그 결과에 따라 심화 또는 보충학습의 기회를 제공하는 단계이며, <평가단계>는 그 학습과제의 수업결과를 종합적으로 평가하는 단계이다. 각 단계에서의 수업활동을 보다 구체적으로 살펴 보면 다음과 같다.

### (가) 계획단계

계획단계에서는 학습과제 분석, 수업계획 및 실천계획 등의 활동이 이루어지는 바, 그 중에서도 학습과제 분석이 가장 중요하다.

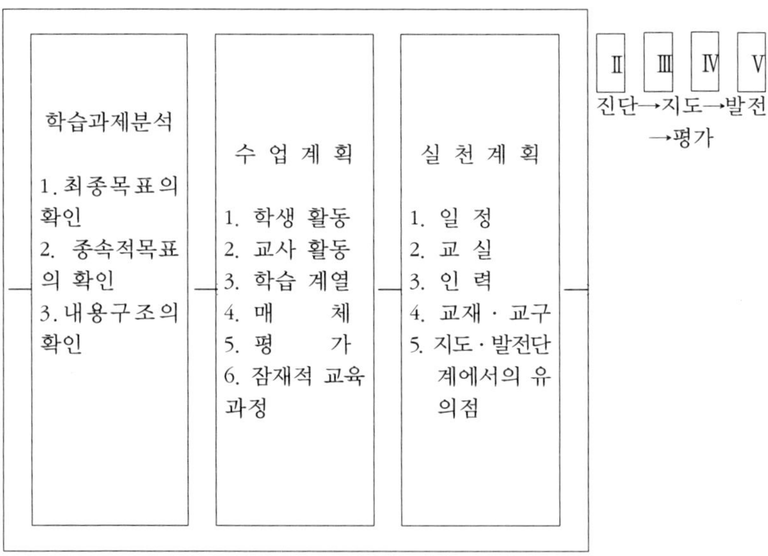


<그림6-7> 계획단계

<학습과제 분석>은 주어진 단원의 수업목표를 명료하게 함과 동시에 학습내용을 세분화하고 세분된 학습요소간의 관계를 밝히는 일이다. 이러한 분석은 높은 수준의 전문성을 필요로 하는 것이므로, 개발원은 많은 전문가를 동원하여 학습과제분석을 실시하고 이를 개발원이 제공하는 교사용 「수업지침서」에 제시한다. 따라서 교사들은 이를 숙지하여 주어진 학습과제의 수업목표를 확인하고 학습내용의 구조를 이해하여야 한다.

<수업계획>은 실제 수업을 진행하는데 필요한 구체적인 계획을 세우는 일인 바, 이것 역시 교사용 수업지침서에 자세히 제시된다. 따라서 교사는 이를 참조하여 지역사회나 학교의 실정에 맞도록 수업계획을 조정한다. 수업계획을 조정함에 있어서는 학생활동과 교사활동을 계획하고 가르쳐야 할 학습요소의 순서 등과 함께 어떤 학습방법과 자료를 이용할 것인가도 결정한다. 또한 평가계획과 함께 그 학습과제의 수업목표로 나타나지는 않았지만, 수업진행 중에 부수적으로 일어날 수 있는 여러 가지 영향에 대하여 미리 고려해야 한다.

<실천계획>에서는 텔레비전(ITV) 및 라디오(IR)프로그램의 방송일정 등을 참조하여 학급간의 수업진도를 조정하고 수업시간을 결정하여, 필요한 교재, 교구를 준비하고 특수교실이나 시설의 활용계획 등을 조정하여 수업준비에 대비한다.

#### (나) 진단단계

진단단계의 목적은 어떤 학습과제의 수업에 들어가기 전에 학생들이 그 학습과제를 학습할 준비가 되어 있는가를 알아보아서, 만일 결손이 발견되면 가능한 교정조치를 취해 줌으로써 지도단계에서의 학습효과를 극대화하려는 것이다.

이 단계에서 교사는 우선 개발원이 제공하는 진단 학습 문제(진단평가 문제)를 이용하여 시험을 실시하고 채점을 실시하여 결손 상황을 진단한다. 그 결과 별다른 결손이 없는 학생들은 학생용 <배움책>에 들어 있는 자율학습 자료를 이용하여 스스로 학습을 하거나 결손이 심한 학생들을 돕는다. 또한 결손이 심하지 않은 학생들은 준비학습(교정학습)자료를 이용하여 학습결손을 교정 또는 보충한다. 그리고 학습결손이 심한 학생들에 대하여 배움책의 준비학습 자료를 제공하여 교사 또는 무결손학생들이 개별지도를 실시하며, 이러한 지도만으로 부족할 때에는 교과 후 시간 등을 이용하여 소집단특별지도를 실시한다.

진단단계의 운영은 일반적으로 1시간(교시)에 이루어지나 과목에 따라서는 2시간에 걸치는 경우도 있다. 또한 이 단계의 운영을 위한 학습자료는 개발원에 의하여 제공되며, 운영을 위한 구체적 사항은 교사용 수업지침서에 제시된다.

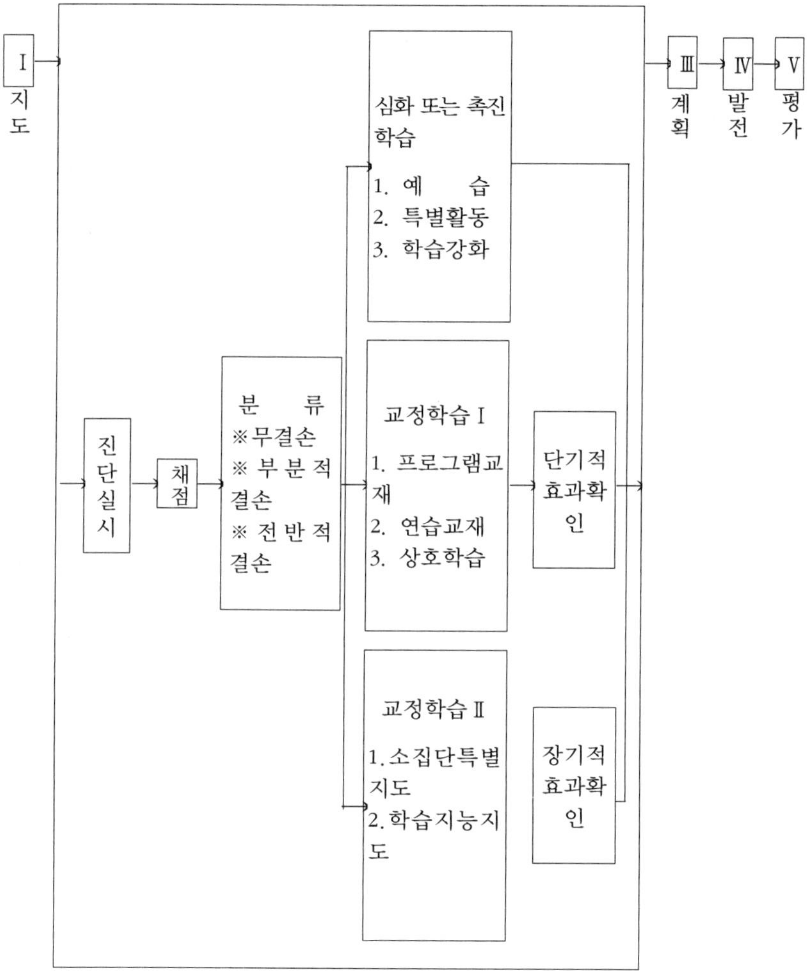
Ⅰ
지도
진단실시
채점
분 류
※무결손
※ 부분적 결손
※ 전반적 결손
심화 또는 촉진 학습
1. 예 습
2. 특별활동
3. 학습강화
교정학습 Ⅰ
1. 프로그램교재
2. 연습교재
3. 상호학습
교정학습 Ⅱ
1. 소집단특별지도
2. 학습지능지도
단기적 효과확인
장기적 효과확인
Ⅲ
계획
Ⅳ
발전
Ⅴ
평가

<그림 6-8> 진단단계

(다) 지도단계

지도단계는 주어진 학습과제의 본 수업이 이루어지는 단계이며 배당된 학습시간의 70퍼센트 정도가 이에 해당된다. 지도단계의 운영은 교과의 성격에 따라 다르겠으나 일반적으로 도입, 전개, 정착의 세 단계를 거친다.

<도입단계>에는 교사는 교사용 수업지침서를 참조하여 구체적인 학습목표를 제시하고, 학생들의 학습동기를 유발하며 현재 다루고 있는 학습과제와 과거에 배운 학습과제와의 연관성 등을 밝혀 학생들의 이해를 돕는다.

<전개단계>에서는 본격적인 수업이 이루어지는 데, 이 때 사용될 수 있는 교수-학습방법에는 강의법과 같은 교사주도수업이 있을 수도 있고 관찰, 견학, 조사 등의 학생 주도 학습일 수도 있으며, 교수 텔레비전 및 라디오 프로그램을 이용한 방송수업일 수도 있다.

<정착단계>에서는 일단 학습된 내용을 정리하고 연습을 통하여 확실히 하며, 새로 학습할 내용을 학생의 지적 체계의 일부로 통합·내면화함과 동시에 새로운 사태에 적용하고 일반화할 수 있도록 지도한다.

지도단계의 운영에 있어서 보다 중요한 것은 각 교과별로 발전시킨 교과수업과정모형이다. 이는 수업과정일반모형을 기초로 하여 발전시킨 하위모형인 동시에 실전모형이다. 교과수업과정모형에서는 각 교과의 기능과 특수성을 최대한 반영시키고 있으며, 학습목표 또는 학습내용에 따르는 지도방법을 구체적으로 제시하고 있다. 따라서 지도단계의 운영은 실질적으로 교과수업과정모형이 제시하는 방법에 따르게 된다.

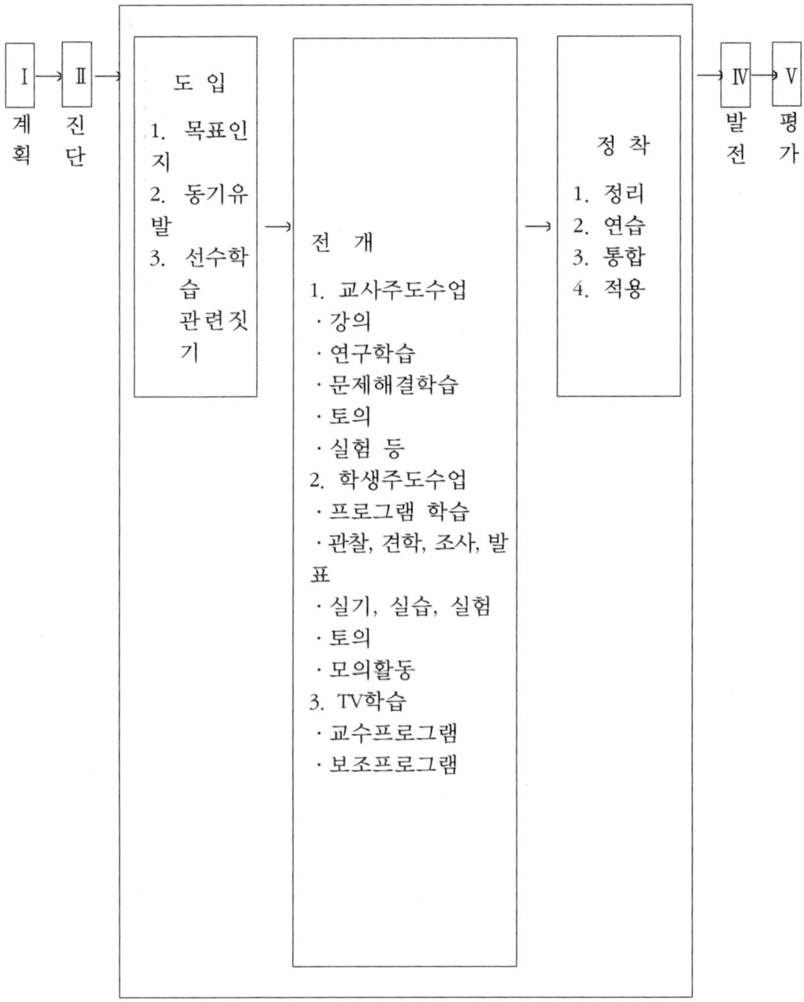
Ⅰ
계획
Ⅱ
진단
도 입
1. 목표인지
2. 동기유발
3. 선수학습 관련짓기
전 개
1. 교사주도수업
· 강의
· 연구학습
· 문제해결학습
· 토의
· 실험 등
2. 학생주도수업
· 프로그램 학습
· 관찰, 견학, 조사, 발표
· 실기, 실습, 실험
· 토의
· 모의활동
3. TV학습
· 교수프로그램
· 보조프로그램
정 착
1. 정리
2. 연습
3. 통합
4. 적용
Ⅳ
발전
Ⅴ
평가

<그림 6-9> 지도단계

(라) 발전단계

발전단계는 지도단계의 수업이 어느 정도 진행된 상황에서 학생들이 주어진 학습목표를 어느 정도 달성하였는가? 또 학습에 곤란을 겪고 있다면 어느 요소에서인가를 밝혀내고, 이에 따르는 적절한 조치를 취하여 주는 단계이다. 이 단계에서의 활동은 확인학습(형성평가)의 실시와 보충·심화학습활동이 중심이 된다.

지도단계의 수업이 어느 정도 경과한 후에는 개발원이 제공하는 유인학습문제를 이용하여 학생들의 학습 진전 상황을 확인(평가)한다. 평가의 결과는 학생들의 상호채점을 통하여 학생들이 즉석에서 확인할 수 있도록 한다. 그리고 대부분의 학생들이 많은 곤란을 당하고 있는 학습내용에 대하여는 일제지도를 실시한다.

여기에서 중요한 것은 학생들의 학습완성수준에 따르는 지도이다. 교사는 수업지침서에 제시된 바에 따라 학습완성 학생과 미완성 학생을 구분하고 완성 학생에 대하여는 배움책에 제시된 자료를 이용하여 심화학습을 실시하거나 미완성 학생들을 도움도록 하며, 미완성 학생들에게는 역시 배움책에 제시된 자료를 이용하여 보충학습을 실시토록 한다. 이 때 교사는 전반적 미완성의 수준을 보인 학생들을 집중적으로 개별지도를 하며, 이러한 지도만으로 해소되지 않는 학생들은 방과 후 시간 등을 이용하여 소집단 특별지도를 실시한다.

발전단계의 실시 시기는 과목에 따라 다르나 인지영역의 교과에서는 대략 4~6시간 정도에 1회 실시되는 것이 보통이다.

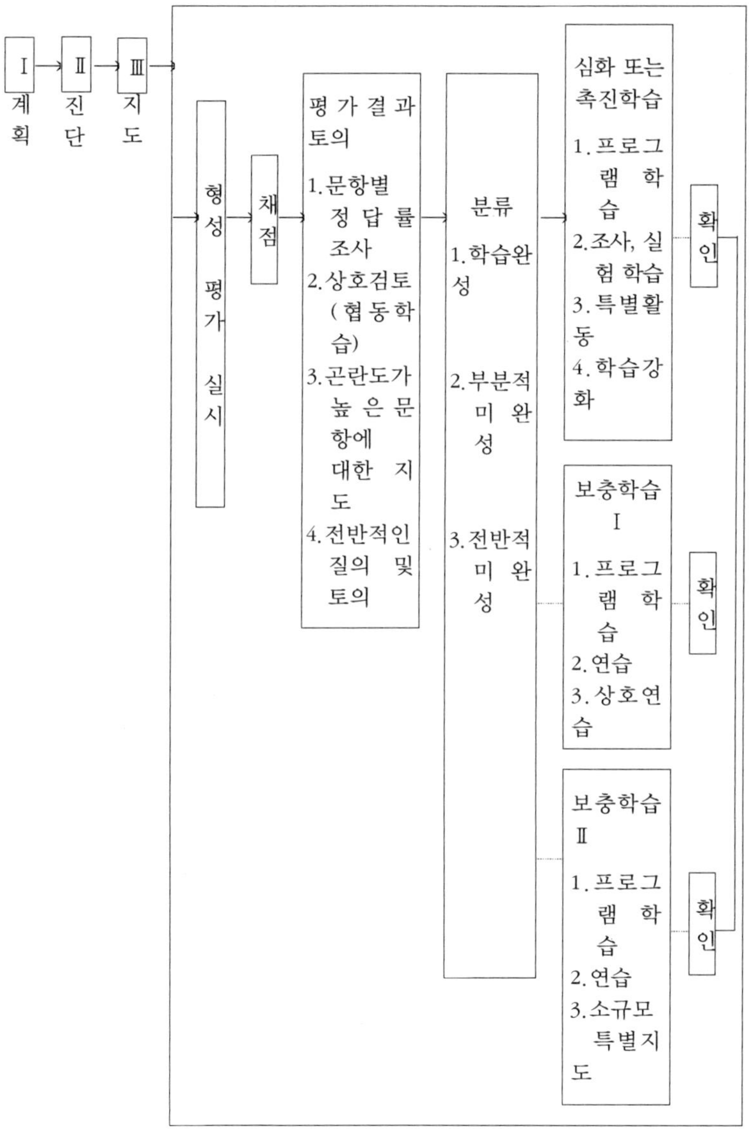
Ⅰ 계획
Ⅱ 진단
Ⅲ 지도
형성 평가 실시
채점
평가결과 토의
1. 문항별 정답률 조사
2. 상호검토 (협동학습)
3. 곤란도가 높은 문항에 대한 지도
4. 전반적인 질의 및 토의
분류
1. 학습완성
2. 부분적 미완성
3. 전반적 미완성
심화 또는 촉진학습
1. 프로그램 학습
2. 조사, 실험 학습
3. 특별활동
4. 학습강화
보충학습 Ⅰ
1. 프로그램 학습
2. 연습
3. 상호연습
보충학습 Ⅱ
1. 프로그램 학습
2. 연습
3. 소규모 특별지도
확인
확인
확인
Ⅴ 평가

<그림6-10>발전단계

#### (마) 평가단계

평가단계에서는 주어진 학습과제의 학습성과를 최종적·종합적으로 확인하기 위한 총괄평가가 실시된다. 총괄평가에서는 주요한 지적·정의적 및 지능적 수업목표가 얼마나 잘 달성되는가를 알아보며, 그 밖에도 교육과정에는 명시되지 않았으나 수업의 결과로 나타나는 여러 가지 비의도적 교육효과를 종합적으로 평가한다. (그림Ⅱ-6)

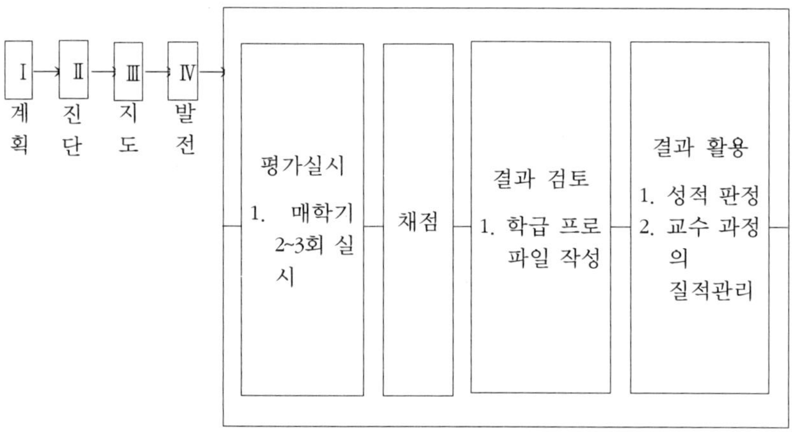


<그림6-11> 평가단계

총괄평가는 매 학습과제에 대한 수업이 끝난 다음에 실시할 수도 있겠으나, 평가에 소요되는 시간이 너무 많은 것을 피하기 위하여 한 학기에 2~3회 실시되도록 조정하고 있다. 교사는 평가의 결과에 따라 학과의 프로파일 작성하여 활용하며, 학생들의 성적 판정 교수과정 질적 관리에 활용하게 된다.

## 2. 국어과 교육과정에 제시된 교수학습 방법에 관한 일반 지침

### (1) 2007 국어과 교육과정에 제시된 '교수·학습 방법'에 관한 일반 지침

**가. 교수 · 학습 계획**

1) 교수·학습 계획을 수립할 때에는 학습자가 의미 있는 국어 학습 경험을 하여 창조적인 국어 능력이 향상되도록 다음 사항에 유의한다.

가) 학습 목표는 교육과정의 '3. 내용'에 제시되어 있는 학년별, 영역별 '담화(또는 글, 언어 자료, 작품)의 수준과 범위', '성취 기준'을 고려하여 설정하되, 듣기, 말하기, 읽기, 쓰기, 문법, 문학 영역이 유기적으로 연관되도록 한다.

나) 학습 내용은 듣기, 말하기, 읽기, 쓰기, 문법, 문학의 각 영역별 특성을 살려 학습 목표 달성에 적합하게 선정하되, 특히 영역별 내용 간의 관련성, 학년별 내용 간의 연계성을 고려한다.

다) 국어 수업을 통해 학습자의 국어 능력을 향상시키는 데 유용한 학습 경험을 제공하고, 이러한 학습 경험을 통해 학습자가 자기 주도적으로 국어 능력을 향상시킬 수 있도록 계획한다.

(1) 학습자가 정확하고 효과적인 국어 생활을 하기 위해 반드시 알아야 할 지식과 실제적인 국어 활동을 유기적으로 연관시킨다.

(2) 학습 과제의 성격, 과제 해결을 위한 기본 절차와 방법, 사전 지식의 활용, 학습 활동, 피드백 등을 세부적으로 계획한다.

⑶ 교육과정의 '3. 내용'에 제시된 학년별, 영역별 '담화(또는 글, 언어 자료, 작품)의 수준과 범위', '성취 기준'을 참고하여 다양한 교수·학습 자료를 개발한다.

⑷ 학습자가 담화 또는 글의 특성, 수용 및 생산 과정 등과 관련된 요소를 구체적으로 학습하여 국어 능력을 향상시킬 수 있도록 계획한다.

⑸ 학습자에게 제공되는 학습 경험은 난이도와 통합성을 고려하여 체계적으로 구성한다.

라) 학습자가 교수·학습 상황에 능동적으로 참여하여 담화 또는 글을 체계적으로 이해하는 활동과 자신의 사상과 정서를 창의적으로 표현하는 활동을 할 수 있는 학습 환경을 조성한다.

마) 국어 능력이 일상생활이나 다른 교과의 학습에도 중요함을 강조하여, 학습자가 국어 교수·학습에 대한 능동적인 태도를 가질 수 있도록 한다.

⑴ 교수·학습 과정에서 성취한 국어 능력을 학습자 스스로 일상생활이나 다른 교과의 학습에 적극 활용하도록 한다.

⑵ 의사소통을 통한 대인 관계의 형성, 체계적이고 능동적인 읽기의 필요성, 쓰기를 통한 자기 표현의 중요성, 정확하고 효율적인 국어 생활, 문학 작품을 통한 심미적·총체적 경험의 확충 등과 관련하여, 창조적인 국어 능력이 삶의 질을 높이는 데에 기여할 수 있음을 강조한다.

바) 교수·학습 자료를 개발할 때에는 다음 사항에 유의한다.

⑴ 교수·학습 자료는 학습 목표와 학습 과정을 중시하여 개발한다.

⑵ 교수·학습 자료는 다양하고 풍부한 담화(또는 글, 언어 자

료, 작품)를 활용하여 학습자의 경험을 확대하고, 국어 현상 및 국어 활동 양상에 대해 흥미를 유발할 수 있도록 개발한다.

2) 학습자의 학습 준비도나 '성취 기준' 도달 정도를 파악하고, 개인차를 해소하기 위한 교수 · 학습 방안을 계획한다.

가) 개인차를 해소하기 위한 방안은 학교의 실정, 학습자의 요구 등을 고려하여 계획하되, 수업 시간이나 방과 후 교육 활동 등을 활용하도록 한다.

나) 학습 과제는 개인차를 고려하여 다양한 방법으로 제공하되, 학습자의 학습 결손이 누적되지 않도록 유의한다.

(1) 학습 목표와 학습 과제를 선정할 때에는 학습자의 개별 특성을 고려한다.

(2) 개인차에 따른 학습 과제를 제공하는 시기는 학습자와 수업 상황에 따라 적절하게 조정한다.

다) 학습자의 개인차를 고려하여 다양한 교수 · 학습 자료를 개발한다.

(1) 학습자의 관심, 흥미, 선행 학습 경험, 학습 준비도, 학업 성취 수준 등을 고려하여 자료를 개발한다.

(2) 학습자가 스스로 자신의 능력이나 학습 단계를 점검할 수 있는 평가 자료를 개발한다.

(3) 다양한 매체를 활용하여 교수 · 학습 자료를 개발함으로써 학습의 효율을 높이고, 학습자의 특성에 따라 자료를 개별화한다.

3) 국어 활동의 총체성을 고려하여 영역 간, 영역 내의 학습 요소를 통합하여 지도하기 위한 교수·학습 방안을 계획한다.

가) 각 영역에서 해당 영역의 고유성이 반영되어 있는 학습 요

소와 통합이 가능한 학습 요소를 구분하여 지도하되, 학습의 효율성을 높일 수 있도록 한다.

(1) 국어 표현과 이해의 원리와 과정을 고려하여, 말하기와 쓰기를 통합하고, 듣기와 읽기를 통합한다.

(2) 국어 활동에서 사용되는 음성 언어와 문자 언어의 특성을 고려하여 듣기와 말하기, 읽기와 쓰기를 통합한다.

(3) 문법이나 문학과 관련된 담화 또는 글과 문학 작품을 읽거나 듣고 자신의 생각과 느낌을 표현하게 함으로써 문법 및 문학 영역과 듣기, 말하기, 읽기, 쓰기 영역을 통합한다.

나) 동일 영역의 내용 요소 중, 학습의 효율성을 높이는 데 적합한 요소를 통합하여 지도한다.

다) 매체 관련 내용 요소를 지도할 때에는 듣기, 말하기, 읽기, 쓰기, 문법, 문학 영역과의 통합을 고려하여 지도한다.

라) 여러 영역을 통합하여 지도하기 위해 자료를 개발할 때에는 교육 내용과 학습 상황에 맞게 다양한 방법을 모색하도록 한다.

(1) 주제를 중심으로 내용 요소를 유기적으로 통합하여 조직한다.

(2) 다양한 상황을 중심으로 관련되는 내용 요소를 통합하여 조직한다.

(3) 종합적인 사고가 요구되는 문제 상황을 제시하고 이를 해결하는 과정에서 필요한 내용 요소를 통합하여 조직한다.

(4) 다양한 담화 또는 글을 중심으로 내용 요소를 통합하여 조직한다.

**나. 교수 · 학습 운용**

1) 교육과정의 '3. 내용'의 학년별, 영역별 '담화(또는 글, 언어 자료, 작품)의 수준과 범위', '성취 기준', '내용 요소의 예'를 고려하여 교수·학습을 전개하도록 한다.

가) 학년별 '담화(또는 글, 언어 자료, 작품)의 수준과 범위', '성취 기준'을 고려하여 다양한 방법으로 교수·학습을 전개하되, 특히 다음 사항에 유의한다.

(1) 학습자가 능동적으로 교수·학습에 참여할 수 있도록 학습 목표와 학습 내용을 안내하고, 학습자의 수준에 적합한 과제를 제시하여 이를 창의적으로 해결하도록 한다.

(2) 내용 요소에 대한 체계적인 설명, 예시, 질문, 학습자의 연습, 자기 점검과 평가 과정을 유기적으로 관련지어 지도한다.

(3) 담화(또는 글, 언어 자료, 작품)에 대한 분석에만 치우치지 않도록 하여 학습자가 국어 활동의 양상을 총체적으로 이해하게 한다.

(4) 국어 활동에 대한 자기 점검 기회를 제공하여 바람직한 태도를 형성하게 한다.

나) 영역별 '담화(또는 글, 언어 자료, 작품)의 수준과 범위', '성취 기준'을 고려하여 교수·학습을 전개하되, 특히 다음 사항에 유의한다.

(1) 듣기 지도에서는 들은 내용의 정확성, 타당성, 효용성을 평가하고, 화자의 관점과 의도를 파악하는 활동, 화자의 의견을 비판하는 활동을 강조한다.

(2) 말하기 지도에서는 말하기의 목적, 맥락, 청자 등을 고려하며 다양한 말하기 상황에 적극적으로 참여하는 활동과 협력적인 태도로 문제를 해결하는 활동을 강조한다.

(3) 읽기 지도에서는 글쓴이의 목적, 글의 형식과 특성, 독자의 관점 등에 유의하여 능동적으로 의미를 형성하는 학습 활동을 강조한다. 특히 읽은 글에 대하여 각자의 의견을 교환하는 토의 학습 활동을 강조한다.

(4) 쓰기 지도에서는 글쓰기의 목적과 독자를 고려하여 실제로 글을 쓰는 학습 활동을 강조한다. 특히 쓰기 상황과 조건을 분명하게 제시하여 글을 쓰게 하고, 쓴 글에 대한 자기 평가와 상호 평가 활동을 강조한다.

(5) 문법 지도에서는 국어 현상을 탐구하여 문법 지식을 생성하는 경험을 강조하되, 학습한 내용이 바람직한 국어 생활에 활용될 수 있도록 한다.

(6) 문학 지도에서는 개별 작품을 학습자의 삶과 관련지어 봄으로써 심미적 상상력과 건전한 심성을 계발하고 바람직한 인생관과 세계관 형성을 돕는 학습 활동을 강조한다. 아울러 개작, 모작, 생활 정서의 표현 등 작품의 심층적 감상을 돕는 학습 활동을 강조한다.

다) 학습 목표와 내용을 고려하여 직접 교수법, 문제 해결 학습법, 창의성 계발 학습법, 반응 중심 학습법, 탐구 학습법, 현장 학습법, 개별화 학습법, ICT 활용 학습법, 가치탐구 학습법, 토의·토론식 교수법, 협동 학습법 등 다양한 교수·학습 방법을 활용하되, 특히 다음 사항에 유의한다.

(1) 교사와 학습자, 학습자와 학습자 간의 적극적인 상호 작용을 강조하여 학습의 효율성을 도모한다.

(2) 학습자의 창의적인 국어 활동을 권장하고, 학습자의 다양한 반응을 적극적으로 수용한다.

(3) 다른 사람의 의견을 성실하게 듣고 자신의 의견을 명확하게 표현하는 학습 활동을 강조한다.

(4) 학습 과정에 능동적으로 참여하여 비판적이고 창의적으로 사고할 수 있는 학습 경험을 제공한다.

(5) 학습자가 학습 과정과 결과에 대해 스스로 점검하여 부족한 점을 개선할 수 있도록 한다.

2) 개인차를 고려한 교수·학습을 효율적으로 운용하기 위해서는 다음 사항에 유의한다.

가) 수업 시간 중에 학습자의 반응에 따른 적절한 피드백을 제공하여 학습 목표에 도달할 수 있도록 한다.

나) 개인차를 고려하여 학습자가 공통적인 학습 과제 이외에 자신에게 적합한 과제를 선택하도록 한다.

다) 학습자가 자율적으로 자신의 능력을 파악하고 보충 또는 심화할 수 있는 학습 과제를 적절히 제시함으로써 학습 효과를 증대시키도록 한다.

라) 차시 수업의 학습 목표와 관련된 학습 과제를 적절히 제시함으로써 선수 학습 정도에 따른 개인차를 줄여 수업의 효율성을 높이도록 한다.

마) 학습 목표를 효과적으로 달성하기 위해 개인차를 고려한 소집단을 구성하여 교수·학습을 전개하도록 한다.

3) 영역 간, 영역 내의 학습 요소를 통합하여 지도할 때에는 다음 사항에 유의한다.

가) 둘 이상의 영역을 통합하여 지도할 때에는 학습자의 학습

활동이 특정 영역에 치우치지 않도록 한다.

나) 영역 간의 공통점과 차이점을 고려하여 통합적 교수・학습의 효율성을 높인다.

다) 학습자가 한 영역에서 학습한 내용을 다른 영역에 적용하는 과정을 충분히 이해하고 수행하도록 지도한다.

라) 학습 요소의 통합 취지에 알맞은 방법으로 교수・학습을 전개한다.

### (2) 2011 국어과 교육과정에 제시된 '교수·학습 방법' 에 관한 일반 지침

#### 가. 교수 · 학습 계획

(1) 교사가 교수・학습 계획을 수립할 때에는 의미 있는 국어 학습 경험을 통해 학습자의 창의적인 국어 능력이 향상되도록 다음 사항에 유의한다.

(가) 학습 목표는 교육과정의 '4. 내용'에 제시되어 있는 학년군별, 영역별 '성취 기준'과 '국어 자료의 예'를 고려하여 설정하되, '듣기・말하기', '읽기', '쓰기', '문법', '문학' 영역이 유기적으로 연관되도록 한다.

(나) 학습 내용은 '듣기・말하기', '읽기', '쓰기', '문법', '문학'의 각 영역별 특성을 살려 학습 목표 달성에 적합하게 선정하되, 영역 간 내용의 횡적 연계성, 학년군별 내용의 종적 연계성을 통합적으로 고려한다.

(다) 학습자의 국어 능력을 향상시키는 데 유용한 학습 경험을

제공하여 자기 주도적으로 국어 능력을 향상시킬 수 있도록 계획한다.

① 학습자가 정확하고 효과적인 국어 생활을 하기 위해 반드시 알아야 할 지식과 실제적인 국어 활동을 유기적으로 연관시킨다.

② 학습 과제의 성격, 과제 해결을 위한 기본 절차와 방법, 배경 지식의 활용, 학습 자료, 집단 구성, 피드백 등을 세부적으로 계획한다.

③ 교육과정의 '4. 내용'에 제시된 학년군별, 영역별 '성취 기준'과 '국어 자료의 예'를 참고하여 다양한 교수·학습 자료를 개발한다.

④ 학습자에게 제공할 학습 경험은 학습의 계열성과 통합성을 고려하여 체계적으로 구성한다.

(라) 학습자가 교수·학습 상황에 능동적으로 참여하여 담화와 글을 체계적으로 이해하는 활동과 자신의 사상과 정서를 창의적으로 표현하는 활동을 할 수 있는 학습 환경을 조성한다.

(마) 국어 능력이 일상생활이나 다른 교과의 학습에 기초가 됨을 강조하여 학습자가 국어 교수·학습에 대한 능동적인 태도를 가질 수 있도록 한다.

① 교수·학습 과정에서 성취한 국어 능력을 학습자 스스로 일상생활이나 다른 교과의 학습에 적극적으로 활용하도록 한다.

② 창의적인 국어 능력이 삶의 질을 높이는 데에 기여할 수 있음을 강조한다.

(2) 학습자의 학습 준비도나 성취 기준 도달 정도를 파악하고, 개인차를 해소하기 위한 교수·학습 방안을 계획한다.

(가) 개인차를 해소하기 위한 방안은 학교의 실정, 학습자의 요구 등을 고려하여 계획하되, 수업 시간이나 방과 후 교육 활동 등을 활용하도록 한다.

(나) 학습 과제는 개인차를 고려하여 다양한 방법으로 제공하되, 학습자의 학습 결손이 누적되지 않도록 유의한다.

① 학습 목표와 학습 과제를 선정할 때에는 학습자의 개별 특성을 고려한다.

② 개인차에 따른 학습 과제를 제공하는 시기는 학습자와 교수·학습 상황에 따라 적절하게 조정한다.

(다) 학습자의 개인차를 고려하여 다양한 교수 · 학습 자료와 평가 자료를 개발한다.

① 학습자의 관심, 흥미, 선수 학습 경험, 학습 준비도, 학업 성취 수준 등을 고려하여 자료를 개발한다.

② 학습자가 스스로 자신의 능력이나 학습 단계를 점검할 수 있도록 자료를 개발한다.

③ 다양한 매체를 활용하여 자료를 개발하여 학습의 효율을 높이고 학습자의 특성에 따라 자료를 개별화한다.

(3) 국어 활동의 총체성을 고려하여 영역 간, 영역 내의 학습 요소를 통합하여 지도하기 위한 교수·학습 방안을 계획한다.

(가) 각 영역에서 해당 영역의 고유성이 반영되어 있는 학습 요소와 통합이 가능한 학습 요소를 구분하여 지도하되, 학습의 효율성을 높일 수 있도록 한다.

(나) 영역 간, 영역 내 내용 요소 중, 학습의 효율성을 높이는 데 적합한 요소를 통합하여 지도한다.

(다) 매체 관련 내용 요소를 지도할 때에는 '듣기 · 말하기', '읽기', '쓰기', '문법', '문학' 영역과의 통합을 고려하여 지도한다.

(라) 여러 영역을 통합하여 지도하기 위해 자료를 개발할 때에는 교육 내용과 학습 상황에 맞게 다양한 방법을 모색하도록 한다.

① 학습 주제를 중심으로 내용 요소를 유기적으로 통합하여 조직한다.

② 다양한 상황을 중심으로 관련되는 내용 요소를 통합하여 조직한다.

③ 종합적인 사고가 요구되는 문제 상황을 제시하고 이를 해결하는 과정에서 필요한 내용 요소를 통합하여 조직한다.

④ 다양한 담화와 글을 중심으로 내용 요소를 통합하여 조직한다.

**나. 교수 · 학습 운용**

(1) 교육과정의 '4. 내용'의 학년군별, 영역별 '성취 기준'과 '국어 자료의 예'를 고려하여 교수 · 학습을 전개한다.

(가) '학년군 성취 기준', '영역 성취 기준', '내용 성취 기준', '국어 자료의 예'를 고려하여 다양한 방법으로 교수 · 학습을 전개하되, 특히 다음 사항에 유의한다.

① 학습자가 능동적으로 교수 · 학습에 참여할 수 있도록 학습 목표와 학습 내용을 안내하고, 학습자의 수준에 적합한 과제를 제시하여 이를 창의적으로 해결하도록 한다.

② 학습 과제 해결의 책임을 교사에서 학생으로 점진적으로 이양하도록 계획한다.

③ 내용 요소에 대한 체계적인 설명, 예시, 질문, 학습자의 연

습, 자기 점검과 평가 과정을 유기적으로 관련지어 지도한다.

④ 담화나 글에 대한 분석에만 치우치지 않도록 하여 학습자가 국어 활동의 양상을 총체적으로 이해하게 한다.

⑤ 국어 활동에 대한 자기 점검 기회를 제공하여 바람직한 태도를 형성하게 한다.

(나) 영역별 '영역 성취 기준'과 '내용 성취 기준'을 고려하여 교수·학습을 전개하되, 특히 다음 사항에 유의한다.

① '듣기·말하기' 지도에서는 음성 언어의 상호 작용 특성을 살려, 듣기·말하기의 다양한 목적과 맥락을 반영한 활동을 하도록 한다. 특히 다양한 듣기·말하기 상황에 적극적으로 참여하고 점검·조정하는 활동과 긍정적이고 협력적인 태도로 문제를 해결하는 활동을 강조한다.

② '읽기' 지도에서는 글쓴이의 목적, 글의 형식과 특성, 독자의 관점 등에 유의하여 능동적으로 의미를 구성하며 글을 읽는 학습 활동을 강조한다. 특히 읽은 글을 바탕으로 발표하거나, 의견을 교환하거나, 글로 표현하는 통합 활동을 강조한다.

③ '쓰기' 지도에서는 글쓰기의 목적, 독자, 주제 등을 고려하여 실제로 글을 쓰는 활동을 강조한다. 특히 쓰기의 목적에 따라 적절한 매체를 선택하여 글을 쓸 수 있도록 쓰기의 상황과 조건을 분명하게 제시하여 글을 쓰게 한다. 글을 쓰는 과정에서 협의 활동을 강조하고, 다 쓴 글에 대해 상호 평가와 자기 평가 활동을 강조한다.

④ '문법' 지도에서는 문법 교육 내용이 위계적으로 반복·심화될 수 있도록 지도하되, 다양한 국어 현상을 원리 중심으로 탐구하여 언어 지식을 생성하는 경험을 강조하고, 학습한 내용이 바람직한

국어 생활에 활용될 수 있도록 한다. 문법은 특정 문법 단원에서만 지도할 것이 아니라 매 단원에서 새로 등장하는 단어의 뜻과 문장의 어법을 익힐 때나 연습 문제 활동을 통하여 이전에 배운 문법과 규범에 관련된 사항을 환기시켜 지속적으로 지도한다.

⑤ '문학' 지도에서는 개별 작품을 학습자의 삶과 관련지어 봄으로써 심미적 상상력과 건전한 심성을 계발하고 바람직한 인생관과 세계관 형성을 돕는 학습 활동을 강조한다. 학습자의 능동적인 작품 수용을 강조할 뿐만 아니라 일상생활에서의 정서 표현, 작품 창작 등 다양한 생산 활동을 돕는 학습 활동을 강조한다.

(다) '국어 자료'를 다룰 때는 기본적으로 어휘와 어법에 유의하여 지도한다. 어휘와 어법은 '듣기·말하기', '읽기', '쓰기', '문법', '문학' 영역의 매 단원에서 새로 등장하는 단어의 발음, 뜻, 표기를 정확히 알고 어법에 맞게 사용하는 것을 생활화하도록 지도한다.

(라) 학습 목표와 내용을 고려하여 직접 교수법, 문제 해결 학습법, 창의성 계발 학습법, 반응 중심 학습법, 탐구 학습법, 토의·토론 학습법, 협동 학습법 등 다양한 교수 · 학습 방법을 활용하되, 특히 다음 사항에 유의한다.

① 교사와 학습자, 학습자와 학습자 간의 적극적인 상호 작용을 강조하여 학습의 효율성을 도모한다.

② 학습자의 창의적인 국어 활동을 권장하고, 학습자의 다양한 반응을 적극적으로 수용한다.

③ 다른 사람의 의견을 성실하게 듣고 자신의 의견을 명확하게 표현하는 학습 활동을 강조한다.

④ 학습 과정에 능동적으로 참여하여 비판적이고 창의적으로 사

고할 수 있는 학습 경험을 제공한다.

⑤ 학습자가 학습 과정과 결과에 대해 스스로 점검하여 부족한 점을 개선할 수 있도록 한다.

(2) 개인차를 고려한 교수·학습을 효율적으로 운용하기 위해서는 다음 사항에 유의한다.

(가) 수업 시간 중에 학습자의 반응에 따른 적절한 피드백을 제공하여 학습 목표에 도달할 수 있도록 한다.

(나) 학습자가 자율적으로 자신의 능력을 파악하고 보충 또는 심화할 수 있는 학습 과제를 적절히 제시함으로써 학습 효과를 증대시키도록 한다.

(다) 차시 수업의 학습 목표와 관련된 학습 과제를 적절히 제시함으로써 선수 학습 정도에 따른 개인차를 줄여 수업의 효율성을 높이도록 한다.

(라) 학습 목표를 효과적으로 달성하기 위해 개인차를 고려한 소집단을 구성하여 교수·학습을 전개하도록 한다.

(3) 영역 간, 영역 내의 학습 요소를 통합하여 지도할 때에는 다음 사항에 유의한다.

(가) 둘 이상의 영역을 통합하여 지도할 때에는 학습자의 학습 활동이 특정 영역에 치우치지 않도록 한다.

(나) 영역 간의 공통점과 차이점을 고려하여 통합적 교수·학습의 효율성을 높인다.

(다) 학습자가 한 영역에서 학습한 내용을 다른 영역에 적용하는 과정을 충분히 이해하고 수행하도록 지도한다.

(라) 학습 요소의 통합 취지에 알맞은 방법으로 교수・학습을 전개한다.

(4) 수업의 개선을 위해 교수·학습을 점검할 때에는 다음 사항에 유의한다.

(가) 학습 목표와 내용에 맞게 수업을 창의적으로 계획하고 실행하였는지 점검한다.

(나) 학습자의 수준과 조건, 학습 상황 등을 고려하여 교수·학습 과정을 전개하였는지 스스로 점검하고, 이를 수업 개선에 활용한다.

(다) 학습자의 평가 결과를 바탕으로 교수·학습 내용, 교수·학습 방법, 교수·학습 자료 등을 개선하고자 하였는지 점검한다.

# 제 7 장

# 국어과 교육과정과 평가

1. 국어교육 평가의 질 관리 방안
2. 국어과 교사의 학생 평가 전문성 일반 기준
3. 국어과 교육과정에 제시된 평가에 관한 일반 지침

# 제7장 국어과 교육과정과 평가

## 1. 국어교육 평가의 질 관리 방안

학교교육 현장에서 이루어지고 있는 국어교육평가는 국어교육의 질 향상에 기여하고 있지 못할 뿐만 아니라 국어교육의 본질마저도 크게 훼손하고 있다. 국어교육평가의 방법 면에서 평가의 객관성과 공정을 빌미로 하여 선택형 위주의 문제가 주류를 이루어 왔으며, 국어교육평가의 내용 면에서 단선적인 지식과 기능 중심의 평가에 치우쳐 창의적 사고력과 문제 해결력 등 고등정신 기능을 효과적으로 평가하지 못하였기 때문에 결과적으로 국어과 교육과정의 파행적 운영을 초래하여 왔기 때문이다. 학교 현장에서의 국어과 시험은 교과서 내용을 중심으로 정답과 오답의 이분법적 사고를 고착시키는 문항 위주로 출제되고, 그 시험에서의 정답수가 학생들의 국어과 성적으로 기록되어 상급학교로의 진학을 위한 주된 정보로 활용되고 있다.

학교교육 현장에서 이루어지는 국어교육은 다른 교과의 교육 활동과 마찬가지로 국어과 수업에 대한 계획과 실제적인 수업과 수업에 대한 평가의 세 단계로 이루어진다. 국어과 수업의 계획 단계에서 국어과 교사가 해야 할 주요 활동에는 학생들의 문화적 배경, 흥미, 특기와 적성, 선행 학습의 정도에 대한 파악, 학생들의 동기와 학습 내용에 관한 흥미 이해, 학생들에게 기대하는 성취 수준의 명료화, 개별 지도와 집단 지도를 위한 계획 등이 있다.

국어과 수업의 실제 단계에서 국어과 교사가 해야 할 주요 활동에는 수업 목표와 관련한  학생들의 진보 상황 점검, 학습 과정에서 학생들이 경험하는 성취와 어려움의 정도 확인, 수업 수준의 조절, 칭찬과 피드백 실시, 학생들의 학습 점검, 수업 목표 달성 수준 판단 등이 있다.

국어과 수업의 평가 단계에서 국어과 교사가 해야 할 주요 활동에는 수업목표 달성 정도 확인, 학생 및 학부모와 평가 결과에 대한 의사소통, 평가 결과의 보고 및 기록, 평가 결과의 차시 수업 계획에의 반영, 수업의 효율성 평가, 수업 자료의 효율성 평가 등이 있다.

학교교육의 현장에서 이루어지는 국어교육의 성패를 결정짓는 가장 중요한 요인은 물론 국어과 수업의 실제 단계이다. 그러나 국어과 수업의 질적 개선을 위하여 수업의 실제 단계 못지않게 중요한 단계가 국어과 수업의 평가 단계라고 할 수 있다. 왜냐하면 국어과 수업에 대한 계획과 실제 단계의 성패 여부를 판단하는 단계가 수업 평가 단계이기 때문이다. 국어과 수업 계획이 아무리 정교하게 수립되고, 실제의 국어과 수업이 훌륭하게 이루어졌다고 해도 국어과 수업에 대한 평가가 잘못되어 수업 계획과 수업 실시에 심각한 문제가 있는 것으로 나왔다면 더 나은 국어과 수업으로의 발전을 기대할 수 없기 때문이다.

학교교육 현장에서 이루어지는 국어교육평가는 국어과 수업의 과정에서 정규적으로 이루어지는 공식 평가와 수업 과정 중에 비정규적이면서 학생과의 상호작용 과정으로 이루어지는 비공식 평가로 나누어진다. 중간고사나 기말고사와 같이 정규적인 고사의 형태로 이루어지는 평가 활동은 공식 평가에 해당하고 수업 시간 중에 수업과 융합되어 수업 과정의 하나로 이루어지는 평가 활동은 비공식 평가에 해당한다. 다음에서는 국어교육 평가의 질 관리에 관한 박영목(2005b)의 연구를 바탕으로 하여 국어교육 평가의 질 관리 방안을 정리하여 제시해 보고자 한다.

### (1) 국어교육평가의 구성 요인

국어교육평가는 국어과 학습을 돕는 방향으로 이루어져야 한다. 국어과 교사는 국어과 수업을 진행하면서 수업 목표의 도달 정도에 관하여 학생을 끊임없이 평가하고 이러한 평가 정보에 기초하여 자신의 수업을 조정해 나가야 한다. 이러한 과정에서 국어과 교사는 학생들이 무엇을 알고 있고 무엇을 할 수 있는지를 단순히 기록하는 데 그치는 것이 아니라 효과적인 피드백을 통해 학생들의 국어과 학습에 직접적인 영향을 주는 활동을 해 나가야 한다.

국어과 수업의 질적 개선을 위주로 한 국어교육평가를 위하여 국어과교사는 다원성, 동시성, 즉시성, 예측불가성, 시간성의 원칙을 중시할 필요가 있다. 국어과교사는 많은 학생들을 동시에 상대하기 때문에 다양한 흥미와 능력을 갖고 있는 학생들 각각에 대해 달리 대응해야 한다. 국어과 교실에서는 다양한 활동이 동시에 일어나므로 국어과 교사는 몇 가지의 활동들을 동시에 관찰하고 대응할 수 있어야 한다. 그리고 국어과 교실에서 일어나는 활동은 순간적이고 즉시적인 것이 많기 때문에 국어과 교사는 학생들의 즉시적인 활동에 대하여 학생들의 학습을 돕는 방향으로 즉각적으로 판단하여 대응해야 한다. 또한, 국어과 교실에서 일어나는 사건들은 때로 전혀 예측할 수 없는 경우가 많으므로 국어과 교사는 예측불가능한 사건들을 평가하고 처리할 수 있어야 한다. 국어과 교사는 수업의 효과가 어느 정도의 시간이 지난 다음에야 학생들의 행동에 점진적으로 반영되어 나타난다는 사실을 명심할 필요가 있다.

국어교육평가는 학생들의 국어과 학습 수준을 정확히 드러내고 이의 개선과 향상에 도움을 줄 수 있는 것이어야 한다. 국어과 교사가 높은 수준의 국어교육평가를 실시하는 데 필요한 국어교육평가의 구성 요인은 다음 두 가지의 전제하에서 모색되고 탐색될 필요가 있다. 첫째, 국어교육평가가 단순히 학생의 국어과 학업 수준을 평가하는 데 그치지 않고 국어과 학습을 도와주어야 한다는 것이다. 전통적인 의미에서 평가는 학생의 학업 성취 수준을 수치로 측정하여 나타내는 것이라고 생각해왔다. 그러나 평가의 본래의 목적은 수업에 송환되어 수업의 개선에 도움을 줄 수 있어야 한다는 것이다. 둘째, 국어과 수업과 국어교육평가는 별개의 것이 아니라는 것이다. 즉 평가와 수업은 분리될 수 없이 융합되어 수업이 곧 평가라는 것이다. 평가와 수업을 분리해서 보는 관점은 평가를 중간고사나 기말고사와 같이 정규 고사에 비중을 두는 입장이다. 수업과 평가를 동일하게 보는 관점은 평가가 수업 과정 그 자체

속에서 수업과 상호 작용하면서 끊임없이 이루어져야 한다는 관점으로 국어과 교사의 평가 전문성에 따라 국어과 수업의 성패가 크게 좌우될 수 있다.

국어교육평가의 질적 개선을 위하여 국어과 교사는 평가에 대한 전문성과 함께 수업에 대한 전문성을 갖추어야 한다. 이를 위하여 국어과 교사는 교수학습의과정에서 학생의 학습 참여 유도와 격려, 효과적인 학습 환경 조성과 유지, 학습 주제의 파악과 조직화, 교수 계획과 학습 경험 설계, 학습 평가 등 다섯 측면에 걸쳐 전문적인 지식과 식견을 ㄱㅈ출 필요가 있다.

국어과 교사는 학생의 학습 참여 유도와 격려를 위하여 학생들의 선험 지식, 생활 경험, 흥미를 학습 목표와 연계할 수 있어야 하며, 학생의 다양한 요구에 맞추어 다양한 강의 전략과 자료를 활용할 수 있어야 한다. 그리고 자기 주도적, 반성적 학습을 장려하고, 단독, 협력과 선택을 고무하는 학습 경험을 촉진할 수 있어야 한다. 또한 국어과 교사는 주제와 관련한 문제 해결과 비판적 사고를 비롯한 다양한 활동에 학생의 적극적인 참여를 유도할 수 있어야 한다.

국어과 교사는 효과적인 학습 환경 조성과 유지를 위하여 전체 학생이 참여할 수 있는 물리적 환경을 조성하고, 공정성과 자존심을 느낄 수 있는 국어과 수업 환경을 조성할 수 있어야 한다. 그리고 국어과  교수학습 시간을 효과적으로 이용하고, 사회 발전과 문화 발전에 대한 학생들의 책임 의식을 고취할 수 있어야 한다. 또한, 국어과 교사는 학습을 도와주는 학급 활동을 계획하고 실천할 수 있어야 하며, 국어과교실 내에서의 바람직한 학생 행동에 대한 기준을 설정하고 유지할 수 있어야 한다.

국어과 교사는 학습 주제의 파악과 조직화를 위하여 학습 주제의 내용과 그 내용에 대한 학생 발달에 대한 지식을 갖추어야 한다. 국어과교사는 학생들의 학습 주제 이해를 돕는 교육 과정을 조직할 수 있어야 하며, 학생들이 학습 주제에 활용할 수 있는 자료와 자원, 기술 등을 효과적으로 이용할 수 있어야 한다. 그리고 주제 내 및 주제 간 아이디어와 정보를  상호 연결 지을 수 있어야 하며, 주제에 적합한 교수 전략의 활용으로 학생의 이해를 증진할 수 있어야 한다.

국어과교사는 교수 계획과 학습 경험 설계를 위하여 학생들의 배경, 흥미, 발달 단계의 학습 요구에 기반을 둔 교수학습 설계를 할 수 있어야 한다. 그리고 학습을 위한 목표 설정과 실행을 할 수 있어야 하고, 학생의 수요에 맞도록 교수 계획을 수정할 수 있어야 한다. 또한 국어과교사는 학습을 위한 교수 활동과 자료를 개발하고 활용할 수 있어야 하며, 국어과 교수학습의 질적 개선을 위한 장단기 계획을 설계할 수 있어야 한다.

국어과 교사는 학습평가를 위하여 학생들의 학습 목표 및 평가 목표를 설정하고 그 목표에 대한 의사소통을 할 수 있어야 한다. 그리고 자기 학력 평가 방향으로 학생 유도하고 지도함과 아울러 학습 평가를 위한 다양한 자료를 수집하고 활용할 수 있어야 한다. 또한, 국어과교사는 국어교육평가 결과를 국어과 교수 활동에 활용하고, 학생, 학부모, 다른 수요자와 학생의 진전 상황에 대하여 적절한 의사소통을 할 수 있어야 한다.

국어교육평가의 본질적 기능은 국어과  교육을 받는 집단 또는 학생 개개인의 학습과 성취를 평가하여 그 평가 정보를 학생, 교사, 학부모 등 관련 대상자들에게 제공함으로써 그들의 교육적 노력 및 의사결정을 도와주는 데 있다고 할 수 있다. 따라서 교사의 학생 평가 전문성은 '학생 개개인의 학습과 성취에 관한 평가정보를 수집하고 이를 활용할 수 있는 능력'이라고 정의할 수 있다.

국어교육평가를 구성하는 요인에는 국어과 교사에게 요구되는 평가 관련 전문적인 역할과 책임, 평가정보의 유형과 특징 등을 고려해 추출해 볼 수 있다. 국어과 교사의 평가전문성 능력 요인은 평가와 관련된 지식과 기술, 즉 적절한 평가방법을 선택하고, 평가방법을 개발하여 적용 · 실시하며, 결과에 의미를 부여하고, 결과에 대해 학생과 학부모 및 교육 관련인사들과 의사소통하고, 평가결과의 활용에 대해 윤리적 책임을 질 수 있는 능력을 내면화하고 있어야 한다는 점을 강조하면서 구체화되어야 할 것이다. 국어과 교사의 학생 평가 전문성은 다음과 같은 일반적인 능력요인로 구분해 볼 수 있다. 이런 능력 요인들은 국어과 교사의 교육관과 학생관, 평가관 그리고 국어과 교사가 지닌 교수학습, 교육과정, 교과내용, 교육평가이론 관련 지식을 기반으로 습득 및 발휘될 수 있을 것이다.

국어과 교사가 평가 전문성을 가지기 위해서는 평가 능력과 함께 그와 관련되는 배경 지식을 필요로 한다. 국어과 교사는 국어교육평가와 관련되는 배경지식과 학교 현장에서 스스로 도구를 개발하고 평가를 실시하여 그 결과를 활용할 수 있는 국어교육평가 능력을 함께 구비할 필요가 있다. 국어교육평가를 구성하는 요인은 바로 국어과 교사가 지녀야 할 평가 전문성 요인과도 밀접한 연관을 맺게 된다. 다음에서는 국어교육평가의 구성 요인을 내용 요인과 수행 요인으로 구분하여 탐색해보기로 한다.

(가) 내용 요인

국어교육평가를 구성하는 내용 요인으로 가장 중요한 것은 국어과 교육과정에 관한 지식, 국어과 교수학습에 관한 지식, 국어과 교육평가에 관한 지식, 국어 교과의 특성에 대한 지식 등을 들 수 있다. 다음에서는 이들 각 요인에 대하여 구체적으로 살펴보고자 한다.

국어교육평가의 질적 개선을 위하여 국어과교사는 국어과 교육과정에 대한 지식을 충실하게 갖추고 있어야 한다. 교육 과정은 기르고자 하는 인간을 기르기 위해 학교 교육에서 경험하여야 할 내용을 선정하여 조직해 놓은 것이다. 따라서 교육과정에 대한 이해가 없이는 무엇을 배워야 하는지 왜 그것을 배워야 하는지를 알 수 없어 목표를 잃고 표류하는 배와 같은 상황에 빠질 수 있는 것이다. 그러므로 교사는 교육과정에서 길러야 할 인간은 어떤 능력을 지닌 사람인지 그러한 사람을 기르기 위해서는 어떤 내용을 어떻게 제공해야 하는지를 반드시 알 필요가 있는 것이다. 교육과정을 보면 이 교육과정을 바탕으로 교육을 받은 후 피교육자에게 닥칠 미래 전망, 제시된 추구하는 인간상, 교육과정의 구성 방침, 교육목표, 그 교육목표를 도달하기 위해 설정된 교과 편제와 배당시간, 각 교과의 목표와 내용, 교수학습 방법, 평가 등을 구체적으로 제시하고 있다.

국어교육평가의 질적 개선을 위하여 국어과교사는 국어과 교수학습에 관한 지식을 충실히 갖추고 있어야 한다. 국어과 교육과정에 제시된 내용을 효과적으로 지도하려면 그에 필요한 교수 학습에 관한 지식이 갖추어져 있어야 하기 때문이다 학생들에게 제시하는 내용은 국어과 내에서도 영역에 따라 매우 다양하기 때문에 교과 내용에 따라 효율적인 학습이 일어날 수 있게 하는 전략도 각기 다를 수 있다. 이렇게 다양한 방안 중 가장 적절하다고 판단되는 것을 선정하는 일은 교사가 결정하여야 한다. 그러므로 교사는 마땅히 국어과 교수 학습에 관한 지식을 배경지식으로 필수적으로 갖추고 있어야 하는 것이다. 또한 국어과 교사에게는 국어과 교육의 내용을 학습할 학생에 대한 이해도 필수적인 사항이 된다. 같은 학급에 같은 나이의 학생이 앉아 있다고 해도 그 학생들은 저마다 그들이 처해 있는 물리적 환경, 취미, 흥미, 관심, 소질, 지적 수준, 학습 준비도 등이 다르기 때문에 그 학생의 여러 가지 특성에 대한 깊은 이해가 없이는 학생의 필요에 부응하는 수업을 하기 어렵다. 따라서 학생 특성에 관한 이해도 필연적인 것이라 할 수 있다.

국어교육평가의 질적 개선을 위하여 국어과교사는 국어교육평가에 관한 지식을 충실히 갖추고 있어야 한다. 국어교육평가를 실시하고 소기의 목적을 성취할 수 있으려면 그에 필요한 지식을 지니고 있어야 하기 때문이다. 국어과 교수 학습 과정에서나 교수 학습이 끝난 후 학생이 가지고 있는 능력과 학습 수준을 있는 그대로 바로 파악하기 위해서 국어과교사는 국어교육평가의 유형과 방법애 대한지식은 물론 국어교육평가 도구의 배발 방법과 함께 국어교육평가의 실시. 분석, 결과 활용 등에 대한 지식을 충실히 갖추어야 한다.

국어교육평가의 질적 개선을 위하여 국어과교사는 국어 교과의 특성에대한 지식을 충실히 갖추고 있어야 한다. 학교에서 이루어지는 수업은 교과별로 구분되어 있다. 다시 말하면 교육과정에서 의도하고 있는 교육 목표를 교과 수업을 통해 도달시키려 하고 있는 것이다. 따라서 교실에서 행해지는 가장 중요한 활동은 교과수업이 된다. 교과는 학문적 바탕위에서 성립된 것이지만 배경 학문과 동일한 것은 아니다. 교과 내용은 배경 학문의 핵심 개념을 학생의 지적 수준을 고려하여 학습 가능하다고 판단되는 것만을 선정해 새로운 체계로 구성 제시한 것이다. 따라서 국어 교과를 담당한 교사는 국어 교과의 배경 학문에 대한 이해뿐만 아니라 국어과 교육과정에서 제시하고 있는 내용에 대한 깊은 이해가 무엇보다 필요하다고 할 수 있다.

#### (나) 수행 요인

국어교육 현장에서의 평가 수행과 관련되는 요인으로 평가 계획 및 준비, 평가 시행, 평가 결과 분석 및 해석, 평가 결과 보고 및 활용 등을 들 수 있다. 다음에서는 국어교육평가의 구성 요인을 이들 수행 요인 측면에서 탐색해 보기로 한다.

국어교육평가의 질적 개선을 위하여 국어과교사는 국어교육평가 계획 및 준비 능력을 갖추고 있어야 한다. 국어교육평가를 시행하기 위해서는 계획을 하고 그에 따른 준비가 필요하다. 어떤 내용에 대한 평가인지에 따라 동원하는 평가의 방법도 다르고 도구도 달라질 수 있으며 평가를 시행하는 방법도 달라질 수 있다. 또, 평가 결과를 어떤 목적으로 활용할 것인지에 따라서도 평가의 양상이 달라질 수 있다. 여기서 놓쳐서는 안 될 중요한 점은 어떤 내용을 어떤 목적에서 평가하고, 어떤 도구를 동원하고 평가자는 누구로 할 것인지 그리고 평가를 통해 얻은 결과를 어떻게 활용할 것인지는 교사가 결정한다는 사실이다. 자기가 담당하고 있는 교과 지도에 대한 평가의 권한과 책임은 교사 자신에게 있는 것이다. 따라서 학습자의 학습에 대한 정보를 있는 그대로 평가를 통해 파악하기 위해서는 치밀한 계획과 준비가 반드시 필요하다 할 것이다. 국어교육평가 계획 및 준비와 직결되는 국어교육평가 구성 요인으로 국어교육의 평가 목표 설정, 평가 내용 결정, 평가 방법 선정, 평가 도구 개발, 평가 시행 준비, 평가 결과 분석 및 해석 계획 수립, 평가 결과활용 계획 수립 등을 분석해 낼 수 있다.

국어교육평가의 질적 개선을 위하여 국어과교사는 국어교육평가의 시행 능력을 갖추고 있어야 한다. 국어교육평가에 대한 계획은 그 자체로 가치가 드러나는 것이 아니라 그 계획이 실행에 옮겨져 소기의 목적을 달성 했을 때 비로소 그 가치가 나타난다. 평가의 시행은 계획을 실행에 옮기는 것이지만 중요한 것은 학습자가 학습한 정도를 바로 파악할 수 있도록 적절한 평가 환경을 조성한 가운데 국어교육평가를 실시하여야 한다는 것이다.

국어교육평가의 질적 개선을 위하여 국어과교사는 국어교육평가 결과 처리 및 해석 능력을 갖추고 있어야 한다. 국어교육평가를 시행하고 나면 국어과교사는 그 결과를 처리하여야 한다. 그 결과가 곧 학습자에 대한 상황을 얼려주는 것이 되기 때문이다. 이때 유의하여야 할 것은 평가자가 달라져도 같은 결과가 얻어져야지 평가자에 따라 서로 다른 결과가 얻어진다면 그 결과의 신뢰에는 큰 손상이 갈 수 있기 때문이다. 이를 위하여 국어과 교사는 평가 실시 결과 채점, 평가 실시 결과 분석, 평가 실시 결과 해석, 학습 증진 전략 수립 또는 수정 등의 활동을 타당하고도 신뢰성을 갖춘 방식으로 처리할 수 있어야 한다.

국어교육평가의 질적 개선을 위하여 국어과교사는 평가 결과 보고 및 활용 능력을 갖추어야 한다. 국어교육평가 시행의 궁극적 목적은 그 결과를 활용하는 것에 있다. 시행한 평가 결과가 학습 증진이나 장래 예측 등에 활용되지 않는다면 이미 시행한 평가는 의미를 상실한다. 평가 결과를 어떻게 활용하는가에 따라 학습이 촉진되는 정도도 달라질 수 있고 또 장래를 예측하는 정확도도 달라질 수 있는 것이다. 평가 결과는 학습자뿐만 아니라 학부모에게도 이 사실을 정확히 알려 이후의 학습에 도움이 될 수 있도록 하여야 하는 것이다. 또 평가를 마친 다음에는 전체적인 평가 과정을 되돌아보고 평가 과정 자체에 관한 정보를 얻는 일도 차후의 평가를 보다 바람직한 것으로 만들기 위해 반드시 필요한 것이다.

### (2) 국어교육평가의 질 관리 방안

국어교육평가의 질 관리 방안을, 국어과 교육과정에 대한 지식, 국어과 교수학습에 대한 지식, 국어교육평가에 대한 지식, 국어 교과 내용에 대한 지식, 국어교육평가의 계획 및 준비 능력, 국어교육평가의 시행 능력, 국어교육평가 결과의 분석 및 해석 능력, 국어교육평가 결과의 보고 및 활용 능력 등으로 구분하여 탐색해 보기로 한다.

#### 가. 국어과 교육과정에 대한 지식의 확충

국어과 교사는 학생을 평가하기 위해 교육목표에 적합하게 선택된 교육내용과 학습활동을 체계적으로 편성·조직한 계획을 수립하는 데에 필요한 지식을 갖추어야 한다. 국어교육을 통하여 학생들에게 '어떠한 교육목표를 어떠한 교육 내용과 방법을 통하여 어떻게 구체적으로 성취시키고 평가할 것인가' 하는 것은 의도적이고 계획적인 학교 교육의 가장 핵심적인 일이다. 국어과 교사는 학생을 타당하고 신뢰롭게 평가하기 위해 학생에게 책임지고 실현하여야 할 교육 목표, 내용, 방법, 평가 등에 관한 실천 가능한 구체적인 실행 교육과정에 대한 지식을 갖추어야 한다. 교사는 국가 수준의 교육과정뿐만 아니라, 국가 기준과 시·도 지침에 근거하여 편성·운영되는 각급 학교의 교육과정에 대한 지식을 갖추어야 한다. 이에 근거하여 교사는 학생을 적절하게 평가하여 학생의 '교육 경험의 질'을 관리해야 하기 때문이다.

국어과 교사는 국어교육평가의 질적 개선을 위해 교육과정을 구성한 배경 철학과 추구하는 인간상에 대한 이해가 있어야 한다. 개인이 가진 철학에 따라 무엇이 참이고 중요한가의 대답이 다르듯이, 철학이 다름에 따라 교육목적, 교육내용, 교육방법, 교육평가에 대한 견해도 같을 수 없다. 교육과정 활동에 참여하는 사람들이 다양한 철학적 관점을 가진다면, 교육과정 관련 활동의 성격도 달라지게 된다. 교육과정 관련 활동에 참여하는 사람들이 지닌 철학의 문제는 크게 형이상학, 인식론, 가치론, 논리학 등에 뿌리를 두고 있다.

국어과 교사는 국어교육평가의 질적 개선을 위해 국어과 교육과정에서 제시하고 있는 교육 목표는 의도한 능력과 품성을 지닌 사람을 기를 수 있도록 설정된 것이며 교과 목표는 교육과정의 총괄 목표에 도달하기 위해 교과가 기여할 수 있는 바를 고려하여 하위의 목표로 제시한 것이다. 따라서 이에 대한 이해 없이는 기르고자 하는 사람의 어떤 특성 함양에 각 교과가 기여하는지를 알 수 없기 때문에 바른 교육을 하기 어려울 수밖에 없다.

국어과 교사는 국어교육평가의 질적 개선을 위해 국어과 교과의 교육과정 내용 체계에 대한 이해가 있어야 한다. 교육과정의 내용 체계는 교과의 교육 목표 달성을 위해 배경 학문의 개념 체계에서 학습가능한 적절한 내용을 선정해 그것을 교육하기 알맞도록 다시 체계화한 것이다. 따라서 교사는 배경학문과 교육과정에 제시한 내용의 관계, 저학년에서부터 고학년에 이르기까지의 내용을 충분히 검토하여 이해를 다져야 한다.

국어과 교사는 국어교육평가의 질적 개선을 위해 국어과 교육과정의 학년별 내용에 대한 지식을 갖추어야 한다. 국어과 교육과정의 학년별 내용은 해당 학년의 학습에 있어 적합하게 선정, 조직, 배열된 학습 내용이다. 교사는 해당 학년 교과에 적합한 평가를 위해 해당 학년 뿐만 아니라, 이전 학년의 학습 내용, 이후 학년의 학습 내용 등 학년별 위계에 따른 내용을 파악하여 당해 학습 내용의 의의와 가치를 제대로 판단, 그 학습의 가치를 극대화시킬 수 있어야 한다.

### 나. 국어과 교수·학습에 대한 지식의 확충

국어과 교사는 학생 개개인의 독특한 개성, 적성, 능력, 흥미, 관심, 진로 등을 고려해 학습의 성공적 성취를 보장할 수 있는 기회를 제공하고, 타고난 소질과 수월성을 최대한으로 신장, 발휘하도록 해 주어야 한다. 이를 위해 교사는 교수학습과 관련된 지식을 적절히 활용하여 학습 효과를 극대화할 할 수 있는 능력을 갖추어야 한다.

국어과 교사는 국어교육평가의 질적 개선을 위해 학생과 학습 상황을 확인하여 학생의 능력, 적성, 진로를 파악하는 데에 필요한 지식을 갖추어야 한다. 학생은 발달 단계, 배경 지식, 능력, 기능, 동기, 흥미, 가치관 등에 따라 다양한 수준으로 나타난다. 교사는 학생의 학습에 도움을 줄 수 있는 평가를 하기 위해, 이러한 학생의 특성을 파악하여야 한다. 교사는 학생의 일반적 특성, 출발점 능력, 학습 양식 등을 분석하여 적절한 평가 계획을 수립하는 데에 필요한 지식을 갖춰야 한다.

국어과 교사는 국어교육평가의 질적 개선을 위해 교육목표를 성취하는 데에 적합한 교수 전략을 수립하는 데에 필요한 지식을 갖추어야 한다. 일반적으로 교수 전략에는 동기유발 전략, 학습 내용으로서의 정보 제시 전략, 연습, 피드백 등이 고려된다. 교수 전략은 학습에 관한 연구 결과, 학습 과정에 관한 지식, 가르쳐야 할 내용, 학생의 특성 등을 기초로 하여 결정하게 된다. 교사가 학생을 평가할 때에 특히 고려해야 할 것은 이 중에서도 학습증진전략이라 할 수 있다. 학습증진전략은 궁극적으로 학생의 학습 향상에 기여할 수 있다는 점에 의의가 있다.

국어과 교사는 국어교육평가의 질적 개선을 위해 교육목표를 성취하는 데에 적합한 교수 자료를 개발하는 데에 필요한 지식을 갖추어야 한다. 국어과 교수 자료는 학습 목표, 학습 집단의 특성, 교수·학습 상황, 평가 상황 등을 고려하여 개발해야 한다. 교사는 수행 목표의 진술, 규칙이나 원리, 예시, 연습 활동, 평가, 그에 따른 피드백 등을 포함하여 학습자 특성에 적합한 교수 자료를 개발해야 한다. 또한 이때에 전달 매체는 수행 목표와 학습 내용을 가장 효과적이고 효율적으로 성취시킬 수 있도록 개발해야 한다.

### 다. 국어교육평가에 대한 지식의 확충

국어과 교사는 국어교육평가의 질적 개선을 위해 교육 평가 일반 일반에 대한 기본적 지식을 갖추어야 한다. 교육평가는 현장에서 학생의 행동 변화 여부를 확인하기 위해 교육목표는 올바르게 설정되었는지, 목표실현을 위한 교육의 계획과 과정은 적절한지, 그리고 궁극적으로 교육의 목표가 제대로 성취되었는지를 확인·판단하는 일련의 과정을 말한다. 따라서 교육평가는 공정하고, 신뢰가 가고, 타당하게 학생들을 '선발하거나 분류하거나 교수·학습의 과정을 돕고, 개선하기 위해 사용하는 개념이다. 교사는 교육목표 달성도를 확인하고, 학생의 행동변화의 증거를 과학적·객관적으로 수집하고 해석하여 학생을 이해하기 위해 교육평가에 대한 기본적인 지식을 갖춰야 한다.

국어과 교사는 국어교육평가의 질적 개선을 위해 교육평가의 유형에 대한 지식을 갖추어야 한다. 교육평가의 유형은 평가준거를 기준으로 하여 분류한 준거지향평가와 규준지향평가의 분류와 평가 기능을 기준으로 하여 분류한 진단평가, 형성평가, 총괄평가의 분류가 있다. 준거지향평가는 평가의 기준을 교육의 과정을 통해서 달성하려고 하는 수업 목표, 또는 도착점 행동에 두는 목표 지향적 평가인 반면, 규준지향평가는 평가의 기준을 일정한 표준에 의해 삼기 때문에 표준 첨수 척도에 의거한 평가이다. 또, 계획된 교육목표를 달성하기 위한 교수·학습활동이 시작되기 전에 학생들의 그 학습과제에 대한 준비도를 진단하는 진단평가, 교수·학습이 진행되고 있는 과정에서 실시되는 형성평가, 교수목표의 달성도를 알아보기 위한 총괄평가로 교육평가의 유형을 분류하기도 한다. 교사는 학생의 학습 상황에 따라 적절한 평가 유형을 선택하여 융통성 있게 사용할 수 있도록 평가 유형에 대한 지식을 갖추어야 한다.

국어과 교사는 국어교육평가의 질적 개선을 위해 교육평가의 방법에 대한 지식을 갖추어야 한다. 국어과 교사는 학생의 성취 행동을 가장 적절하게 평가할 수 있는 방법을 결정하는 데에 필요한 지식을 갖추어야 한다. 모든 학생들에게 자신의 능력을 최대한 발휘할 기회가 공정하게 주어질 수 있는 방법을 선정해야 하며, 경우에 따라서 두 가지 이상의 평가방법을 사용할 수도 있다. 평가의 방법에는 진위형·배합형·선다형의 선택형 문항과 완성형·단답형·논술형의 서답형 문항으로 이루어진 지필평가와 서술형, 논술형, 구술시험, 실기시험, 실험·실습, 면접, 관찰, 연구보고서, 포트폴리오(작품집 평가) 등의 수행평가가 있다. 국어과 교사는 학생의 교육개선과 학습증진을 기본으로 하며, 학습현장에서 학생, 교사, 학습내용, 전달과정의 상호작용을 다양한 방향에서 종합하여 의사결정의 자료로 활용하는 데에 활용할 수 있는 평가 방식에 대한 지식을 갖추어야 한다.

국어과 교사는 국어교육평가의 질적 개선을 위해 교육평가 도구 개발 방법에 대한 지식을 갖추어야 한다. 국어과 교사는 평가의 목적과 대상, 상황에 맞는 평가 도구를 개발하는 데에 필요한 지식을 갖추어야 한다. 평가 도구를 개발할 때에는 평가 도구가 측정하고자 하였던 것을 충실하게 측정하는지와 관련된 타당도, 측정하려는 것을 안정적이고 일관성 있으며 오차를 최소화하여 측정하는지와 관련된 신뢰도, 시간과 비용, 노력을 적게 들이고도 목적을 달성할 수 있는가와 관련된 실용도에 대한 지식을 갖추어야 한다. 또한 국어과 교사는 일반적인 문항 제작 원리에 대한 지식을 갖추어야 한다. 지필평가와 수행평가 각각에 적합한 문항 제작 원리를 이해하여 이를 실행하는 데에 필요한 지식을 갖추어야 한다. 뿐만 아니라 각 문항에 적합한 채점 기준을 마련하는 데에 필요한 지식도 갖추어야 한다.

국어과 교사는 국어교육평가의 질적 개선을 위해 국어교육평가의 결과 분석 방법 활용 방법에 대한 지식을 갖추어야 한다. 평가 결과를 정확하고 적절하게 분석하는 것은 평가 결과의 특성과 의미를 밝히는 데에 필요한 요건이 된다. 교사는 평가 결과의 정확성을 보장하는 절차를 수립하고 이를 상세히 기술하는 데에 필요한 점수 척도, 통계 등에 관한 지식을 갖추어야 한다. 또한 채점 오류와 오류의 원인 수정을 점검하는 데에 필요한 지식도 갖추어야 한다. 평가의 최종적인 목적은 그 결과를 어떻게 활용할 것이냐에 있다. 즉, 평가결과를 활용한다는 것은 그 결과를 해석하고 교육실천을 반성하며, 가능한 개선책을 세우는 데 그 의미가 있다. 평가의 과정과 결과는 교육목표의 설정, 학습경험의 타당도 및 유의도 검증, 교수방법의 개선, 학생의 필요, 개인차 등을 이해하는 수단, 학생들의 능력이나 조건에 알맞게 위치시켜 주는 교육정치(教育定置), 평가방법 자체의 개선, 교육과정개선의 기초 자료 제공, 교육의 반성과 연구의 자료, 학습경험 조직의 교육적 유효도 결정 등에 활용되며 학습경험 구성의 적절성 및 교육적 효능의 정도를 결정하는 데에 도움을 준다.

**라. 국어 교과의 내용에 대한 지식의 확충**

국어과 교사는 국어교육평가의 질적 개선을 위해 국어 교과의 내용에 대한 지식을 충실히 갖추어야 한다. 교과는 학생이 그것을 경험함으로써 규범이나 원리에 대한 이해, 기능이나 방법의 숙달, 안목이나 태도의 형성을 가져오게 하는 대상이라고 할 수 있다.

국어과 교사는 국어 교과에 대한 지식을 갖추어 학생을 평가하는 데에 필요한 구체적 대상에 대한 이해를 넓혀야 한다.

국어과 교사는 국어교육평가의 질적 개선을 위해 국어 교과의 체계, 구조, 요인, 방법 등 그 특성과 관련된 여러 분야에 대한 배경 지식을 갖추어야 한다. 국어 교과의 구조는 국어 교과를 구성하는 요소들의 위계적인 짜임을 말한다. 교과를 구성하는 요소들은 개념, 원리(법칙), 이론, 탐구방법이며, 상호 관련 양상은 개념은 원리로, 원리는 다시 이론으로 통합되며, 탐구방법은 이들 개념, 원리, 이론들을 찾아내는 방식으로 나타난다. 각 교과는 각기 고유한 체계(구조)를 갖추고 있다. 또한 각 교과는 고유의 탐구영역과 지식에 대한 타당성을 뒷받침하는 독특한 논리근거나 증거의 제시, 진술방식 및 진술의 체계 등을 가진다. 국어 교과의 구조를 파악한다는 것은 곧 한 가지 현상을 여러 가지 현상과의 관련에서 이해할 수 있게 된다는 것을 말하며 구조를 학습하는 것은 사물이나 현상이 어떻게 관련되어 있는가를 학습하는 것이다. 교사가 하나의 교과를 가르칠 때에는 독립된 지식 항목을 가르치는 것이 아닌 그것과 다른 개념들과의 관련성 또는 그 관련성으로 이루어진 전체를 가르치고 평가해야 한다. 해당 학문 분야의 폭넓은 구조와 관련을 맺지 않은 특수한 사실이나 기술을 가르치는 것은 낭비이다. 따라서 교사는 해당 교과의 체계에 대한 이해를 바탕으로 교수하고 이를 평가해야 한다.

국어과 교사는 국어교육평가의 질적 개선을 위해 국어 교과의 내용에 대한 핵심 지식을 갖추어야 한다. 국어 교과의 내용을 구성하는 핵심적 지식에는 내용적 측면으로서 탐구과정을 거쳐 얻어진 결과적 지식과 지식을 찾아내고 체계화하는 탐구과정 및 탐구방법에 관한 지식, 곧 과정적 지식이 있다. 결과적 지식은 지식 그 자체로서 학습되어야 하고 과정적 지식은 새로운 지식을 산출하는 데 요구되는 지식을 의미한다. 지식은 객관적 타당성에 의하여 입증된 개념이나 원리들이 논리적이며 체계적으로 조직된 하나의 통일체를 이루며 교과를 구성하는 주요한 요소이다. 따라서 교사는 해당 교과의 핵심 지식에 대한 명료한 이해를 바탕으로 학생을 평가해야 한다.

국어과 교사는 국어교육평가의 질적 개선을 위해 국어과 교육의 목표 및 학생을 고려한 교육 내용의 위계와 범위에 대한 지식을 갖추어야 한다. 국어과 교사는 수업을 할 때나 평가를 할 때에 복합적이고 추상적인 내용을 학생 수준에 맞추어 기본적 사항을 중심으로 이해하기 쉽게 재구성해야 한다. 이를 위해서는 학습대상의 구성요소를 논리적 특성과 구조적 유형에 따라 분류한 다음 단계별 간략화 또는 단순화에 의하여 가장 단순한 단계에까지 간략화해야 한다. 이때 단순화된 구성요소별 상호관계도 기본적인 규칙성 또는 구조를 이해하기 쉽도록 재구성할 필요가 있다. 교사는 교육목표 및 학생을 고려한 교육 내용의 위계와 범위에 대한 지식을 갖추어 학생을 평가해야 한다.

### 마. 국어교육평가의 계획 및 준비 능력 구비

국어과교사는 평가 전반을 계획하고 준비하는 단계로서, 평가 목표, 내용, 방법을 결정하고 도구를 개발하며 시행과 결과 활용까지 계획을 체계적이고도 효과적으로 수립할 수 있어야 한다. 흔히 목표, 내용, 방법의 결정, 도구 개발까지만을 이 단계에서 행하기도 하는데 이 단계에는 시행의 일시와 장소를 비롯한 평가 계획을 학생과 학부모에게 알리는 활동도 포함된다. 이는 평가가 시행되는 구체적 상황과 결과를 활용하는 방법 및 활용의 결과로서 평가의 영향에 대해 미리 고려하여 준비함으로써 평가에 대해 신중한 태도를 취하고 학습 증진에 보다 효율적이고 긍정적인 평가를 할 수 있게 하기 위함이다.

국어과 교사는 국어교육평가의 질적 개선을 위해 평가를 시행하는 이유(진단, 형성, 총괄/준거지향, 규준지향) 및 기르고자 의도했던 능력에 해당하는 평가의 목표를 세울 수 있는 능력을 갖추어야 한다. 국어과 교사는 자신이 하고자 하는 평가가 학습의 일정한 단위를 고려할 때, 학생들의 출발점 행동이 잘 갖추어졌는지에 대한 진단평가, 학습이 진행되고 있는 가운데서 진행 정도를 파악하고자 하는 형성평가, 학습이 완료된 상태에서 학습 목표를 얼마나 달성하였는가를 보고자 하는 총괄평가 중 어디에 그 목표를 두는지를 결정해야 한다. 또한, 학생 개개인의 학습 정도를 바람직하다고 판단되는 공통적인 수준에 근거하여 판단하는 준거지향평가와, 학생 개개인의 학습 정도를 학생 상호간의 비교를 통해 상대적 위치를 판단하는 규준지향평가 중에서도 어디에 그 목표를 두고 있는지를 결정해야 한다. 교사가 설정한 평가 목표에 따라 평가의 내용과 방법, 결과의 활용이 달라지기 때문이다.

국어과 교사는 국어교육평가의 질적 개선을 위해 평가 내용의 종류와 범위에 해당하는 평가의 내용을 결정할 수 있는 능력을 갖추어야 한다. 평가하고자 하는 내용이 지식/수행인지, 지적/정의적/심동적 영역인지, 어느 범위를 평가할 것인지에 대해 평가 목표와 교수학습 활동을 고려하여 결정한다. 이렇게 평가 내용을 확인하고 분명히 하는 것은 그에 알맞은 평가 계획을 세우고 준비를 하기 위해서이다.

국어과 교사는 국어교육평가의 질적 개선을 위해 여러 평가 방법(지필, 과제, 토론, 발표, 면접, 실시 등) 중에서 평가의 목표, 내용에 적합한 평가 방법을 선정할 수 있는 능력을 갖추어야 한다. 비용, 효과, 여건 등을 고려하여 앞 단계에서 결정한 평가 내용에 활용할 최선의 방법을 선정한다. 또한 이때에 자기평가나 동료평가 방법도 고려한다. 평가하고자 하는 내용과 어울리지 않는 방법을 선정하면 평가 목표를 달성하지 못하는 일이 발생하기 때문이다.

국어과 교사는 국어교육평가의 질적 개선을 위해 선정한 평가 방법에 이용할 평가 도구를 개발할 수 있는 능력을 갖추어야 한다. 예를 들어, 지필 검사 방법을 선정하였다면 지필 검사 도구를 개발할 수 있어야 한다. 평가 방법을 실천할 수 있는 평가 도구를 개발하는 단계로, 평가 도구의 양호도를 판단하기 위해 타당도와 신뢰도를 검증한다. 평가 도구는 학습자의 학습정도를 판단하는 등 학습자와 가장 가까이 있으므로 평가 목표와 내용, 방법에 적합하게 타당하고 신뢰로운 평가 도구를 개발하는 것이 중요하다. 그리고 평가 시행 결과를 채점하는 데에 필요한 기준을 마련한다.

국어과 교사는 국어교육평가의 질적 개선을 위해 평가 방법을 적용하고 도구를 활용하여 평가를 시행할 일시, 장소, 물품, 주위환경, 시간 등을 계획할 수 있는 능력을 갖추어야 한다. 평가 방법과 도구를 활용하여 평가를 시행할 구체적 상황에 대해 계획한다. 언제, 어디에서, 누구를 대상으로, 어떤 절차로, 무엇을 사용하여, 얼마의 시간 동안 평가를 시행할 것인가를 정하고, 그렇기 하기 위해서 필요한 준비물, 도구, 기자재 등을 확인하고 준비해야 한다. 필요한 것들을 목록화해서 미리 꼼꼼히 준비해야 평가 시행 상황에서 평가가 의도한 대로 무리없이 시행되며 그 결과도 더 신뢰로울 수 있다.

국어과 교사는 국어교육평가의 질적 개선을 위해 평가 결과 분석 및 해석 계획 및 평가 결과 활용 계획을 수립할 수 있어야 한다. 수집된 학습의 증거들을 평가의 목표에 비추어 어떤 의미가 있는지 살펴보기 위해서 학습의 증거들을 어떤 측면에서 어떻게 분석할 것인지에 대한 계획을 세우고 분석하는 데에 필요한 것들을 준비한다. 평가 목표와 내용, 방법, 도구, 평가 시행 등을 고려할 때 평가 결과를 이렇게 분석하고 해석하는 것이 타당할 것인가를 미리 생각해보아야 한다. 또한, 학생들에게 평가 결과를 어떤 항목으로 어떤 방법으로 알릴지, 학부모들에게는 평가 결과를 알릴 것인지 알린다면 어떤 내용을 어떤 방법으로 알릴 것인지를 계획한다. 그리고 학습 증진을 위해 어떻게 사용할 것인지도 계획한다.

### 바. 국어교육평가 시행 능력의 구비

국어과 교사는 학습의 현재 상태나 진행 정도 혹은 결과에 대한 증거를 수집할 수 있는 능력을 갖추어야 한다. 국어과 교사는 계획한 평가를 학생을 대상으로 하여 직접 시행할 수 있어야 하며, 계획한대로 평가 환경을 조성하고 계획한 평가 일시에 계획한 평가 장소에서 준비한 평가 방법으로 평가를 실시할 수 있어야 한다.

국어과 교사는 국어교육평가의 질적 개선을 위해 평가 시행 계획에 따라 평가를 실시할 장소와 시간을 확보하고, 주위환경을 정비한 후 필요한 물품을 마련한다. 학생을 대상으로 하여 평가가 실시되는 상황에서는 이러한 평가 환경이 평가 결과에 직접적인 영향을 준다는 점에 유의하여 평가가 의도대로 실시될 수 있도록 환경을 조성해야 한다.

국어과 교사는 국어교육평가의 질적 개선을 위해 우연적으로 일어나는 일들이 평가 결과에 영향을 미치지 않도록 주의하고 학습자들의 학습 결과를 공정하게 판정할 수 있도록 평가를 실시할 수 있는 능력을 갖추어야 한다. 평가 환경에서 실제로 학생들을 대상으로 평가를 실시한다. 평가 실시 단계인 만큼 학생들의 학습 정도를 평가 목표에 맞고 학습증진에 기여하는 평가를 실시하기 위해 최선을 다한다. 예기치 않은 상황에 직면해서는 신중하면서도 신속한 대처를 해야 한다. 특히 학생들에게 방해가 되거나 힌트를 주지 않도록 말과 행동을 조심해야 한다.

국어과 교사는 국어교육평가의 질적 개선을 위해 수집한 학습 증거를 평가 목표에 비추어 분석하고 해석한 뒤 학습 증진 전략을 수립할 수 있는 능력을 갖추어야 한다. 평가 실시 결과를 기준에 근거해서 채점하고 분석하고 학습정도를 판단하여 이를 학습 증진에 활용할 수 있도록 준비한다. 계획하고 시행한 평가의 결과가 나타내는 학습정도를 파악한다. 평가 결과를 객관적으로 채점하고 분석, 해석해야 학습 정도를 바르게 파악할 수 있다.

국어과 교사는 국어교육평가의 질적 개선을 위해 미리 마련한 채점 기준을 근거로 평가 실시 결과를 채점할 수 있는 능력을 갖추어야 한다. 계획 단계에서 마련한 채점기준이 평가의 목표와 내용과 방법을 고려하여 타당하게 세워졌으며 평가 실시과정을 거치면서 변경할 부분은 없는가를 살펴본 후에, 채점을 시작한다. 채점은 기준에 따라 엄격하고 정확하게 이루어져야 한다.

국어과 교사는 국어교육평가의 질적 개선을 위해 평가 결과 분석 계획에 맞추어 평가 시행 결과 및 채점 결과를 분석할 수 있는 능력을 갖추어야 한다. 채점 결과를 평가 목표에 따라 해석하기 위한 자료를 준비하는 단계로서, 여러 측면에서 평가 실시 결과를 재정리하고 이전의 평가 결과와도 비교한다. 결과 분석은 결과 해석을 위한 자료 정리 단계로서 더욱 평가 목표 지향적으로 이루어져야 한다. 그렇지 않으면 평가 목표와 결과 해석의 방향성이 달라 결과 활용상의 타당성이 결여될 수 있다.

국어과 교사는 국어교육평가의 질적 개선을 위해 채점 및 분석한 자료를 대상으로 평가 목표와 내용에 비추어 현 시점에서의 학습 상태나 진행 정도 혹은 결과를 판단할 수 있는 능력을 갖추어야 한다. 채점하고 분석한 자료에 근거하여 평가 목표에 비추어 학습자의 학습 정도가 어떠한가를 판단한다. 이러한 결과 해석은 학습 증진 전략을 수립하기 위한 근거를 마련하는 활동이므로 평가 실시 결가 채점과 분석, 해석이 논리적 타당성을 갖도록 해야 한다.

국어과 교사는 국어교육평가의 질적 개선을 위해 평가 결과를 근거로 평가 단위(학습자, 학급, 학년, 교과, 학교, 지역, 국가)의 학습 증진 전략을 수립할 수 있는 능력을 갖추어야 한다. 국어과 교사는 해석한 평가의 결과를 학생의 학습 증진을 위해 어떻게 활용해야 할 것인가에 대한 답을 제공해야 한다. 이를 위해서 이 단계에서는, 학습자별, 학급별, 학년별, 교과별, 학교별로 평가에 대한 후속 조치로서 어떤 노력을 해야 할 것인지 그 전략을 수립하고 그러한 노력의 결과가 학습의 증진에 효과가 있을 것인지에 대한 검토를 거쳐야 한다.

### 사. 국어교육평가의 결과 보고 및 활용 능력 구비

국어과 교사는 평가 결과를 학습자와 학부모, 기관에 보고(기록)하고 학습을 증진하는 데에 활용할 수 있는 능력을 갖추어야 한다. 평가 결과가 학습자의 학습 정도를 어떻게 나타내고 있으며 이는 학습에 어떤 의미를 지니는가에 대해 학습자, 학부모, 기관과 의사소통하는 활동을 한다. 평가 결과는 교사만 알고 있는 정보가 되어서는 안 되며 학습자에게 환원되어 학습에 의미 있는 정보가 되어야 한다.

국어과 교사는 국어교육평가의 질적 개선을 위해 학습자와 학부모에게 학습자의 학습 평가 결과와 그에 근거한 학습 증진 전략을 알릴 수 있는 능력을 갖추어야 한다. 학습자와 학부모에게 평가 결과와 학습 증진 전략을 제공하여 학습자 입장에서 평가가 무엇을 위한 것이었고 어떤 결과를 나타내었으며 이후 학습을 위해서는 어떤 노력을 해야 하는지에 대해 교사의 의견을 전달하고 학습자와 학부모와 함께 공동으로 강점을 조장하고 약점을 보완할 방안을 마련한다. 학습자의 학습에 대해 학습자와 학부모, 교사의 의견을 상호 교환함으로써 학습자의 입장과 조건에 맞는 학습자 중심의 학습을 지향하는 평가가 될 수 있다. 수업에서 즉시 이루어지는 평가의 결과 등은 다른 평가 결과에 대한 의사소통 시에 함께 알릴 수도 있다.

국어과 교사는 국어교육평가의 질적 개선을 위해 학습자에게 격려나 충고 등의 방법으로 학습 동기를 촉진하고 필요한 학습 기회나 환경을 지원할 수 있는 능력을 갖추어야 한다. 국어과 교사는 학습자에게 평가 결과와 학습 증진 전략을 제공하는 것과 아울러 학습자의 정서적인 측면을 지도하고 학습자가 필요로 하는 환경을 제공하도록 노력해야 한다. 정서적 측면의 지도 방법은 학습자가 처한 입장과 평가 결과에 따라 격려나 충고가 될 수 있다. 이를 위해서는 평소에 학습자의 학습 성장 형태, 학습 환경, 심리적 특성 등에 대한 정보를 수집하여야 한다. 그러한 여러 가지 학습자 배경 정보가 부족한 상태에서 이루어지는 일방적인 의사 전달이 되지 않도록 유의한다.

국어과 교사는 국어교육평가의 질적 개선을 위해 평가 계획에서부터 평가 결과의 활용에 이르기까지 평가 전반에 대해 평가가 학습 증진에 기여하고 그 목표와 내용, 방법, 결과 활용 등에서 양호하였는지를 반성적으로 판단할 수 있는 능력을 갖추어야 한다. 국어과 교사가 계획하고 시행한 평가가 처음 의도했던 평가 목표를 달성하였는지, 평가 방법 선정이나 도구 개발, 실시에서 부족한 점이나 잘못된 점은 없었는가, 학생들에게는 학습 증진이라는 효과를 거두었는가 등을 중심으로 평가 전반에 대한 평가를 하여 이후에는 더욱 학습자 중심이면서 학습지향적인 평가가 되도록 한다.

지금까지 국어교육평가의 개선 방안을 탐색하기 위하여 먼저 국어교육평가의 구성 요인을 분석해 보고, 이러한 분석을 바탕으로 하여 국어교육평가의 질 관리 방안을 국어과 교육과정에 대한 지식의 확충, 국어과 교수학습에 대한 지식의 확충, 국어교육평가에 대한 지식의 확충, 국어 교과의 내용에 대한 지식의 확충, 국어교육평가 계획 및 준비 능력의 구비, 국어교육평가 시행 능력의 구비, 국어교육평가 결과 분석 및 해석 능력의 구비, 국어교육평가 결과 보고 및 활용 능력의 구비 등의 측면으로 구분하여 제시하였다.

국어과 교육과정에 대한 지식은 교육과정의 구성 철학과 추구하는 인간상에 대한 이해, 국어 교과의 교육과정 목표 확인, 국어 교과의 교육과정 내용 체계, 국어 교과의 교육과정 학년별 내용 등에 관한 지식으로 구성된다.

국어과 교수학습에 대한 지식은 국어과 교수학습 과정에서의 학생과 학습 상황 확인, 국어과 교육목표 성취에 적합한 교수 전략, 국어과 교육목표 성취에 적합한 교수 자료 등의 요인으로 구성된다.

국어과 교육평가에 대한 지식은 국어교육평가의 개념, 국어교육평가의 유형, 국어교육평가의 방법, 국어교육평가 도구 개발 방법, 국어교육평가 시행시의 유의점, 국어교육평가 결과 분석 방법, 국어교육평가 결과 활용 방법 등의 요인으로 구성된다. 국어 교과의 내용에 대한 지식은 국어 교과의 체계와 구조, 국어 교과의 핵심 지식, 국어과 교육의 목표 및 학생을 고려한 교육내용의 위계와 범위 등의 요인으로 구성된다.

국어교육평가의 평가 계획 및 준비 능력은 평가 목표 설정, 평가 내용 결정, 평가 방법 선정, 평가 도구 개발, 평가 시행 계획, 평가 결과 분석 및 해석 계획 수립, 평가 결과 활용 계획 수립 등에 관한 능력 요인으로 구성된다. 국어교육평가 시행 능력은 평가 환경 조성, 평가 실시 등의 능력 요인으로 구성된다. 국어교육평가 결과 분석 및 해석 능력은 평가 실시 결과 채점, 평가 실시 결과 분석, 평가 실시 결과 해석, 학습 증진 전략 수립 등의 능력 요인으로 구성된다. 국어교육평가 결과 보고 및 활용 능력은 평가 결과 통지 및 학습 증진 전략 제공, 격려, 충고, 촉진, 지원, 평가의 평가 등의 능력 요인으로 구성된다.

## 2. 국어과 교사의 학생 평가 전문성 일반 기준

한국교육과정평가원에서 개발한 교사의 평가 전문성 기준(이인제 외, 2004; 박영목 외, 2004)을 바탕으로 하여 국어과 교사의 학생 평가 전문성에 일반 기준을 제시하면 다음과 같다.

○ 기준 1. 국어과 교사는 국어과 교육과정에 대한 깊이 있는 지식을 지녀야 한다.

국어과 교사는 학생을 평가하기 위해 교육목표에 적합하게 선택된 교육내용과 학습활동을 체계적으로 편성·조직한 계획을 수립하는 데에 필요한 지식을 갖추어야 한다. 국어교육을 통하여 학생들에게 '어떠한 교육목표를 어떠한 교육 내용과 방법을 통하여 어떻게 구체적으로 성취시키고 평가할 것인가' 하는 것은 의도적이고 계획적인 학교 교육의 가장 핵심적인 일이다. 국어과 교사는 학생을 타당하고 신뢰롭게 평가하기 위해 학생에게 책임지고 실현하여야 할 교육목표, 내용, 방법, 평가 등에 관한 실천 가능한 구체적인 실행 교육과정에 대한 지식을 갖추어야 한다. 교사는 국가 수준의 교육과정뿐만 아니라, 국가 기준과 시도 지침에 근거하여 편성·운영되는 각급 학교의 교육과정에 대한 지식을 갖추어야 한다. 이에 근거하여 교사는 학생을 적절하게 평가하여 학생의 '교육 경험의 질'을 관리해야 하기 때문이다.

국어과 교사는 국어교육평가의 질적 개선을 위해 교육과정을 구성한 배경 철학과 추구하는 인간상에 대한 이해가 있어야 한다.

개인이 가진 철학에 따라 무엇이 참이고 중요한가의 대답이 다르듯이, 철학이 다름에 따라 교육목적, 교육내용, 교육방법, 교육평가에 대한 견해도 같을 수 없다. 교육과정 활동에 참여하는 사람들이 다양한 철학적 관점을 가진다면, 교육과정 관련 활동의 성격도 달라지게 된다. 교육과정 관련 활동에 참여하는 사람들이 지닌 철학의 문제는 크게 형이상학, 인식론, 가치론, 논리학 등에 뿌리를 두고 있다.

국어과 교사는 국어교육평가의 질적 개선을 위해 국어과 교육과정에서 제시하고 있는 교육 목표는 의도한 능력과 품성을 지닌 사람을 기를 수 있도록 설정된 것이며 교과 목표는 교육과정의 총괄 목표에 도달하기 위해 교과가 기여할 수 있는 바를 고려하여 하위의 목표로 제시한 것이다. 따라서 이에 대한 이해 없이는 기르고자 하는 사람의 어떤 특성 함양에 각 교과가 기여하는지를 알 수 없기 때문에 바른 교육을 하기 어려울 수밖에 없다.

국어과 교사는 국어교육평가의 질적 개선을 위해 국어과 교과의 교육과정 내용 체계에 대한 이해가 있어야 한다. 교육과정의 내용 체계는 교과의 교육 목표 달성을 위해 배경 학문의 개념 체계에서 학습가능한 적절한 내용을 선정해 그것을 교육하기 알맞도록 다시 체계화한 것이다.  따라서 교사는 배경학문과 교육과정에 제시한 내용의 관계, 저학년에서부터 고학년에 이르기까지의 내용을 충분히 검토하여 이해를 다져야 한다.

국어과 교사는 국어교육평가의 질적 개선을 위해 국어과 교육과정의 학년별 내용에 대한 지식을 갖추어야 한다. 국어과 교육과정의 학년별 내용은 해당 학년의 학습에 있어 적합하게 선정, 조직, 배열된 학습 내용이다. 교사는 해당 학년 교과에 적합한 평가를 위해 해당 학년 뿐만 아니라, 이전 학년의 학습 내용, 이후 학년의 학습 내용 등 학년별 위계에 따른 내용을 파악하여 당해 학습 내용의 의의와 가치를 제대로 판단, 그 학습의 가치를 극대화시킬 수 있어야 한다.

○ 기준 2. 국어과 교사는 국어과 교수·학습에 대한 깊이 있는 지식을 지녀야 한다.

국어과 교사는 학생 개개인의 독특한 개성, 적성, 능력, 흥미, 관심, 진로 등을 고려해 학습의 성공적 성취를 보장할 수 있는 기회를 제공하고, 타고난 소질과 수월성을 최대한으로 신장, 발휘하도록 해 주어야 한다. 이를 위해 교사는 교수학습과 관련된 지식을 적절히 활용하여 학습 효과를 극대화할 할 수 있는 능력을 갖추어야 한다.

국어과 교사는 국어교육평가의 질적 개선을 위해 학생과 학습 상황을 확인하여 학생의 능력, 적성, 진로를 파악하는 데에 필요한 지식을 갖추어야 한다. 학생은 발달 단계, 배경 지식, 능력, 기능, 동기, 흥미, 가치관 등에 따라 다양한 수준으로 나타난다. 교사는 학생의 학습에 도움을 줄 수 있는 평가를 하기 위해, 이러한 학생의 특성을 파악하여야 한다. 교사는 학생의 일반적 특성, 출발점 능력, 학습 양식 등을 분석하여 적절한 평가 계획을 수립하는 데에 필요한 지식을 갖춰야 한다.

국어과 교사는 국어교육평가의 질적 개선을 위해 교육목표를 성취하는 데에 적합한 교수 전략을 수립하는 데에 필요한 지식을 갖추어야 한다. 일반적으로 교수 전략에는 동기유발 전략, 학습 내용으로서의 정보 제시 전략, 연습, 피드백 등이 고려된다. 교수 전략은 학습에 관한 연구 결과, 학습 과정에 관한 지식, 가르쳐야 할 내용, 학생의 특성 등을 기초로 하여 결정하게 된다. 교사가 학생을 평가할 때에 특히 고려해야 할 것은 이 중에서도 학습증진전략이라 할 수 있다. 학습증진전략은 궁극적으로 학생의 학습 향상에 기여할 수 있다는 점에 의의가 있다.

국어과 교사는 국어교육평가의 질적 개선을 위해 교육목표를 성취하는 데에 적합한 교수 자료를 개발하는 데에 필요한 지식을 갖추어야 한다. 국어과 교수 자료는 학습 목표, 학습 집단의 특성, 교수·학습 상황, 평가 상황 등을 고려하여 개발해야 한다. 교사는 수행 목표의 진술, 규칙이나 원리, 예시, 연습 활동, 평가, 그에 따른 피드백 등을 포함하여 학습자 특성에 적합한 교수 자료를 개발해야 한다. 또한 이때에 전달 매체는 수행 목표와 학습 내용을 가장 효과적이고 효율적으로 성취시킬 수 있도록 개발해야 한다.

○ 기준 3. 국어과 교사는 국어교육평가에 대한 깊이 있는 지식을 지녀야 한다.

국어과 교사는 국어교육평가의 질적 개선을 위해 교육 평가 일반 일반에 대한 기본적 지식을 갖추어야 한다. 교육평가는 현장에서 학생의 행동 변화 여부를 확인하기 위해 교육목표는 올바르게 설정되었는지, 목표실현을 위한 교육의 계획과 과정은 적절한지, 그리고 궁극적으로 교육의 목표가 제대로 성취되었는지를 확인·판단하는 일련의 과정을 말한다. 따라서 교육평가는 공정하고, 신뢰가 가고, 타당하게 학생들을 '선발하거나 분류하거나 교수·학습의 과정을 돕고, 개선하기 위해 사용하는 개념이다. 교사는 교육목표 달성도를 확인하고, 학생의 행동변화의 증거를 과학적·객관적으로 수집하고 해석하여 학생을 이해하기 위해 교육평가에 대한 기본적인 지식을 갖춰야 한다.

국어과 교사는 국어교육평가의 질적 개선을 위해 교육평가의 유형에 대한 지식을 갖추어야 한다. 교육평가의 유형은 평가준거를 기준으로 하여 분류한 준거지향평가와 규준지향평가의 분류와 평가 기능을 기준으로 하여 분류한 진단평가, 형성평가, 총괄평가의 분류가 있다. 준거지향평가는 평가의 기준을 교육의 과정을 통해서 달성하려고 하는 수업 목표, 또는 도착점 행동에 두는 목표 지향적 평가인 반면, 규준지향평가는 평가의 기준을 일정한 표준에 의해 삼기 때문에 표준 첨수 척도에 의거한 평가이다. 또, 계획된 교육목표를 달성하기 위한 교수·학습활동이 시작되기 전에 학생들의 그 학습과제에 대한 준비도를 진단하는 진단평가, 교수·학습이 진행되고 있는 과정에서 실시되는 형성평가, 교수목표의 달성도를 알아보기 위한 총괄평가로 교육평가의 유형을 분류하기도 한다. 교사는 학생의 학습 상황에 따라 적절한 평가 유형을 선택하여 융통성 있게 사용할 수 있도록 평가 유형에 대한 지식을 갖추어야 한다.

국어과 교사는 국어교육평가의 질적 개선을 위해 교육평가의 방법에 대한 지식을 갖추어야 한다. 국어과 교사는 학생의 성취 행동을 가장 적절하게 평가할 수 있는 방법을 결정하는 데에 필요한 지식을 갖추어야 한다. 모든 학생들에게 자신의 능력을 최대한 발휘할 기회가 공정하게 주어질 수 있는 방법을 선정해야 하며, 경우에 따라서 두 가지 이상의 평가방법을 사용할 수도 있다. 평가의 방법에는 진위형 ·배합형 ·선다형의 선택형 문항과 완성형 ·단답형 ·논문형의 서답형 문항으로 이루어진 지필평가와 서술형, 논술형, 구술시험, 실기시험, 실험·실습, 면접, 관찰, 연구보고서, 포트폴리오(작품집 평가) 등의 수행평가가 있다. 국어과 교사는 학생의 교육개선과 학습증진을 기본으로 하며, 학습현장에서 학생, 교사, 학습내용, 전달과정의 상호작용을 다양한 방향에서 종합하여 의사결정의 자료로 활용하는 데에 활용할 수 있는 평가 방식에 대한 지식을 갖추어야 한다.

국어과 교사는 국어교육평가의 질적 개선을 위해 교육평가 도구 개발 방법에 대한 지식을 갖추어야 한다. 국어과 교사는 평가의 목적과 대상, 상황에 맞는 평가 도구를 개발하는 데에 필요한 지식을 갖추어야 한다. 평가 도구를 개발할 때에는 평가 도구가 측정하고자 하였던 것을 충실하게 측정하는지와 관련된 타당도, 측정하려는 것을 안정적이고 일관성 있으며 오차를 최소화하여 측정하는지와 관련된 신뢰도, 시간과 비용, 노력을 적게 들이고도 목적을 달성할 수 있는가와 관련된 실용도에 대한 지식을 갖추어야 한다. 또한 국어과 교사는 일반적인 문항 제작 원리에 대한 지식을 갖추어야 한다. 지필평가와 수행평가 각각에 적합한 문항 제작 원리를 이해하여 이를 실행하는 데에 필요한 지식을 갖추어야 한다. 뿐만 아니라 각 문항에 적합한 채점 기준을 마련하는 데에 필요한 지식도 갖추어야 한다.

국어과 교사는 국어교육평가의 질적 개선을 위해 국어교육평가의 결과 분석 방법 활용 방법에 대한 지식을 갖추어야 한다. 평가 결과를 정확하고 적절하게 분석하는 것은 평가 결과의 특성과 의미를 밝히는 데에 필요한 요건이 된다. 교사는 평가 결과의 정확성을 보장하는 절차를 수립하고 이를 상세히 기술하는 데에 필요한 점수 척도, 통계 등에 관한 지식을 갖추어야 한다. 또한 채점 오류와 오류의 원인 수정을 점검하는 데에 필요한 지식도 갖추어야 한다. 평가의 최종적인 목적은 그 결과를 어떻게 활용할 것이냐에 있다. 즉, 평가결과를 활용한다는 것은 그 결과를 해석하고 교육실천을 반성하며, 가능한 개선책을 세우는 데 그 의미가 있다. 평가의 과정과 결과는 교육목표의 설정, 학습경험의 타당도 및 유의도 검증, 교수방법의 개선, 학생의 필요, 개인차 등을 이해하는 수단, 학생들의 능력이나 조건에 알맞게 위치시켜 주는 교육정치(敎育定置), 평가방법 자체의 개선, 교육과정개선의 기초 자료 제공, 교육의 반성과 연구의 자료, 학습경험 조직의 교육적 유효도 결정 등에 활용되며 학습경험 구성의 적절성 및 교육적 효능의 정도를 결정하는 데에 도움을 준다.

○ 기준 4. 국어과 교사는 국어 교과의 내용에 대한 깊이 있는 지식을 지녀야 한다.

국어과 교사는 국어교육평가의 질적 개선을 위해 국어 교과의 내용에 대한 지식을 충실히 갖추어야 한다. 교과는 학생이 그것을 경험함으로써 규범이나 원리에 대한 이해, 기능이나 방법의 숙달, 안목이나 태도의 형성을 가져오게 하는 대상이라고 할 수 있다. 국어과 교사는 국어 교과에 대한 지식을 갖추어 학생을 평가하는 데에 필요한 구체적 대상에 대한 이해를 넓혀야 한다.

국어과 교사는 국어교육평가의 질적 개선을 위해 국어 교과의 체계, 구조, 요인, 방법 등 그 특성과 관련된 여러 분야에 대한 배경 지식을 갖추어야 한다. 국어 교과의 구조는 국어 교과를 구성하는 요소들의 위계적인 짜임을 말한다. 교과를 구성하는 요소들은 개념, 원리(법칙), 이론, 탐구방법이며, 상호 관련 양상은 개념은 원리로, 원리는 다시 이론으로 통합되며, 탐구방법은 이들 개념, 원리, 이론들을 찾아내는 방식으로 나타난다. 각 교과는 각기 고유한 체계(구조)를 갖추고 있다. 또한 각 교과는 고유의 탐구영역과 지식에 대한 타당성을 뒷받침하는 독특한 논리근거나 증거의 제시, 진술방식 및 진술의 체계 등을 가진다. 국어 교과의 구조를 파악한다는 것은 곧 한 가지 현상을 여러 가지 현상과의 관련에서 이해할 수 있게 된다는 것을 말하며 구조를 학습하는 것은 사물이나 현상이 어떻게 관련되어 있는가를 학습하는 것이다. 교사가 하나의 교과를 가르칠 때에는 독립된 지식 항목을 가르치는 것이 아닌 그것과 다른 개념들과의 관련성 또는 그 관련성으로 이루어진 전체를 가르치고 평가해야 한다. 해당 학문 분야의 폭넓은 구조와 관련을 맺지 않은 특수한 사실이나 기술을 가르치는 것은 낭비이다. 따라서 교사는 해당 교과의 체계에 대한 이해를 바탕으로 교수하고 이를 평가해야 한다.

국어과 교사는 국어교육평가의 질적 개선을 위해 국어 교과의 내용에 대한 핵심 지식을 갖추어야 한다. 국어 교과의 내용을 구성하는 핵심적 지식에는 내용적 측면으로서 탐구과정을 거쳐 얻어진 결과적 지식과 지식을 찾아내고 체계화하는 탐구과정 및 탐구방법에 관한 지식, 곧 과정적 지식이 있다. 결과적 지식은 지식 그 자체로서 학습되어야 하고 과정적 지식은 새로운 지식을 산출하는 데 요구되는 지식을 의미한다. 지식은 객관적 타당성에 의하여 입증된 개념이나 원리들이 논리적이며 체계적으로 조직된 하나의 통일체를 이루며 교과를 구성하는 주요한 요소이다. 따라서 교사는 해당 교과의 핵심 지식에 대한 명료한 이해를 바탕으로 학생을 평가해야 한다.

국어과 교사는 국어교육평가의 질적 개선을 위해 국어과 교육의 목표 및 학생을 고려한 교육 내용의 위계와 범위에 대한 지식을 갖추어야 한다. 국어과 교사는 수업을 할 때나 평가를 할 때에 복합적이고 추상적인 내용을 학생 수준에 맞추어 기본적 사항을 중심으로 이해하기 쉽게 재구성해야 한다. 이를 위해서는 학습대상의 구성요소를 논리적 특성과 구조적 유형에 따라 분류한 다음 단계별 간략화 또는 단순화에 의하여 가장 단순한 단계에까지 간략화해야 한다. 이때 단순화된 구성요소별 상호관계도 기본적인 규칙성 또는 구조를 이해하기 쉽도록 재구성할 필요가 있다. 교사는 교육목표 및 학생을 고려한 교육 내용의 위계와 범위에 대한 지식을 갖추어 학생을 평가해야 한다.

○ 기준 5. 국어과 교사는 국어교육평가의 계획 및 준비 능력 구비하여야 한다.

국어과교사는 평가 전반을 계획하고 준비하는 단계로서, 평가 목표, 내용, 방법을 결정하고 도구를 개발하며 시행과 결과 활용까지 계획을 체계적이고도 효과적으로 수립할 수 있어야 한다. 흔히 목표, 내용, 방법의 결정, 도구 개발만을 이 단계에서 행하기도 하는데 이 단계에는 시행의 일시와 장소를 비롯한 평가 계획을 학생과 학부모에게 알리는 활동도 포함된다. 이는 평가가 시행되는 구체적 상황과 결과를 활용하는 방법 및 활용의 결과로서 평가의 영향에 대해 미리 고려하여 준비함으로써 평가에 대해 신중한 태도를 취하고 학습 증진에 보다 효율적이고 긍정적인 평가를 할 수 있게 하기 위함이다.

국어과 교사는 국어교육평가의 질적 개선을 위해 평가를 시행하는 이유(진단, 형성, 총괄/준거지향, 규준지향) 및 기르고자 의도했던 능력에 해당하는 평가의 목표를 세울 수 있는 능력을 갖추어야 한다. 국어과 교사는 자신이 하고자 하는 평가가 학습의 일정한 단위를 고려할 때, 학생들의 출발점 행동이 잘 갖추어졌는지에 대한 진단평가, 학습이 진행되고 있는 가운데서 진행 정도를 파악하고자 하는 형성평가, 학습이 완료된 상태에서 학습 목표를 얼마나 달성하였는가를 보고자 하는 총괄평가 중 어디에 그 목표를 두는지를 결정해야 한다. 또한, 학생 개개인의 학습 정도를 바람직하다고 판단되는 공통적인 수준에 근거하여 판단하는 준거지향평가와, 학생 개개인의 학습 정도를 학생 상호간의 비교를 통해 상대적 위치를 판단하는 규준지향평가 중에서도 어디에 그 목표를 두고 있는지를 결정해야 한다. 교사가 설정한 평가 목표에 따라 평가의 내용과 방법, 결과의 활용이 달라지기 때문이다.

국어과 교사는 국어교육평가의 질적 개선을 위해 평가 내용의 종류와 범위에 해당하는 평가의 내용을 결정할 수 있는 능력을 갖추어야 한다. 평가하고자 하는 내용이 지식/수행인지, 지적/정의적/심동적 영역인지, 어느 범위를 평가할 것인지에 대해 평가 목표와 교수학습 활동을 고려하여 결정한다. 이렇게 평가 내용을 확인하고 분명히 하는 것은 그에 알맞은 평가 계획을 세우고 준비를 하기 위해서이다.

국어과 교사는 국어교육평가의 질적 개선을 위해 여러 가지 평가 방법 중에서 평가의 목표, 내용에 적합한 평가 방법을 선정할 수 있는 능력을 갖추어야 한다. 비용, 효과, 여건 등을 고려하여 앞 단계에서 결정한 평가 내용에 활용할 최선의 방법을 선정한다. 또한 이때에 자기평가나 동료평가 방법도 고려한다. 평가하고자 하는 내용과 어울리지 않는 방법을 선정하면 평가 목표를 달성하지 못하는 일이 발생하기 때문이다.

국어과 교사는 국어교육평가의 질적 개선을 위해 선정한 평가 방법에 이용할 평가 도구를 개발할 수 있는 능력을 갖추어야 한다. 예를 들어, 지필 검사 방법을 선정하였다면 지필 검사 도구를 개발할 수 있어야 한다. 평가 방법을 실천할 수 있는 평가 도구를 개발하는 단계로, 평가 도구의 양호도를 판단하기 위해 타당도와 신뢰도를 검증한다. 평가 도구는 학습자의 학습정도를 판단하는 등 학습자와 가장 가까이 있으므로 평가 목표와 내용, 방법에 적합하게 타당하고 신뢰로운 평가 도구를 개발하는 것이 중요하다. 그리고 평가 시행 결과를 채점하는 데에 필요한 기준을 마련한다.

국어과 교사는 국어교육평가의 질적 개선을 위해 평가 방법을 적용하고 도구를 활용하여 평가를 시행할 일시, 장소, 물품, 주위 환경, 시간 등을 계획할 수 있는 능력을 갖추어야 한다. 평가 방법과 도구를 활용하여 평가를 시행할 구체적 상황에 대해 계획한다. 언제, 어디에서, 누구를 대상으로, 어떤 절차로, 무엇을 사용하여, 얼마의 시간동안 평가를 시행할 것인가를 정하고, 그렇기 하기 위해서 필요한 준비물, 도구, 기자재 등을 확인하고 준비해야 한다. 필요한 것들을 목록화해서 미리 꼼꼼히 준비해야 평가 시행 상황에서 평가가 의도한 대로 무리없이 시행되며 그 결과도 더 신뢰로울 수 있다.

국어과 교사는 국어교육평가의 질적 개선을 위해 평가 결과 분석 및 해석 계획 및 평가 결과 활용 계획을 수립할 수 있어야 한다. 수집된 학습의 증거들을 평가의 목표에 비추어 어떤 의미가 있는지 살펴보기 위해서 학습의 증거들을 어떤 측면에서 어떻게 분석할 것인지에 대한 계획을 세우고 분석하는 데에 필요한 것들을 준비한다. 평가 목표와 내용, 방법, 도구, 평가 시행 등을 고려할 때 평가 결과를 이렇게 분석하고 해석하는 것이 타당할 것인가를 미리 생각해보아야 한다. 또한, 학생들에게 평가 결과를 어떤 항목으로 어떤 방법으로 알릴지, 학부모들에게는 평가 결과를 알릴 것인지 알린다면 어떤 내용을 어떤 방법으로 알릴 것인지를 계획한다. 그리고 학습 증진을 위해 어떻게 사용할 것인지도 계획한다.

○ 기준 6. 국어과 교사는 국어교육평가의 시행 능력의 구비하여야 한다.

국어과 교사는 학습의 현재 상태나 진행 정도 혹은 결과에 대한 증거를 수집할 수 있는 능력을 갖추어야 한다. 국어과 교사는 계획한 평가를 학생을 대상으로 하여 직접 시행할 수 있어야 하며, 계획한대로 평가 환경을 조성하고 계획한 평가 일시에 계획한 평가 장소에서 준비한 평가 방법으로 평가를 실시할 수 있어야 한다.

국어과 교사는 국어교육평가의 질적 개선을 위해 평가 시행 계획에 따라 평가를 실시할 장소와 시간을 확보하고, 주위환경을 정비한 후 필요한 물품을 마련한다. 학생을 대상으로 하여 평가가 실시되는 상황에서는 이러한 평가 환경이 평가 결과에 직접적인 영향을 준다는 점에 유의하여 평가가 의도대로 실시될 수 있도록 환경을 조성해야 한다.

국어과 교사는 국어교육평가의 질적 개선을 위해 우연적으로 일어나는 일들이 평가 결과에 영향을 미치지 않도록 주의하고 학습자들의 학습 결과를 공정하게 판정할 수 있도록 평가를 실시할 수 있는 능력을 갖추어야 한다. 평가 환경에서 실제로 학생들을 대상으로 평가를 실시한다. 평가 실시 단계인 만큼 학생들의 학습 정도를 평가 목표에 맞고 학습증진에 기여하는 평가를 실시하기 위해 최선을 다한다. 예기치 않은 상황에 직면해서는 신중하면서도 신속한 대처를 해야 한다. 특히 학생들에게 방해가 되거나 힌트를 주지 않도록 말과 행동을 조심해야 한다.

○ 기준 7. 국어과 교사는 국어교육평가의 질적 개선을 위해 수집한 학습 증거를 평가 목표에 비추어 분석하고 해석한 뒤 학습 증진 전략을 수립할 수 있는 능력을 갖추어야 한다.

국어과 교사는 평가 실시 결과를 기준에 근거해서 채점하고 분석하고 학습정도를 판단하여 이를 학습 증진에 활용할 수 있도록 준비해야 한다. 국어과교사는 계획하고 시행한 평가의 결과가 나타내는 학습정도를 파악할 수 있어야 하며, 평가 결과를 객관적으로 채점하고 분석, 해석해야 학습 정도를 바르게 파악할 수 있어야 한다.

국어과 교사는 국어교육평가의 질적 개선을 위해 미리 마련한 채점 기준을 근거로 평가 실시 결과를 채점할 수 있는 능력을 갖추어야 한다. 계획 단계에서 마련한 채점기준이 평가의 목표와 내용과 방법을 고려하여 타당하게 세워졌으며 평가 실시과정을 거치면서 변경할 부분은 없는가를 살펴본 후에, 채점을 시작한다. 채점은 기준에 따라 엄격하고 정확하게 이루어져야 한다.

국어과 교사는 국어교육평가의 질적 개선을 위해 평가 결과 분석 계획에 맞추어 평가 시행 결과 및 채점 결과를 분석할 수 있는 능력을 갖추어야 한다. 채점 결과를 평가 목표에 따라 해석하기 위한 자료를 준비하는 단계로서, 여러 측면에서 평가 실시 결과를 재정리하고 이전의 평가 결과와도 비교한다. 결과 분석은 결과 해석을 위한 자료 정리 단계로서 더욱 평가 목표 지향적으로 이루어져야 한다. 그렇지 않으면 평가 목표와 결과 해석의 방향성이 달라 결과 활용상의 타당성이 결여될 수 있다.

국어과 교사는 국어교육평가의 질적 개선을 위해 채점 및 분석한 자료를 대상으로 평가 목표와 내용에 비추어 현 시점에서의 학습 상태나 진행 정도 혹은 결과를 판단할 수 있는 능력을 갖추어야 한다. 채점하고 분석한 자료에 근거하여 평가 목표에 비추어 학습자의 학습 정도가 어떠한가를 판단한다. 이러한 결과 해석은 학습 증진 전략을 수립하기 위한 근거를 마련하는 활동이므로 평가 실시 결가 채점과 분석, 해석이 논리적 타당성을 갖도록 해야 한다.

국어과 교사는 국어교육평가의 질적 개선을 위해 평가 결과를 근거로 평가 단위(학습자, 학급, 학년, 교과, 학교, 지역, 국가)의 학습 증진 전략을 수립할 수 있는 능력을 갖추어야 한다. 국어과 교사는 해석한 평가의 결과를 학생의 학습 증진을 위해 어떻게 활용해야 할 것인가에 대한 답을 제공해야 한다. 이를 위해서 이 단계에서는, 학습자별, 학급별, 학년별, 교과별, 학교별로 평가에 대한 후속 조치로서 어떤 노력을 해야 할 것인지 그 전략을 수립하고 그러한 노력의 결과가 학습의 증진에 효과가 있을 것인지에 대한 검토를 거쳐야 한다.

○ 기준 8. 국어과 교사는 국어교육평가의 결과 보고 및 활용

능력을 구비하여야 한다.

국어과 교사는 평가 결과를 학습자와 학부모, 기관에 보고(기록)하고 학습을 증진하는 데에 활용할 수 있는 능력을 갖추어야 한다. 평가 결과가 학습자의 학습 정도를 어떻게 나타내고 있으며 이는 학습에 어떤 의미를 지니는가에 대해 학습자, 학부모, 기관과 의사소통하는 활동을 한다. 평가 결과는 교사만 알고 있는 정보가 되어서는 안 되며 학습자에게 환원되어 학습에 의미 있는 정보가 되어야 한다.

국어과 교사는 국어교육평가의 질적 개선을 위해 학습자와 학부모에게 학습자의 학습 평가 결과와 그에 근거한 학습 증진 전략을 알릴 수 있는 능력을 갖추어야 한다. 학습자와 학부모에게 평가 결과와 학습 증진 전략을 제공하여 학습자 입장에서 평가가 무엇을 위한 것이었고 어떤 결과를 나타내었으며 이후 학습을 위해서는 어떤 노력을 해야 하는지에 대해 교사의 의견을 전달하고 학습자와 학부모와 함께 공동으로 강점을 조장하고 약점을 보완할 방안을 마련한다. 학습자의 학습에 대해 학습자와 학부모, 교사의 의견을 상호 교환함으로써 학습자의 입장과 조건에 맞는 학습자 중심의 학습을 지향하는 평가가 될 수 있다. 수업에서 즉시 이루어지는 평가의 결과 등은 다른 평가 결과에 대한 의사소통 시에 함께 알릴 수도 있다.

국어과 교사는 국어교육평가의 질적 개선을 위해 학습자에게 격려나 충고 등의 방법으로 학습 동기를 촉진하고 필요한 학습 기회나 환경을 지원할 수 있는 능력을 갖추어야 한다. 국어과 교사는 학습자에게 평가 결과와 학습 증진 전략을 제공하는 것과 아울러 학습자의 정서적인 측면을 지도하고 학습자가 필요로 하는 환경을 제공하도록 노력해야 한다. 정서적 측면의 지도 방법은 학습자가 처한 입장과 평가 결과에 따라 격려나 충고가 될 수 있다. 이를 위해서는 평소에 학습자의 학습 성장 형태, 학습 환경, 심리적 특성 등에 대한 정보를 수집하여야 한다. 그러한 여러 가지 학습자 배경 정보가 부족한 상태에서 이루어지는 일방적인 의사 전달이 되지 않도록 유의한다.

국어과 교사는 국어교육평가의 질적 개선을 위해 평가 계획에서부터 평가 결과의 활용에 이르기까지 평가 전반에 대해 평가가 학습 증진에 기여하고 그 목표와 내용, 방법, 결과 활용 등에서 양호하였는지를 반성적으로 판단할 수 있는 능력을 갖추어야 한다. 국어과 교사가 계획하고 시행한 평가가 처음 의도했던 평가 목표를 달성하였는지, 평가 방법 선정이나 도구 개발, 실시에서 부족한 점이나 잘못된 점은 없었는가, 학생들에게는 학습 증진이라는 효과를 거두었는가 등을 중심으로 평가 전반에 대한 평가를 하여 이후에는 더욱 학습자 중심이면서 학습지향적인 평가가 되도록 한다.

## 3. 국어과 교육과정에 제시된 평가에 관한 일반 지침

### (1) 2007 국어과 교육과정에 제시된 '평가'에 관한 일반 지침

#### 가. 평가 계획

1) 영역별 평가 목표와 내용에 적합한 평가 방법으로 학습자의

국어 능력을 타당하고 신뢰성 있게 평가할 수 있도록 계획한다.

2) 학습자의 표현 능력과 이해 능력, 인지적 요소와 정의적 요소가 균형 있게 평가되도록 계획한다.

3) 평가 목적, 평가 시기, 평가 상황 등을 종합적으로 고려하여 양적 평가와 질적 평가, 형식 평가와 비형식 평가, 간접 평가와 직접 평가, 선택형 평가와 수행 평가 등이 적절하게 활용될 수 있도록 계획한다.

4) 평가 계획을 수립할 때에는 다음 사항에 유의한다.

가) 학습의 과정과 결과를 모두 중시하여 평가하도록 한다.

나) 교수・학습 과정과 평가를 연계하여 평가하도록 한다.

다) 국어 사용의 실제성을 고려하여 다양한 평가 상황을 설정하고, 영역을 통합하여 평가하도록 한다.

라) 평가 상황, 평가 방법, 평가 기준을 학습자에게 미리 알려 주어 평가가 국어 학습을 적극적으로 도와줄 수 있도록 한다.

마) 학습자의 능력뿐만 아니라 교수・학습 방법과 자료, 평가 도구 등에 대해서도 평가하도록 한다.

### 나. 평가 목표와 내용

1) 평가 목표는 교육과정의 '3. 가. 내용 체계'와 '3. 나. 학년별 내용'에 제시되어 있는 '성취 기준'을 종합적으로 고려하여 설정하되, 영역별로 다음 사항에 유의한다.

가) 듣기 영역의 평가 목표는 사실적・추론적・비판적 듣기, 듣기 태도 변화에 중점을 두어 설정한다.

나) 말하기 영역의 평가 목표는 말할 내용의 생성 및 조직, 정확하고 효과적인 표현과 전달에 중점을 두어 설정한다.

다) 읽기 영역의 평가 목표는 추론적·비판적·창의적 읽기에 중점을 두어 설정한다.

라) 쓰기 영역의 평가 목표는 쓸 내용의 생성 및 조직, 정확하고 효과적인 표현에 중점을 두어 설정한다.

마) 문법 영역의 평가 목표는 문법 지식의 이해와 탐구 및 적용 능력에 중점을 두어 설정한다.

바) 문학 영역의 평가 목표는 문학 지식에 대한 이해, 문학 작품의 수용과 생산 능력에 중점을 두어 설정한다.

2) 평가 내용은 교육과정의 '3. 나. 학년별 내용'의 '성취 기준'을 근거로 선정하되, 다음 사항에 유의한다.

가) 평가 내용은 각 영역의 학습 내용에서 균형 있게 선정하되, 학년별 수준과 범위를 고려한다.

나) 평가 내용은 국어 능력을 구성하는 하위 요인과 이 요인이 통합적으로 실현되는 능력을 평가할 수 있게 선정한다.

다) 평가 내용은 성취 기준을 지식, 기능, 맥락의 측면에서 구체화하고 있는 내용 요소와 담화나 글을 결합하여 선정한다.

라) 평가 내용은 해당 학년별 내용에 제시된 담화나 글을 위주로 하되, 이와 관련된 것도 다룬다.

### 다. 평가 방법

1) 평가 목적, 평가 목표와 내용에 적합하게 다양한 평가 방법과 평가 도구를 활용한다.

2) 교사의 학생 평가 외에 학생의 자기 평가, 학생과 학생 간의 상호 평가를 적극적으로 활용한다.

3) 영역의 특성을 고려하여 지필 평가(선택형, 서답형), 연구 보

고서법, 자료철(포트폴리오), 면접법, 구술 평가, 토론법, 관찰법 등의 다양한 평가 방법을 활용한다.

4) 국어 능력의 평가는 다양한 평가 방법을 활용하되, 가급적 질적 평가, 비형식 평가, 직접 평가, 수행 평가를 적극적으로 활용한다.

5) 평가 목표와 내용, 평가 상황에 따라 필요한 경우에는 평가 방법을 통합하여 활용한다.

**라. 평가 결과의 활용**

1) 평가 결과는 학습자의 성취 수준, 국어 능력의 발달 정도를 판단하고, 교수 · 학습 방법, 교수 · 학습 자료, 평가 도구를 개선하는 데 활용한다.

2) 평가 결과를 통해 학습자의 성취 수준 이외에 교수 · 학습에 영향을 미치는 여러 요인을 분석하여 학습자, 교사, 학부모, 교육 관련자에게 제공함으로써 학습자의 국어 능력을 향상시키는 데 활용하되, 평가 결과 보고 체계를 구체화 · 다양화한다.

### (2) 2011 국어과 교육과정에 제시된 '평가'에 관한 일반 지침

**가. 평가 계획**

(1) 영역별 평가 목표와 내용에 적합한 평가 방법으로 학습자의 국어 능력을 타당하고 신뢰성 있게 평가할 수 있도록 계획한다.

(2) 학습자의 표현 능력과 이해 능력, 인지적 요소·행동적 요소·정의적 요소가 균형 있게 평가되도록 계획한다.

(3) 평가 목적, 평가 시기, 평가 상황 등을 종합적으로 고려하여 양적 평가와 질적 평가, 형식 평가와 비형식 평가, 간접 평가와 직접 평가, 선택형 평가와 수행 평가 등이 적절하게 활용될 수 있도록 계획한다.

(4) 평가 계획을 수립할 때에는 다음 사항에 유의한다.

(가) 학습의 과정과 결과를 모두 중시하여 평가하도록 한다.

(나) 교수・학습 과정과 평가를 연계하여 평가하도록 한다.

(다) 국어 사용의 실제성을 고려하여 다양한 평가 상황을 설정하고, 영역을 통합하여 평가하도록 한다.

(라) 평가 상황, 평가 방법, 평가 기준을 학습자에게 미리 알려 주어 평가가 국어 학습을 적극적으로 도와 줄 수 있도록 한다.

### 나. 평가 운용

(1) 평가 목표는 지식, 기능, 태도, 실제의 측면을 종합적으로 고려하면서 교육과정의 학년군별, 영역별 '성취 기준'이 잘 반영될 수 있도록 설정하되, 각 영역별로 다음 사항에 유의한다.

(가) '듣기·말하기' 영역의 평가 목표는 듣기·말하기 과정을 유기적으로 통합하여 설정하되, 듣기에서는 사실적・추론적・비판적 듣기 능력과 긍정적이고 적극적인 태도 변화에 중점을 두고, 말하기에서는 말할 내용의 생성 및 조직, 정확하고 효과적인 표현과 전달, 상대를 배려하는 태도에 중점을 두어 설정한다.

(나) '읽기' 영역의 평가 목표는 내용 확인, 추론, 평가와 감상, 점검과 조정 등에 중점을 두어 설정한다.

(다) '쓰기' 영역의 평가 목표는 쓰기의 목적, 독자, 주제에 맞게 글을 정확하고 효과적으로 쓰는 능력에 중점을 두어 설정한다.

(라) '문법' 영역의 평가 목표는 문법 지식의 이해와 탐구 및 적용 중심으로 설정하되, 문법 지식의 단순한 암기가 아닌 국어의 구조와 문법의 작동 원리를 파악하고 생활 속에 적용, 실천하는 능력에 중점을 두어 설정한다. 어휘와 어법 관련 평가 목표는 개별 단어의 발음, 표기, 뜻에 대한 정확한 이해, 의사소통 상황에서 어휘 사용의 적절성, 창의적인 어휘 사용 능력, 올바른 어법에 따른 문장 구사 능력에 중점을 두어 설정한다.

(마) '문학' 영역의 평가 목표는 문학 지식에 대한 이해, 문학 작품의 수용과 생산 능력에 중점을 두어 설정한다.

(2) 평가 내용은 교육과정의 학년군별, 영역별 '성취 기준'을 근거로 선정하되, 다음 사항에 유의한다.

(가) 평가 내용은 각 영역의 학습 내용에서 균형 있게 선정하되, 학습자의 발달 수준을 고려한다.

(나) 평가 내용은 성취 기준을 지식, 기능, 태도의 측면에서 구체화하고 있는 내용 요소 중심으로 선정한다.

(다) 평가 자료는 해당 학년군별로 제시된 '국어 자료의 예' 위주로 하되, 이와 관련된 것도 다룬다.

(3) 평가 방법은 평가 목표와 평가 내용에 적합한 방법을 취하되, 다음 사항에 유의한다.

(가) 평가 목적, 평가 목표와 내용에 적합하게 다양한 평가 방법과 평가 도구를 활용한다.

(나) 교사의 학생 평가 외에 학생의 자기 평가, 학생과 학생 간의 상호 평가를 적극적으로 활용함으로써 평가를 유의미한 교수·학

습 방법의 일환으로 활용한다.

(다) 영역의 특성, 평가 목표, 평가 내용, 평가 상황 등을 고려하여 선택형 평가, 서답형 평가, 연구 보고서법, 자료철(포트폴리오), 면접법, 토론법, 관찰법 등의 다양한 평가 방법을 적절하게 활용한다.

(라) 평가 목표와 내용, 평가 상황에 따라 필요한 경우에는 다양한 평가 방법을 통합하여 활용한다.

### 다. 평가 결과 활용

(1) 평가 결과는 학습자의 성취 수준, 국어 능력의 발달 정도를 판단하는 자료로 활용한다.

(2) 평가 결과는 교수 · 학습 방법, 교수 · 학습 자료, 평가 도구 개선을 위한 기초 자료로 활용한다.

(3) 평가 결과를 통해 학습자의 성취 수준 이외에 교수 · 학습에 영향을 끼치는 여러 요인을 분석하여 학습자, 교사, 학부모, 교육 관련자에게 제공함으로써 학습자의 국어 능력을 향상시키는 데 활용하되, 평가 결과 보고 체계를 구체화·다양화한다.

# 제 8 장

# 국어과 교육과정과 국어 교과서

1. 검정 도서로서의 국어 교과서 개선 방향
2. 국어과 교육과정의 구현을 위한 국어과 교과서 개발의 실제

# 제8장 국어과 교육과정과 국어 교과서

## 1. 검정 도서로서의 국어 교과서 개선 방향

제7차 국어과 교육과정에 이은 새로운 교육과정의 개발 및 적용과 함께 중고등학교의 국어 교과서가 국정 도서에서 검정 도서로 전환되었다. 제7차 교육과정까지의 초·중·고등학교의 국어 교과서는 교육인적자원부가 저작권을 가진 국정 도서에 해당한다. 국어 교과서가 국정 도서에서 검정 도서로 바뀐 사실은 국어교육의 내적인 환경과 외적인 환경에 지대한 영향을 끼칠 수 있다.

지금까지 국어 교과서를 국정 도서로 발행해 온 까닭은 국어 교과가 우리 민족의 정체성과 깊은 연관을 맺는 교과로 인식하였기 때문이다. 제7차 국어과 교육과정에서 규정하고 있듯이 국어교과는 우리 민족의 혼이 깃들어 있는 국어를 정확하고 효과적이며 창의적으로 사용하는 능력과 태도를 기르고, 미래 지향적인 민족의식과 건전한 국민 정서를 함양하며, 국어 발전과 국어 문화 창달에 이바지하려는 뜻을 세우게 하기 위한 교과이다. 언어로서의 국어는 이 세상을 우리 자신에게 드러내게 함과 아울러 우리 자신을 이 세상에 드러내게 하는 가장 강력하고도 유용한 도구이며, 의사소통의 수단일 뿐만 아니라 사고의 기본적 도구이고, 우리의 문화를 규정짓는 특성이며, 개인의 정체성을 드러내는 가장 확실한 표지이기 때문이다.

국어 교과서가 국정 도서에서 검정 도서로 전환되는 중대한 사태에 직면하여 검정 도서로서의 국어 교과서가 지닌 장점과 단점은 무엇이며, 단점을 극복하고 장점을 최대한으로 살리기 위한 방안은 무엇인지 등에 관한 심층적인 연구를 국어교육학계에서는 시급히 진행해 나갈 필요가 있을 것이다. 이와 연관하여 하여 다음에서는 검정 도서로서의 국어 교과서에 관한 박영목(2007)의 연구를 바탕으로 하여 검정 도서로서의 국어 교과서가 지닌 의미, 좋은 국어 교과서를 탄생시킬 수 있는 검정 제도와 과정, 좋은 국어 교과서가 갖추어야 할 외적 구조와 내적 구조 등의 문제에 대하여 논의를 전개해 보기로 한다.

### (1) 검정 도서로서의 국어 교과서

교과용 도서에 관한 규정(일부개정 2004 .6. 19. 대통령령 18429호)에서는 교과용 도서를 교과서와 지도서로 규정하고, 교과서를 학교에서 학생들의 교육을 위하여 사용되는 학생용의 서책·음반·영상 및 전자저작물 등으로 규정하였다. 그리고 이 규정에서는 교과용 도서의 유형을 국정 도서, 검정 도서, 인정 도서의 세 가지 유형으로 구분하고 있다. 여기에서 국정도서는 교육과학기술부가 저작권을 가진 교과용 도서를 말하며, 검정도서는 교육과학기술부장관의 검정을 받은 교과용 도서를 말하고, 인정도서는 국정도서나 검정도서가 없는 경우 또는 이를 사용하기 곤란하거나 보충할 필요가 있는 경우에 사용하기 위하여 교육과학기술부장관의 인정을 받은 교과용 도서를 말한다.

교과용도서의 선정에 있어서 학교의 장은 국정도서가 있을 때에는 이를 사용하여야 하고, 국정도서가 없을 때에는 검정도서를 선정·사용하여야 한다. 다만, 국정도서나 검정도서가 없는 경우 또는 이를 사용하기 곤란하거나 보충할 필요가 있는 경우에는 인정도서를 사용할 수 있다. 그리고 학교의 장은 당해 학교에서 사용할 검정도서를 선정함에 있어서는 당해 학교의 학교운영위원회의 심의를 거쳐야 한다. 다만, 학교운영위원회가 구성되지 아니한 학교는 학교운영위원회의 구성 방법에 준하여 구성되는 학교운영에 관한 협의 기구의 심의를 거쳐야 한다.

국정 도서와 검정 도서는 나름대로의 장단점을 지니고 있는 것이 사실이다. 검정 도서로서의 국어 교과서가 지니는 의미를 냉철하게 탐색하기 위해서는 국정 도서와 검정 도서가 지니는 장점과 단점(조난심 외, 2004; 허강 외, 2002)을 조명해 볼 필요가 있다.

먼저 국정 도서가 지니는 장점을 열거하면 다음과 같다. 첫째 국정 도서는 국민공통 기본교육의 이념을 충실하고도 일관성 있게 구현할 수 있다. 둘째 국정 도서는 불필요한 인력과 예산의 낭비를 줄일 수 있으며 교과서 발행 기관 사이의 출혈 경쟁을 막을 수 있다. 셋째 국정 도서는 교과용 도서의 안정적인 생산과 공급에 기여할 수 있다. 넷째, 국정 도서는 개발 및 개편 과정에 있어서 연구 기관의 전문 연구원과 해당 분야의 대학 교수와 현장교사 등이 폭넓게 참여할 수 있을 뿐만 아니라 수차례에 걸친 심의와 검토 그리고 실험본 제작 과정 등을 통하여 교과용 도서의 질을 일정 수준 이상 유지할 수 있다.

국정 도서는 위에서 제시한 바와 같은 장점이 있음에도 불구하고 다음과 같은 문제점을 내포하고 있다. 첫째 국정 도서는 교육과정의 적용에 있어서 해석의 획일화를 초래하여 교육의 다양성을 저해할 수도 있다. 둘째 국정 도서는 경쟁을 배제하는 독점 체제이므로 교과서의 질적 향상을 위한 노력에 있어서 한계를 지닐 수밖에 없다. 국정 도서에서는 획일적인 외형 체제가 확립되어 있어서 다양하고 창의적인 표현이나 내용 조직의 도입을 저해할 수도 있기 때문이다. 셋째 국정 도서는 교과서 집필에 참여할 수 있는 전문 인력의 수를 극도로 제한하게 된다. 사실 좋은 교과서를 만들고자 하는 의욕을 지니고 있으면서 교과서 개발에 전문성을 지닌 인사는 많다. 국정 도서는 바로 이와 같은 전문 인력의 교과서 집필 참여 기회를 제함함으로써 다양한 교수 학습 방법의 가능성을 배제하고 교수 학습과 관련하여 참신하고 독창적인 아이디어가 제기되는 것을 용인하지 않게 되는 결과를 초래하는 것이다.

국정 도서가 지니는 문제점과 연관하여 검정 도서가 지니는 장점을 살펴보면 다음과 같다. 첫째 검정 도서는 교육과정에 대한 다양한 해석을 가능하게 해 준다. 검정 도서는 주어진 교과서가 교육과정의 유일한 구현체가 아니라는 사실을 일깨워주고 교육과정에 대한 인식을 바로 세울 수 있는 계기를 제공해주기 때문이다. 둘째 검정 도서는 자유 경쟁의 원리에 입각하여 개발되기 때문에 교과서의 질 향상을 유도 할 수 있다. 셋째 검정 도서는 단위 학교 혹은 단위 지역에 교과용 도서의 선택권 부여에 기여할 수 있다. 넷째 검정 도서는 교사를 비롯한 다양한 전문가 집단의 교과서 집필 참여 기회를 확대할 수 있다.

교과서 검정제는 다음과 같은 이유에서 도입되었고, 확대가 검토되고 있다. 첫째, 교과서 검정제는 국정제에 비해 교육의 자율성을 향상시킬 수 있다. 둘째, 검정 제도는 교과서의 다양성을 보장한다. 셋째, 검정제에서는 교과서에 대한 정부의 개입이 줄어든다. 교과서 검정제를 확대하려는 이유는 시장 경제의 제일 원리인 경쟁을 통한 상품의 질적 제고를 도모하기 위해서이다. 즉 경제 논리를 교육에 도입하여 수요자가 직접 상품의 질적 판단을 하도록 하고, 그 성향에 맞추어 생산자가 창의적인 상품을 개발하도록 하려는 데에 검정 제도의 논거가 있다. 이처럼 교과서 검정제는 교육의 자율성과 다양성 추구 그리고 정부 개입의 축소라는 자유시민 사회의 이념을 실현하는 제도라고 할 수 있다. 그리고 우리 사회에서는 점차 사회의 민주화에 걸 맞는 교과서 제도의 개방화, 다양화를 추구하는 목소리가 커지고 있다. 이러한 상황에서 우리나라 교과서 제도의 근간은 이제 국정 교과서가 아니라, 검정 교과서여야 한다는 주장에 대한 공감대가 확산되고 있는 것이 사실이다.

한편 검정 도서는 다음과 같은 문제점을 지니기도 한다. 첫째 검정 도서는 미숙한 학생들에게  가치관의 혼란, 이념적 갈등, 교육적 혼란 등의 문제를 야기할 수 있다. 사실 다양하고 검증되지 않은 주장들이 검정 교과서에 담겨서 학생들의 가치관을 혼란시키고 사회의 이념적 갈등을 가중시키고 있다는 주장이 우리 사회에서 현실적으로 제기되고 있기 때문이다. 둘째, 검정 도서의 확대로 인하여 교과서 발행비가 증가하여 정부의 부담이 가중될 수 있다. 현재 의무교육기간인 초등학교와 중학교에서는 교과서를 각 학생들에게 무료로 지급해 주고 있다. 그런데 국정 도서를 검정 도서로 전환할 경우에는 교과서 편찬 및 발행 예산이 현재보다 대폭 상승할 것으로 추정되기 때문이다. 셋째, 검정 도서의 확대로 인하여 교과서 검정 과정에서 심각한 문제를 야기할 가능성이 있다.

중고등학교 국어 교과서가 국정 도서에서 검정 도서로의 전환을 앞두고 있는 이 시점에서 우리는 검정 도서로서의 국어 교과서에 대하여 장밋빛 전망만을 할 수는 없는 일이다. 이와 연관하여 다음에서는 중고등학교 국어 교과서의 검정 도서화의 당위성에 대한 기존의 논의를 비판적인 시각에서 점검해 보고자 한다.

중고등학교 국어 교과서의 검정 도서화의 당위성에 대한 기존의 논의(윤여탁, 2004)에서는 다음 네 가지 측면에서 당위성을 제시하고 있다. 첫째, 국어 교과의 특수성을 반영하는 효과를 극대화할 수 있을 것으로 생각된다는 것이다. 둘째, 국어 교과서를 검정제로 전환함으로써 국어교육의 질을 제고할 수 있다는 것이다. 셋째, 국어 교과서를 검정제로 전환하여 여러 권의 국어 교과서가 발행됨으로써 그동안 독점 체제로 개발되는 국어 교과서로는 실현하기 어려운 다양성을 실천할 수 있다는 것이다. 넷째, 국어 교과서를 검정제로 전환함으로써 많은 국어교육 연구자나 실천자들이 교과서 개발에 참여할 수 있는 기회를 마련하게 된다는 것이다. 이러한 당위성에 대한 논의는 당연히 옳은 것으로 판단된다. 그런데 우리가 간과하지 말아야 할 것은 당연해 보이는 이러한 당위성이 심각한 부작용을 초래할 수도 있다는 점이다.

국어 교과서를 검정 도서로 전환하게 되면 과연 국어 교과의 특수성을 반영하는 효과를 극대화할 수 있을 것인가에 대하여 우리는 의문을 제기할 수 있다. 초등 국어교육이든 중등 국어교육이든 모두가 도구적인 특성과 문화적인 특성을 지니는 것이며, 의사소통 능력과 국어의 정확한 사용 능력과 창의적 언어 사용 능력을 함께 중시해야 한다. 중등 국어 교과서를 검정 도서로 전환함으로써 문화적 특성과 학교급별 특성을 제대로 살릴 수 있다는 주장은 설득력을 지니기 어렵다. 국어교육의 특성은 우리 민족의 동질성과 정체성에 있다고 할 수 있다. 그러므로 국어 교과서를 검정 도서로 전환하게 되면 시장 경제 논리와 자율화 및 다양화의 논리가 지배적인 논리로 등장하게 되어 오히려 국어 교과의 특수성을 제대로 살리지 못하게 될 가능성이 있는 것이다.

국어 교과서를 검정제로 전환함으로써 국어교육의 질을 제고할 수 있을 것인가에 대하여도 우리는 의문을 제기할 수 있다. 국어 교과서의 외적 체제와 내적 체제에 대한 현재까지의 연구 성과를 고려하면, 소수의 집필자들이 참여하는 검정 도서보다는 국가에서 위탁한 연구 기관에서 전문 인력을 폭넓게 활용하여 개발하는 국정 도서가 오히려 질적인 측면에서 앞설 수 있다는 것이 현실에 대한 정확한 진단일 수도 있다. 따라서 우리는 국어 교과서의 검정제 전환에 대비하여 교과서의 외적 체제는 물론 내적 체제에 대한 광범위하고도 심층적인 연구를 조속히 수행할 필요가 있다. 그리고 검정 도서를 발행하는 출판사 측에서도 좋은 국어 교과서를 제작할 수 있는 여건과 환경을 시급히 조성해 나가야 할 것이다.

국어 교과서를 검정제로 전환하여 여러 권의 국어 교과서가 발행됨으로써 그동안 독점 체제로 개발되는 국어 교과서로는 실현하기 어려운 다양성을 실천할 수 있을 것인가에 대하여도 우리는 의문을 제기할 수 있다. 국어 교과서를 검정 도서로 개발하게 되면 다양한 국어 교과서가 발행되는 것은 사실이다. 그러나 학교 현장에서는 실제로 어느 하나의 교과서를 채택하여 사용하게 된다. 그러므로 특정 출판사에서 발행한 국어 교과서가 국정 도서로 발행한 국어교과서에 비해 다양한 요구를 반영하였다고 볼 수는 없을 것이다.

국어 교과서를 검정제로 전환함으로써 많은 국어교육 연구자나 실천자들이 교과서 개발에 참여할 수 있는 기회를 마련하게 될 것인가에 대하여도 우려를 하지 않을 수 없다. 국어 교과에 있어서 고등학교 선택 과목과는 달리 국민 공통 기본 과목인 국어 과목의 경우에는 국어교육학 전공자들의 참여가 필수적이다. 비교적 짧은 학문적 전통으로 인하여 국어교육학 전공자의 수가 그리 많지 않은 것이 사실이다. 국어 교과서가 검정 도서로 전환함으로써 비전공자들이 각 출판사의 국어 교과서 개발에 참여하게 되면 국어 교과서의 본질적인 측면에서 문제를 야기할 수도 있다. 그렇다면 교과서 개발에의 참여 기회 확대가 반드시 바람직한 것인지에 대해서도 우려를 하지 않을 수 없는 것이며, 이러한 문제에 대한 적절하고도 다양한 대책도 강구해야 할 것이다.

### (2) 국어 교과서의 검정 제도와 과정

교과용 도서에 관한 규정(일부개정 2004.6.19. 대통령령 18429호)에 의하면 교육인적자원부장관은 검정을 실시하고자 할 때에는 적어도 그 검정도서의 최초 사용학년도 개시 1년 6월 이전에 검정할 교과용 도서의 종류, 신청자의 자격, 신청 기간, 검정 기준, 편찬상의 유의점, 심사본의 제출 부수, 검정수수료 및 그 납부 방법, 그 밖에 검정에 필요한 사항 등을 공고하여야 한다. 검정 신청은 저작자 또는 발행자가 하거나 저작자와 발행자가 공동으로 한다. 그리고 검정은 1차 심사와 2차 심사로 구분하여 실시하는데 1차 심사는 미리 정해진 검정 기준에 따라 교과용 도서로서의 적합성 여부를 심사하고, 2차 심사는 1차 심사 결과 수정을 요구한 사항에 관한 이행 여부 및 수정된 내용을 심사한다. 검정의 합격 결정은 심사의 결과에 따라 교육인적자원부장관이 행한다.

국어 교과서의 검정 도서로의 전환 문제와 연관하여 중요한 문제는 국어 교과서의 검정 기준과 편찬상의 유의점에 관한 문제이다. 검정 기준 및 편찬상의 유의점의 내용과 수준은 질이 좋은 국어 교과서를 합격시키는 데 결정적인 역할을 하기 때문이다. 만약 제7차 교육과정에 의해 개발된 고등하교 국어과 선택 과목의 검정 기준이나 편찬상의 유의점 수준에서 새로운 검정 교과서로서의 국어 과목 교과서의 검정 기준과 편찬상의 유의점이 마련된다면 좋은 국어 교과서를 변별하는 기준으로서 제대로 기능을 발휘하지 못할 것이다. 따라서 현행의 검정 제도와 과정에 대한 깊이 있는 수정과 보완이 이루어져야 할 것이다.

좋은 교과서를 발행하기 위해서는 '검인정제 확대, 수정·보완 발행 체제, 정기 검정제, 정책 결정과 시행의 일원화, 지도서의 인정제화, 교과서 형태의 다양화, 발행사의 전문화, 모니터제, 선정 범위의 광역화, 교과서 대여제' 등의 방안이 제시된 바 있으며(홍후조, 2002), '검정 제도의 장기 예측 가능성, 민간 부문의 자율성 강화, 심의 과정의 정밀도 향상, 사후 질 관리의 효율성 향상' 등의 방안 또한 제시된 바 있다(김정호, 2003). 다음에서는 검정 제도와 과정에 대한 기존의 연구 결과를 바탕으로 하여 국어 교과서 검정 제도의 개선 방안을 탐색해 보기로 한다.

현재의 제도에서는 검정 심의 과정이 '심사본에 대한 기초조사, 1차 심의·판정, 부적격 판정의 이유 고지, 적격본에 대한 수정 지시, 수정 사항의 확인을 위한 2차 심의·판정'으로 진행된다. 심의본의 문제점을 정밀하게 분석고여 판단하여 정확하고도 타당하게 합격 여부를 결정하는 일은 심의 대상 본의 수, 심의위원의 수와 능력, 심의 기간 등의 요소에 달려있다. 여기에서 특히 문제가 되는 것은 심의위원의 구성에 관한 문제이다. 사실 국어교육에 관한 대부분의 전문가나 우수 인력들은 검정 교과서 집필에 직접 참여하기 때문에 국어교육 전문가들로 심의위원을 구성한다는 것은 매우 어려울 것이다. 따라서 상설 검정·심의기구에서 심의를 하는 방안을 강구할 필요가 있다.

현재의 제도에서는 국어 교과의 과목별 검정심의위원을 해당 과목의 전공 영역을 고려하여 교수와 교사를 중심으로 구성한다. 그런데 해당 과목의 교육에 관한 전문가는 거의 대부분 교과서 집필에 참여하게 되므로 비전문가 집단에서 검정심의위원을 선정할 수 밖에 없는 것이 현실이다. 그리하여 교과 전문성이 결여된 위원들에 의하여 이루어지는 검정심의는 교과서의 질적 수준을 판단하는데 있어서 정확성과 타당성을 확보하지 못하게 될 위험성이 있다. 이러한 문제를 해결하기 위해서는 교과서 검정심의 활동을 전문적으로 수행하는 과목별 전문 연구 인력으로 구성된 상설 검정·심의 기구를 설치하여 운영하여야 할 것이다. 이 기구는 독립 기구로 설치하는 것이 가장 이상적이겠지만 사정에 따라서는 기존 연구기관의 부설 기관으로도 설치할 수 있을 것이다.

국어 교과서의 검정 심의를 더욱 정교한 방식으로 진행하기 위해서는 전 교과를 일제히 검정하는 제도 외에도 필요에 따라 교과별로 검정을 실시하는 부분적 수시 검정제를 도입할 필요가 있다. 앞으로 교육과정 개편은 전면적 정기적으로 이루어지기보다는 부분적 부정기적으로 이루어질 가능성이 많다. 만약에 앞으로 국어과 교육과정을 부분적으로 개정하게 되면 국어 교과서도 그 부문만 수정·보완하여 검정 심의를 다시 받도록 하는 수시 검정제를 도입해야 할 것이다. 이렇게 하면 검정 심의에 합격한 뒤에도 교과용 도서를 탄력적으로 수정·보완하는 체제를 유지하게 되어 결과적으로는 교과서의 질을 점진적이고도 심층적으로 개선해 나갈 수 있을 것이다.

국어 교과서에 대함 검정·심의를 정밀하게 진행하기 위해서는 많은 인력과 시간을 투자해야 한다. 현재의 제도 하에서는 약 8개월 정도의 기간 동안 교과서와 지도서 심의를 모두 마쳐야 하기 때문에 정밀한 심사를 하기에는 턱없이 시간이 부족하다. 이러한 문제를 해결하기 위해서는 검정 심의 대상에서 지도서를 제외할 필요가 있다. 지도서 개발은 검정에서 합격한 교과서에 한하여 각 출판사에서 자율적으로 개발하게 하더라도 출판사는 채택 경쟁에서 살아남아야 하기 때문에 지도서의 질 관리를 위하여 최선을 다하게 될 것이다. 이렇게 되면 교과서 심의 기간과 저작자의 수정 기간이 늘어나기 때문에 결과적으로는 교과서의 질적 개선을 도모하기 위한 시간을 확보할 수 있게 된다.

현재의 제도 하에서는 검정 도서로서의 국어 교과서를 집필하기 위한 기간이 짧기 때문에 질 높은 국어 교과서를 개발하기 위한 충실한 연구를 기대하기 어렵다. 따라서 앞으로의 검정 제도에서는 질 높은 국어 교과서를 개발하기 위한 충실한 기초 연구를 할 수 있는 제도적 장치를 마련하여야 할 것이다. 그리고 검정에서 합격한 국어 교과서에 대해서도 질적 수준을 향상시키기 위한 체계적인 연구를 의무적으로 하도록 하는 제도적 장치를 마련하여야 할 것이다. 이러한 제도적 장치는 정부의 재정 지원을 받는 전국 수준의 교과서 연구 기관과의 협력 체제를 강화하는 방향에서 마련되어야 할 것이다.

검정 도서로서의 국어 교과서의 질적 수준을 향상하기 위해서는 교과서 모니터링 제도 운영, 교과별 교과서심의위원회의 상설 운영 등과 같은 지속적인 질 관리 체제를 확보해야 할 것이다. 검정에 합격한 교과서라 할지라도 교과서 출판사에서는 학교 현장에서의 교과서 활용 과정에서 발견된 문제점과 교과서심의위원회에서 지적된 문제점들을 신속하고도 적극적으로 수정 보완해야 할 것이다.

### (3) 국어 교과서의 외적 체제

교육인적자원부에서는 제7차 교육과정에 따른 교과서 편찬을 하기에 앞서 교과서 편집 디자인과 관련하여 새로운 교과서 편찬 정책을 추진하였는데, 이러한 교과서 편찬관의 변화는 제7차 교육과정에 따른 교과서의 집필 지침인 '집필상의 유의점'에 잘 드러나 있다. 제7차 교육과정에 따른 교과서 편찬 규정을 제6차의 것과 비교해 볼 때, 편집 디자인 부문에서 몇 가지 발전적인 사항을 찾아볼 수 있다(조성준, 2004). 첫째, '편집 디자인'이라는 용어가 교과서 편찬 규정에 처음으로 사용되었다. 둘째, 교과서 외적 체제

기준의 변화에 따라 다양한 편집 디자인 기법의 활용이 용이해졌다는 점이다. 셋째, 규정이 구체적이지 않아 편집자 및 디자이너가 자율적·탄력적·창의적으로 편집 디자인을 할 수 있었다.

제7차 교육과정에 따른 검정본 심사 기준은 판형, 지질, 색도, 인쇄, 제책 등의 외형적 요소, 글꼴, 그림, 사진, 아이콘, 선·면 등의 재료적 요소, 디자인 설계 및 레이아웃의 행위적 요소를 모두 포함하고 있다. 외형 체제에 대한 것은 절대 기준이기 때문에 이를 지키지 않았을 때는 아예 심사를 위한 접수조차 되지 않는다. 따라서, 실제 심사에서는 외형적 요소보다는 재료적 요소나 행위적 요소가 주요 심사 대상이 된다. 그러나 심사 기준이 구체적이지 않아 심사 위원의 개인적 지식, 정서에 따라 자의적 판단을 할 수 있는 소지가 많다. 즉, '참신성·독창성'의 기준이 세부적으로 제시되지 않아서 평가의 객관성·타당성을 확보하기가 어렵다는 것이다. 앞으로 검정 도서로서의 국어 교과서 심사 기준을 마련할 때에는 외형적 체제에 대한 구체적이고도 객관적인 평가 기준을 제고하도록 해야 할 것이다.

검정 도서로서의 국어 교과서가 좋은 교과서로서의 위상을 확보하기 위해서는 무엇보다도 먼저 외적 체제 면에서 획기적인 개선이 이루어져야 할 것이다. 교과서의 외적인 체제와 연관되는 요소로는 교과서의 가로와 세로의 크기, 전체 쪽수, 보조 자료의 종류와 형태, 종이의 질, 활자의 크기, 색도의 종류 등을 생각할 수 있다. 교육인적자원부는 2006년 4월 12일, 주5일제 수업에 따른 교육과정 개정과 교과서 개편에 대비하여 '교과서 외형체제 개선 방안'을 마련하여 발표한 바 있다. 동 방안은 교과서 발행 관계자들의 창의성이 최대한 발휘될 수 있도록 판형 서체 편집배열을 자율화 하고, 지질과 색도를 획기적으로 개선하며, 편집디자인 분야를 대폭 강화하는 내용을 담고 있다. 교육인적자원부의 교과서 외형 체제 개선 방안의 주요 내용을 살펴보면 다음과 같다.

첫째, 판형 서체 편집 배열을 자율화하여 다양한 형태의 교과서가 발행될 수 있도록 한다. 판형은 국판, 4×6배판, 국배판, 국배배판 중에서 선택하도록 하되, 미술교과는 교과의 특성상 변형판도 허용하도록 한다.

둘째, 교과서 본문 용지는 일본 교과서 용지 수준인 신개발 고급 교과서 용지(75g/㎡)를 사용하여, 평량은 낮추고 백색도 불투명도 광택도 평활도(종이 표면의 매끄러운 정도) 등은 높여 책가방의 무게는 줄이되 인쇄 효과는 좋게 한다. 교과서 표지는 아트지 250g/㎡ 용지에 UV코팅을 처리하여 교과서 표지의 잉크와 종이가 벗겨지는 현상을 방지하도록 하며, 인쇄 효과도 좋게 하며, 기타 면지, 화보, 부록 등 부속물은 출판사 자율에 맡긴다.

셋째, 현재 4도와 2도인 교과서의 색도를 4도로 상향 조정하여 원색을 재현할 수 있도록 한다. 또한, 교과서 편찬 과정에서 편집디자인 분야를 경시하는 풍토를 지양하고, 재미있고 읽기 편한 교과서를 개발하기 위하여 편집 디자인 분야를 대폭 강화한다. 국정도서의 경우 집필 단계에서부터 편집디자인을 염두에 둔 집필이 될 수 있도록 편집디자인 전문가를 집필진에 포함 시키고, 검정도서의 경우도 편찬상의 유의점에 편집디자인에 대한 방향을 제시하고, 검정심사위원에 편집디자인 전문가를 포함시켜 검정을 강화하도록 한다.

교육인적자원부는 이상과 같은 조치로 교과서 외형체제가 획기적으로 개선되면, 다양한 형태의 교과서가 발행되고 학생들의 창의성과 학습 효과를 높일 수 있을 것으로 기대하고 있다. 또한, 교육인적자원부는 지질은 2007년 1학기용 교과서부터, 판형 색도 서체 편집배열 편집디자인 등은 차기 교과서 개편 시 적용하며, 외형체제 개선 후 교과서 평균 부당 가격은 인상이 될 것으로 추정된다고 발표하였다.

앞으로 국어 교과서의 외적 체제 개선을 강구함에 있어서 교과서의 물리적인 특성 외에도 심미적, 심리적, 사회적 특성 등을 종합적으로 고려할 필요가 있다. 국어 교과서의 글씨의 크기와 모양은 학생들의 연령과 발달 정도와 문식적 경험에 따라 달라져야 하며, 삽화의 제작과 편집도 학생들의 학습 동기 및 학습 효율성을 중시하는 방향으로 이루어져야 할 것이다.

검정 도서로서의 국어 교과서를 개발함에 있어서 정부는 교과서의 외적 체제에 관한 최소한의 기준을 명료하게 제시하고 세부적인 사항은 교과서 출판사의 자율에 맡기도록 해야 할 것이다. 즉 정부에서는 교과서의 판형, 전체 쪽수, 보조 자료의 종류와 형태, 종이의 질, 글자의 크기, 색도의 종류 등에 관한 기본적인 한계선만을 제시하고 출판사에서는 정부의 기본적인 한계선을 지키는 수준에서 세부적인 사항은 개발하는 국어 교과서의 특성에 맞게 자율적으로 다양한 방안을 강구할 필요가 있다. 교과서 외적 체제의 획일적 적용은 작게는 더욱 창의적이고 조형성 높은 편집 디자인의 저해 요인이, 크게는 다양한 교과서 편찬의 저해 요인이 될 수 있기 때문이다.

검정 도서로서의 국어 교과서의 외적 체제를 개선하기 위한 한 가지 방법은 국어 교과서 출판사의 편집 디자인 기능을 강화하는 것이다. 이를 위해서는 편집자, 디자이너, 저자, 일러스트레이터,

포토그래퍼 등의 전문 인력을 충분히 확보함과 동시에 이들 사이의 협조 체제를 강화할 필요가 있다. 이와 아울러 교과서 출판사의 편집 디자인 기능 활성화를 위한 정부 차원의 지원을 확대해 나갈 필요가 있다. 교과서 편집 디자인 전문가의 양성 및 교육과 함께 편집 디자인이 우수한 교과서에 대한 재정적 보상 등의 다양한 방안을 강구할 필요가 있다.

검정 도서로서의 국어 교과서의 외적 체제를 개선하기 위해서는 검정 도서로서의 국어 교과서 출판업계의 전문성을 강화해 나가야 한다(이혜영, 2004). 현재 대부분의 검정 교과서 출판사들은 재정 및 인력 부족 등의 문제로 편집 및 디자인 분야의 전문 인력을 충실하게 확보하지 못하고 있다. 경우에 따라서는 교과서에 대한 검정 심의가 있을 때에만 편집 디자인 전문 인력을 확보하였다가 검정이 끝나면 해체하는 경우도 있다. 이러한 문제점을 해결하기 위해서는 검정 교과서를 출원할 수 있는 출판사의 자격 요건을 엄격하게 제한하는 것이다. 즉, 편집과 디자인 전문 인력을 충분히 확보함과 아울러 일정 수준 이상의 재정과 시설을 갖춘 출판사에 한하여 검정 교과서를 출원할 수 있도록 검정 교과서 출원 자격을 제한할 필요가 있다.

### (4) 국어 교과서의 내적 체제

교과서는 교사가 가르치는 데 편리하게 꾸며지는 것보다는 학습자가 학습하는 데 편리하게 만들어져야 하며, 학습 효과를 최대한으로 높일 수 있도록 편찬되어야 한다. 앞으로 개발될 검정도서로서의 국어 교과서가 지녀야 할 바람직한 내적 체제에 대하여 기존의 연구 결과들을 바탕으로 하여 정리해 보기로 한다.

앞으로 개발될 검정 도서로서의 국어 교과서는 학습자의 학습 의욕과 동기를 강화하는 기능을 충실히 수행하여야 할 것이다(함수곤 2002). 국어 교과서는 학습자로 하여금 스스로의 힘으로 지식을 형성하고 문화의 가치를 생산하는 하나의 창조적 활동을 돕는 기능을 수행하여야 한다. 만약에 국어 교과서가 정형화된 지식의 전달에만 충실하게 되면, 학생들은 지식의 단순한 수용자로서의 역할밖에 할 수 없다. 이러한 학습 풍토에서는 살아있는 생각이 넘나드는 활발한 대화나 토의 활동을 기대할 수 없다. 교사와 학생, 학생과 학생의 협동적 사고를 통하여 문제를 창의적으로 해결하는 학습도 기대할 수 없다.

앞으로 개발될 검정 도서로서의 국어 교과서는 학습자의 사회문화적 상황을 중시하는 방향에서 학습 과제를 명료하고도 다양하게 제시하는  기능을 충실히 수행하여야 할 것이다. 국어 교과의 학습 과정에서 학습자로 하여금 학습 활동을 주체적이고 창조적인 방식으로 조직하고 전개하기 위해서는 학습 과제를 명확하고도 매력적으로 제시할 필요가 있다. 현대 사회에서는 지식과 정보가 전문화되고, 개인적 관심사가 다양해짐에 따라 문식 활동의 유형과 목적이 점점 복합적인 성격을 지니게 되었다. 흔히 우리는 문식 활동의 유형과 목적을 지나치게 제한된 범위 내에서 규정하거나 단순하게 설정하는 경향을 볼 수 있다. 문식 활동은 학습자와 사회문화적 맥락과의 상호작용을 통하여 새로운 정신세계를 창출하는 인지적이며 사회적인 활동이다. 그러므로 국어 교과서는 학습자의 사회문화적 맥락을 고려하여 다양한 방식으로 학습 과제를 제시해야 할 것이다.

앞으로 개발될 검정 도서로서의 국어 교과서는 창의적이고도 자기주도적인 학습 방법을 제시하는 기능을 충실히 수행하여야 할 것이다. 문식 학습의 과정에서 교사는 의미 있는 학습을 위해 노력하고, 학생은 학습으로부터 의미를 구성하기 위해 노력한다. 이러한 과정에서 교사와 학생은 교수 학습의 의미에 대하여 일종의 협상을 벌인다고 할 수 있다. 이러한 협상이 효과적으로 진행될 수 있도록 앞으로 개발될 검정 도서로서의 국어 교과서는 학생들의 창의적이고도 자기 주도적인 학습 방법을 안내하는 구실을 충실히 해야 할 것이다. 이러한 교과서를 활용함으로써 교사는 학생들의 바람직한 이해를 위한 계획을 세우고 적절한 학습 과제와 활동을 선정하며 적절한 동기를 부여하고 정보를 공유하며 주어진 학습 목표에 대한 학생들의 이해 정도를 심화시킬 수 있게 된다.

앞으로 개발될 검정 도서로서의 국어 교과서는 문제 해결 과정과 절차를 자세하게 안내함과 아울러 학습의 개별화를 촉진하는 기능과 학습의 정착 기능을 충실히 수행하여야 할 것이다. 학습의 개별화 기능을 가진 교과서로 만들기 위해서는 공통 학습 과제와 개별화  학습 과제가 명확하게 구분되어 있어야 하고, 학습자가 자신에 알맞은 학습 과제나 학습 방법을 선택할 수 있어야 하고, 학습자의 자율학습을 위한 자료를 제공하여야 한다. 학습의 정착 기능을 충실히 수행하는 교과서로 만들기 위해서는 학습자가 스스로 자기 평가를 하면서 학습의 성과를 정착시킬 수 있는 장치를 마련하여야 한다.

앞으로 검정 도서로 발행하게 될 중고등학교 국어 교과서의 개선 방향을 탐색하기 위하여 지금까지 검정 도서로서의 국어 교과서가 지닌 의미, 좋은 국어 교과서를 탄생시킬 수 있는 검정 제도와 과정, 좋은 국어 교과서가 갖추어야 할 외형적 구조와 내적 구조 등의 문제에 대하여 기존의 연구 결과를 바탕으로 하여 논의를 전개해 보았다.

중고등학교 국어 교과서의 검정 도서화로 인하여 국어 교과의 특수성을 반영하는 효과 극대화, 국어교육의 질 제고, 국어 교과서의 다양성 실천, 국어교육 연구자의 교과서 개발 참여 확대 등의 효과를 기대할 수 있을 것이다. 그러나 현 시점에서 중고등학교 국어 교과서의 검정 도서화로 인하여 심각한 부작용이 초래될 수도 있다는 점을 간과하지 말아야 할 것이다.

국어 교과서를 검정 도서로 전환하게 되면 시장 경제 논리와 자율화 및 다양화의 논리가 지배적인 논리로 등장하게 되어 오히려 국어 교과의 특수성을 제대로 살리지 못하게 될 가능성도 있다. 국어 교과서의 외적 체제와 내적 체제에 대한 현재까지의 연구 성과를 고려하면, 소수의 집필자들이 참여하는 검정 도서보다는 국가에서 위탁한 연구 기관에서 전문 인력을 폭넓게 활용하여 개발하는 국정 도서가 오히려 질적인 측면에서 오히려 앞설 수도 있다. 그리고 국어 교과서를 검정 도서로 개발하더라도 학교 현장에서는 실제로 어느 하나의 교과서를 채택하여 사용하므로 특정 출판사에서 발행한 국어 교과서가 국정 도서로 발행한 국어교과서에 비해 다양한 요구를 반영하였다고 보기도 어렵다. 이상과 같은 문제에 대하여 앞으로 적절하고도 다양한 대책이 강구되어야 할 것이다.

1990년대 중반부터 국정 교과서로서의 국어 교과서가 지닌 문제점에 대하여 문식 교육의 측면에서 다양한 비판이 이루어져 왔다. 학습의 질은 교과서의 질에 의해서 결정될 수 있다. 학습의 과정에서 이루어지는 지각, 연상, 기호 해독, 내용 이해 등은 교과서의 질과 밀접한 연관을 맺는다. 균형 잡힌 문식 교육을 위해서는 설명하기 시범보이기, 교사 안내에 의한 연습 활동, 학생들의 독립적인 연습 활동 등이 조화롭게 이루어져야 한다.

앞으로 21세기의 문식 환경에 적합한 문식 교육 방법에 관해서는 물론이고 국어 교과서의 질 개선에 관한 새로운 연구가 다양하고도 심층적으로 이루어져야 할 것이다. 그리고 교과서 발행 기관에서는 그 연구 결과를 검정 국어 교과서의 내적 체제와 외적 체제를 개선하는 데 적극적으로 활용해야 할 것이다.

## 2.국어과 교육과정의 구현을 위한 국어과 교과서 개발의 실제

2011년 8월 교육과학기술부에서는 2009 개정 교육과정에 따른 국어과 교육과정을 고시하였다. 이에 따라 초·중등학교 국어과 교과서를 개발하게 된다. 2007년과 2009년의 교육과정 개정을 거치면서 중·고등학교 교과서의 검정제 도입, 공통 교육과정 기간의 축소로 인한 고등학교 전 과목의 선택 과목화 등의 변화를 겪었다. 2009 개정 교육과정에 따른 국어과 교육과정에서는 학년군제를 도입하고 교육 내용을 대폭 경감하여 미래 사회에 맞는 창의성과 인성을 갖춘 인재를 육성하고자 하였다. 따라서 중학교 국어 교과서 집필은 이런 변화와 새로운 교육과정의 정신에 부합하는 방향으로 이루어져야 할 것이다.

국어 교과서는 국어과 교육에 대한 연구 성과와 교육과정의 변화를 적절하게 담을 수 있도록 집필하여야 한다. 다음에서는 2007 국어과 교육과정에 따라 개발한 중학교 1학년 국어 교과서와 생활 국어 교과서(천재교육, 2009)의 설계 및 개발 과정에 대하여 정리하여 제시해 보기로 한다.

### 가. 국어 교과서 개발의 기본 방향 설정

① 개정 교육과정의 기본 정신을 충실하게 구현하는 교과서

○ 시대적 요청과 국가적 시책에 부응하면서 개정된 국어과 교육과정의 구현 및 국어과 교육의 질 제고에 실질적으로 기여할 수 있도록 개발‘

○ 국어과는 ‘한국인의 삶이 배어 있는 국어를 창조적으로 사용하는 능력과 태도를 길러, 국어를 정확하고 효과적으로 사용하게 하고, 미래 지향적인 민족의식과 건정한 국민 정서를 함양하며, 국어 발전과 국어 문화 창달에 이바지하려는 뜻을 세우게 하기 위한’ 교과.

○ 이러한 국어과 교육의 기본 정신을 충실하게 구현할 수 있도록 개발.

② 개정 교육과정의 목표를 균형 있게 실현하는 교과서

○ 개정 국어과 교육과정은 학습자가 ‘국어 활동’과 ‘국어’와 ‘문학’에 대한 기본적인 지식을 익혀 활용할 수 있고, 담화와 글을 생산하는 능력을 갖추며, 국어 현상에 흥미를 가지고 탐구하는 태도

를 갖추어 국어 발전과 문화 창조에 이바지 할 수 있게 하는 세 가지 목표를 제시.

○ 이러한 목표를 균형 있게 실현함과 아울러 교육과정의 '성취 기준'에 제시된 다양한 담화를 수용 생산하는 능력을 기르는 데 중점을 두어 개발.

③ 개정 교육과정의 내용과 교수·학습 방법과 평가에 근거한 창의적인 교과서

○ 개정 국어과 교육과정에 제시된 내용과 교수·학습 방법과 평가에 관한 항목을 창의적으로 반영하여 개발.

○ 단원을 구성함에 있어서 교육과정 내용 체계에 제시된 여섯 영역의 내용을 '교수·학습 계획'과 '교수·학습 운용'을 참고하여 통합적으로 구성.

○ 학습 활동을 창의적으로 구성함에 있어서 교육과정의 교수·학습 방법과 평가 관련 항목의 내용을 중요한 지표로 삼음.

④ 학습자의 능동적인 참여와 창의적인 국어 활동이 가능한 학생 중심의 교과서

○ 학습자의 적극적이고 자발적인 참여를 이끌어 낼 수 있는 학습 활동을 중심으로 개발.

○ 다양한 방식을 통해 학생들이 흥미를 느낄 수 있는 제재나 활동 수록, 학생들의 삶을 반영한 제재나 활동 수록, 학생들의 실제 작품 및 학생 사진 다수 수록, 학생들이 친근감을 느낄 수 있는 디자인 활용 등을 통해 실제적인 학생 중심의 교과서가 될 수 있도록 개발.

⑤ 학습자 수준에 적합하면서도 균형 잡힌 교과서

○ 2007 개정 국어과 교육과정의 7학년 성취 기준을 바탕으로 하여 중학교 1학년 학생들의 흥미와 동기를 적극적으로 유발할 수 있도록 학습자 수준에 적합하게 개발.

○ 학생들의 발달 상황과 연관되는 여러 가지 특성을 고려하여 1학년 1학기 <국어> 교과서를 개발.

○ 교과서의 개발 과정에서 특정 집단이나 개인의 편향된 입장이 강조되지 않도록 세심한 주의.

### 나. 이상적인 국어 교과서의 지향

(1) 체제 면

① 적합한 단원 구성 유형 선정

○ 개정 국어 교육과정의 취지를 충실히 반영하기 위해 성취기준을 중심으로 단원을 편성.

○ 성취기준은 기본적으로 하나의 담화를 수용하거나 생산을 하는 것으로 되어 있기 때문에, 이른바 '실제'를 중심으로 지식, 기능, 맥락을 통합하는 체제로 구성.

○ 이렇게 함으로써 해당 성취기준의 학습 목표를 도달할 수 있도록 구성. 각 소단원에서는 원칙적으로 하나의 성취기준을 도달할 수 있도록 하고, 서로 긴밀한 관련을 맺고 있는 각각의 성취기준들을 묶어 하나의 대단원을 편성.

② 단원 크기의 적정화

○ 대단원과 소단원의 크기를 적정화.

○ 「국어」의 경우 9차시 내외, 「생활국어」의 경우 5차시 내외를 하나의 단원으로 설정함으로써 단원의 크기가 지나치게 과다하게 설정함으로써 유발될 수 있는 비효율성을 줄이고 지나치게 축소함으로써 불러일으킬 수 있는 학습 활동의 단절성도 극복.

③ 안정적인 단원 구성 체제

○ 학생들의 일반적인 학습 과정을 반영하여 학생들이 편안함을 느끼면서 학습의 효과를 극대화할 수 있는 단원 구성 체제 설정.

(2) 교육 내용면

① 학생들의 실제 삶을 반영한 교과서

○ 탈맥락적인 상황에서 맹목적인 기능 연습이 되지 않도록 특히 유의.

○ 제재나 학습 과제를 제시할 때, 실제 학생들이 언어 생활 장면에서 접할 수 있는 것 위주.

○ 학생들의 언어 생활을 반영하기 위해 매체 언어를 강조.

○ 또한 실제 아이들 작품을 다수 수록함으로써 학생들이 친근감을 느낄 수 있도록 함.

○ 특히 「생활국어」는 학생들이 실제로 접하게 되는 다양한 언어 상황을 하나의 단원 '목표'로 상정하여 그 활동을 하는 데 필요한 다양한 지식이나 전략 등을 익힐 수 있게 구성.

② 창의적인 논술 활동을 촉진하는 교과서

○ 중학생 수준에 적절한 논술 단원을 설정.

○ 학생들이 현상에 대해 창의적으로 생각하고 생각한 것을 토론하고, 그것을 글로 옮겨볼 수 있도록 함.

③ 학습 목표 도달을 손쉽게 하는 교과서

○ 해당 성취기준 또는 학습 목표에 도달할 수 있도록 하기 위해 문제 해결 방법을 구체적으로 안내

○ 단순히 활동의 반복, 절차의 반복, 연습만 있는 교과서가 아니라, 구체적인 문제 해결 방법이나 지식 등을 제공해 주고 문제를 풀어가게 하는 연역적인 방법과 다양한 사례를 제공해 주고 여기에서 결과를 도출해 내게 하는 귀납식의 방법을 도입하여 학생들이 문제를 손쉽게 해결할 수 있도록 함.

④ 범교과적인 학습을 촉진하는 교과서

○ 국어과 교육의 중요한 목적 중에 하나는 다른 교과 학습을 촉진하는 것.

○ 국어 시간에 배우는 언어 사용 능력이나 사고하는 방법을 배워 다른 교과 학습을 좀더 원활하고 왕성하게 할 수 있도록 범교과적인 제재를 많이 다루었으며, 범교과 학습을 하는 데 필요한 방법 등을 소개.

○ 특히 「국어」 1학년 1학기 3단원에서는 다른 교과 장면에서 필요한 다양한 공부 방법을 소개.

⑤ 우리의 언어 문화가 반영된 교과서

○ 우리의 언어 문화를 최대한 반영하기 위해 대화 상황에서는 공감적 대화하기를 강조했으며, 조선시대 상소문 제시, 선인들의 공부 방법 제시 등을 제시하고, 우리의 언어 문화가 반영된 제재들을 다수 수록.

⑥ 학습 내용이 정확한 교과서

○ 교과서에 다루어져 있는 지식이나 기능, 전략 등은 모두 정확한 것으로 담음.

○ 학생들에게 제시한 다양한 학습 전략들이 모두 정확하고 효율적인 것으로 구성.

○ 또한 제재들의 출처, 저자, 문장(문법) 등에서 오류가 없도록 함.

⑦ 언어 사용 맥락을 충실히 반영한 교과서

○ 실제로 학생들이 삶 속에서 접할 수 있는 상황을 설정하고, 이 상황을 구체적으로 드러냄.

○ 글쓰기 장면의 경우 상황 맥락을 구체적으로 드러내어 그 글을 써야 하는 상황, 독자, 목적, 주제 등을 제시함으로써 언어 활동에 흥미를 갖고 국어 시간에 배운 것을 삶 속에 활용할 수 있도록 함.

○ 읽기의 경우에는 그 작품들은 사회 문화적 맥락과 관련지어 읽어보는 것을 강조함으로써 작품을 온전히 감상할 수 있도록 함.

⑧ 매체 언어 활동이 강조된 교과서

○ 학생들의 언어 생활에서 매체 언어가 차지하는 비중이 높기 때문에 이를 반영.

○ 핸드폰 문제 메시지, 인터넷 상황에서 일어나는 언어 상황이나 영화나 광고 언어에 대한 것을 강조.

○ 「생활국어」 1-1학기 4단원의 경우에는 단원의 학습 활동을 인터넷 토론으로 꾸밈.

(3) 교수 학습 활동 면

① 창의적인 사고를 증진하는 교과서

○ 학생들의 창의적인 사고를 북돋우기 위해 창의성을 북돋을 수 있는 제재를 다수 수록하고 학습 활동에서 여러 관점에서 현상을 볼 수 있도록 함.

② 자기 주도적 학습을 유도하는 교과서

○ 교과서는 기본적으로 수업 시간에 교사가 있는 상황에서 활용되는 것이지만 학생들의 자기 주도적 학습이 가능하도록 구성.

○ 교과서 군데군데에 '알아두기'와 같은 공간을 두어 학생들에게 필요한 지식이나 전략을 제시.

○ 교과서 본문 양쪽에 '날개'를 두어 해당 제재를 스스로 이해할 수 있도록 함.

○ '쉼터'에 학습에 필요한 참고 자료를 제시.

○ 단원의 끝 부분에 자신의 관심이나 능력에 맞는 학습 과제를 선택하게 함으로써 자기 주도적으로 학습을 해 나갈 수 있게 함.

③ 학생들의 선택권을 존중한 교과서

○ 학생들이 선택할 수 있는 여지를 최대한 제공.

○ 본문의 학습 활동의 과정에서 몇 개를 제시해 주고 이 중에서 선택해 보게 함.

○ 「국어」의 단원 마지막 부분에서는 몇 개의 과제를 제시해 주고 자신의 관심이나 흥미에 맞게 선택해서 학습할 수 있도록 구성.

④ 통합적인 언어 활동을 촉진하는 교과서

○ 통합적인 언어 활동을 강조하기 대단원에서 성취기준들을 배치할 때, 긴밀하게 연결할 수 있는 것을 중심으로 대단원을 편성.

○ 각 단원별로 '통합 학습'이라는 공간을 두어 언어 활동이 총체적으로 이루어지게 함.

○ 국어과의 6개 영역이 유기적으로 관련을 맺고, 나아가 연극이나 만들기와 같은 활동과도 필요한 경우 통합하도록 함.

○ 또한 「생활국어」를 통해 「국어」 시간이나 아니면 다른 단원에서 배운 내용을 다양한 실제 언어 생활에서 통합적으로 활용해 볼 수 있게 함.

⑤ 학습 방법을 구체적으로 안내해 주는 교과서

○ 단순히 연습 과제만 제시하는 교과서가 아니라 일련의 과정을 거쳐 문제를 해결할 수 있도록 하는 데 주안점을 둠.

○ 각 단원별로 학습 활동을 전개할 때 학습자 입장에서 학습의 과정이 자연스럽게 진행될 수 있도록 하였으며, 군데 군데에 학생이 학습을 원활하게 해 나가는 데 필요한 필요한 지식이나 전략을 제시.

○ 다양한 학습 전략을 동원하여 내용 시각화 전략(글 구조도), 예측 전략(KWL전략), 추론 전략 등을 제시.

⑥ 활동 중심의 교과서

○ 곧바로 답을 제시하기보다는 학생들이 다양한 활동을 하는 과정에서 자연스럽게 학습이 일어날 수 있게 하는 데 주안점을 둠.

○ 「국어」에서는 해당 제재에 대해 토론하고 자기 나름대로 만들어보는 활동을 강조.

○ 「생활국어」에서는 단원 설정에서부터 시 낭송하기, 연극하기, 독서 토론하기, 문집 만들기 등을 제시하고 이들 활동을 하는 과정에서 성취기준에 도달할 수 있도록 구성.

⑦ 다양한 평가 방법을 제공한 교과서

○ 학습 활동 군데군데에서 자기 혼자서나 아니면 동료와 함께 이야기를 나누면서 학습을 점검해 볼 수 있도록 함.

○ 매 소단원 말미에 스스로 평가해 볼 수 있는 공간을 제시.

### 다. 「국어」 교과서 대단원 구성 체제의 설정

<table>
<tr><th colspan="3">구성 요소</th><th>성격</th></tr>
<tr><td rowspan="3">들어가기</td><td colspan="2">학습 목표</td><td>교육 과정의 성취 기준을 학습자들이 이해할 수 있도록 구체적으로 제시.</td></tr>
<tr><td colspan="2">배울 내용 들여다보기</td><td>각 소단원의 제재와 학습 내용을 짐작해 볼 수 있도록 간략하게 소개.</td></tr>
<tr><td colspan="2">(대단원 소개)</td><td>대단원에 대한 학습 동기를 유발하고, 소단원의 활동 방향을 소개.</td></tr>
<tr><td rowspan="4">소단원 1 (소단원2) (소단원3)</td><td colspan="2">함께 나누기</td><td>소단원 준비 학습으로, 단원의 학습 방향과 내용에 대한 실마리를 발견할 수 있도록 함.</td></tr>
<tr><td rowspan="3">소단원 본문</td><td>(본문 소개)</td><td>제시된 본문의 성격과 내용을 간략하게 소개하고 학습의 방향을 제시.</td></tr>
<tr><td>(본문)</td><td>교육 과정에 제시된 '담화(또는 글, 언어 자료, 작품)의 수준과 범위'를 고려하여 제재를 선정.</td></tr>
<tr><td>(읽기</td><td>제재의 구체적 국면에서 내용 파악에 도움을</td></tr>
</table>

| | | 중 활동) | 주고 학습 활동을 준비할 수 있도록 본문 보조단에 배치. |
|---|---|---|---|
| | | (어휘 풀이) | 중1 수준에서 어려운 어휘를 본문 하단에 풀이. |
| | 학습 활동 | 내용 학습 | 본문의 내용 이해에 필요한 활동으로 구성. |
| | | 목표 학습 | 단원에 제시된 학습 목표에 도달할 수 있게 하는 활동으로 구성. |
| | | 통합 학습 | 학습 목표 간에 통합되거나 영역 간에 통합된 활동을 할 수 있도록 구성. |
| 단원의 마무리 | 정리 | | 단원의 학습 목표와 관련된 학습 내용을 소단원 별로 정리. |
| | 점검 | | 학습 목표에 어느 정도 도달했는지 학생 스스로 점검해 볼 수 있도록 함. |
| 선택 학습 | | | '점검' 결과를 토대로 과제를 선택하여 '보충 학습'이나 '심화 학습'이 가능하도록 함. |
| 한자 공부 | | | 중학교 수준의 한자 가운데, 학습 목표나 학습 내용과 관련된 한자를 익혀 보도록 함. |
| 쉼터 | | | 단원의 학습 내용과 관련해서 유익하고 재미있는 자료를 부담이 없이 읽어 볼 수 있도록 함. |

### 라. 「국어」와 「생활국어」의 연계 방향 설정

○ 두 교과서의 연계성을 강화하기 위해 각 단원별로 교육과정에서 동일한 성취기준을 절반 이상 배치.

○ 제재나 학습 활동이 긴밀하게 연계를 맺게 구성.

○ 학생들에게도 두 권 교과서의 연계성을 분명히 밝히기 위해 「생활국어」 단원이 시작하는 부분에서 「국어」에서 배운 것이 무엇인지를 제시.

○ 1학년 1학기 (듣=듣기, 말=말하기, 읽=읽기, 쓰=쓰기, 법=문법, 문=문학)

| 「국어」 단원 | 「생활국어」 단원 | 연계되는 개념과 원리 | 연계되는 성취 기준 |
| --- | --- | --- | --- |
| 1. 마음을 담은 언어 | 1. 꿈을 향하여 | - 소개하기<br>- 격려하기와 위로하기 | 말(1) 대상의 특성을 살려 주변의 인물이나 관심사를 인상 깊게 소개한다.<br>쓰(4) 여러 가지 표현 전략을 사용하여 격려하거나 위로하는 글을 쓴다. |
| 2. 아름다운 삶과 글 | 2. 소설 즐기기 | - 문학 작품의 정서와 분위기 파악<br>- 인물의 심리 상태 파악<br>- 갈등의 해결 과정 파악 | 문(1) 문학 작품에 드러난 인물의 심리 상태와 갈등의 해결 과정을 파악한다.<br>쓰(5) 자신의 생활 체험을 바탕으로 독자에게 감동이나 즐거움을 주는 글을 쓴다. |
| 3. 읽기와 공부 | 3. 공부를 잘 하려면 | - 읽기의 특성과 방법<br>- 메모하기 | 읽(1) 읽기의 개념, 특성, 원리, 방법을 안다.<br>듣(1) 수업을 듣고 교과 특성을 고려하여 중요한 내용을 메모한다. |
| 4. 매체와 의 만남 | 4. 인터넷 토론하기 | - 다양한 매체들의 언어 사용 방식 | 법(1) 다양한 매체에 나타난 언어 사용 방식의 차이점을 파악한다. |
| 5. 언어의 세계 | 5. 보고서 쓰기 | - 우리말의 특성<br>- 사동·피동 표현의 올바른 사용 방법 | 법(4) 표현 의도에 따라 사동 · 피동 표현이 달리 사용됨을 안다. |
| 6. 문학과 사회 | 6. 여행을 떠나 | - 문학 작품에 담긴 역사적 상황 이해 | 문(3) 역사적 상황이 문학 작품에 어떻게 나타나는지 이해한다.<br>읽(4) 특별한 경험을 기록한 글을 읽 |

| | | | |
|---|---|---|---|
| | 요 | - 간접 경험을 통한 자기성찰 | 고 글쓴이의 경험에 비추어 자신의 삶을 성찰한다. |

마. 교육 내용의 연계성 및 계열성 확보 방안 설계

○ 1학년 1학기 「국어」

| 단원명 | | 주요 개념과 원리 | 단원계획 | | 교육 과정과의 연계성 | 교과서 간 계열성 | | 비고 |
|---|---|---|---|---|---|---|---|---|
| | | | 시간배당 | 쪽수 | | 6학년 | 8학년 | |
| 1. 마음을 담은 언어 | (1) 자기소개하기 | 소개하기 | | | 말(1) 대상의 특성을 살려 주변의 인물이나 관심사를 인상 깊게 소개한다. | 듣(3) 인사말에 영향을 미치는 사회적 맥락을 이해 | | 소재 :<br>주제 : |
| | (2) 대화 나누기 | 대화의 말하기 방식 | 9 | | 말(4) 말의 내용이나 말하기 방식의 차이를 고려하며 대화를 나눈다. | | 말(3) 말하기 방식이 차이를 고려하여 웃어른과 대화하기 | 소재 :<br>주제 : |
| | (3) 위로하기와 격려하기 | 위로하는 글 쓰기 | | | 쓰(4) 여러 가지 표현 전략을 사용하여 격려하거나 위로하는 글을 쓴다. | | | 소재 :<br>주제 : |

| | | | | | | | | |
|---|---|---|---|---|---|---|---|---|
| 2. 아름다운 삶과 글 | (1) 햇빛이 말을 걸다 | 시의 정서와 분위기 | 9 | | 문(2) 문학 작품의 전체적인 정서와 분위기를 파악한다. | | | 소재 :<br>주제 : |
| | (2) 턱수염 | 소설의 인물의 심리, 소설의 갈등 구조 | | | 문(1) 문학 작품에 드러난 인물의 심리 상태와 갈등의 해결 과정을 파악한다. | 문(4) 문학 작품에 나타나는 인물 간의 갈등을 이해 | | 소재 :<br>주제 : |
| | (3) 별명을 찾아서 | 수필의 내용적·형식적 특성 | | | 쓰(5) 자신의 생활 체험을 바탕으로 독자에게 감동이나 즐거움을 주는 글을 쓴다. | | | 소재 :<br>주제 : |
| 3. 읽기와 공부 | (1) 읽기의 특성과 방법 | 읽기의 특성, 방법, 원리 | 9 | | 읽(1) 읽기의 개념, 특성, 원리, 방법을 안다. | | | 소재 :<br>주제 : |
| | (2) 공부를 위한 읽기와 듣기 | 메모하기 | | | 듣(1) 수업을 듣고 교과 특성을 고려하여 중요한 내용을 메모한다. | | 듣(1) 강연을 듣고 궁금한 점 메모해 두었다가 질문하기 | 소재 :<br>주제 : |
| 4. 매체와의 | (1) 매체와 | 매체별 언어 사 | 9 | | 법(1) 다양한 매체에 나타난 언어 | 듣(1) 뉴스를 듣고 정보에 | 듣(4) 라디오 프로그 | 소재 :<br>주제 : |

| | | | | | | | | |
|---|---|---|---|---|---|---|---|---|
| 만남 | 언어 사용 방식 | 용 방식 | | | 사용 방식의 차이점을 파악한다. | 관점이 반영됨 알기 | 램을 듣고 진행자의 말하기 특성과 효과 평가하기<br>쓰(4) 매체의 특성을 고려한 글쓰기 | |
| | (2) 광고 읽기 | 광고의 의도와 설득 방법 | | | 듣(2) 광고를 보거나 듣고 설득의 전략을 파악한다. | | | 소재 :<br>주제 : |
| | (3) 영화 읽기 | 인물에 대한 비판적 이해 | | | 읽(5) 영화에 등장하는 인물의 가치관이나 사고방식을 비판적으로 이해한다. | | | 소재 :<br>주제 : |
| 5. 언어의 세계 | (1) 사물과 이름 | 공감하며 글 읽기 | 9 | | 읽(4) 특별한 경험을 기록한 글을 읽고 글쓴이의 경험에 비추어 자신의 삶을 성찰한다. | | 쓰(5) 자신의 삶이 잘 드러나게 자서전 쓰기 | 소재 :<br>주제 : |
| | (2) 한글의 우수성 | 맥락을 고려한 글 읽기 | | | 읽(1) 읽기의 개념, 특성, 원리, 방법을 안다. | 읽(1) 글쓴이의 관점이나 의도 파악 | 법(1) 남한과 북한의 언어 차이 비교하기 | 소재 :<br>주제 : |

| | | | | | | | | |
|---|---|---|---|---|---|---|---|---|
| | | | | | | 법(4) 한글의 우수성 알기 | 법(5) 담화나 글에서 맥락 이해하기 | |
| | (3) 피동 표현과 사동 표현 | 사동 표현과 피동 표현 | | | 법(4) 표현 의도에 따라 사동·피동 표현이 달리 사용됨을 안다. | | | 소재 :<br>주제 : |
| 6. 문학과 사회 | (1) 38도선 | 시의 정서와 분위기 | 9 | | 문(2) 문학 작품의 전체적인 정서와 분위기를 파악한다. | | | 소재 :<br>주제 : |
| | (2) 홍길동전 | 사회 상황에 대한 인물의 대응 방식 | | | 문(3) 역사적 상황이 문학 작품에 어떻게 나타나는지 이해한다. | | 읽(3) 시대적·사회적 배경을 고려하여 글 읽기<br>문(4) 인물과 사회·문화적 상황 관련짓기 | 소재 :<br>주제 : |
| | (3) 안네의 일기 | 수필의 특성 | | | 읽(4) 특별한 경험을 기록한 글을 읽고 글쓴이의 경험에 비추어 자신의 삶을 성찰한다. | | | 소재 :<br>주제 : |
| 「국어」 1학기 전체 시간 배당과 쪽수 | | | 54 | | | | | |

## 바. 단원별 성취 기준 및 학습 목표 배분 방안 설계

○ 1학년 1학기 <국어>

| 단원명 | 소단원 | 성취 기준 | 학습 목표 |
|---|---|---|---|
| 1. 마음을 담은 언어 | (1) 자기소개하기<br>(2) 대화 나누기<br>(3) 위로하기와 격려하기 | 말(1) 대상의 특성을 살려 주변의 인물이나 관심사를 인상 깊게 소개한다.<br>말(4) 말의 내용이나 말하기 방식의 차이를 고려하며 대화를 나눈다.<br>쓰(4) 여러 가지 표현 전략을 사용하여 격려하거나 위로하는 글을 쓴다. | 1. 자신의 관심사나 특성을 인상 깊게 소개할 수 있다.<br>2. 말의 내용이나 말하기 방식의 차이를 고려하여 대화를 나눌 수 있다.<br>3. 상대방의 처지에 공감하며 위로하거나 격려하는 글을 쓸 수 있다. |
| 2. 아름다운 삶, 표현의 즐거움 | (1) 햇빛이 말을 걸다<br>(2) 턱수염<br>(3) 별명을 찾아서 | 문(2) 문학 작품의 전체적인 정서와 분위기를 파악한다.<br>문(1) 문학 작품에 드러난 인물의 심리 상태와 갈등의 해결 과정을 파악한다.<br>쓰(5) 자신의 생활 체험을 바탕으로 독자에게 감동이나 즐거움을 주는 글을 쓴다. | 1. 문학 작품의 전체적인 정서와 분위기를 파악할 수 있다.<br>2. 문학 작품에 드러난 인물의 심리 상태와 갈등의 해결 과정을 파악할 수 있다.<br>3. 자신의 생활 체험을 바탕으로 독자에게 감동이나 즐거움을 주는 글을 쓸 수 있다. |
| 3. 읽기와 공부 | (1) 읽기의 목적과 방법<br>(2) 공부를 | 읽(1) 읽기의 개념, 특성, 원리, 방법을 안다.<br>듣(1) 수업을 듣고 교과 특성을 고려하여 중요한 내용을 | 1. 읽기의 특성과 방법을 알고, 읽기의 원리에 따라 글을 읽을 수 있다.<br>2. 교과서의 주요 내용을 정 |

| | | | |
|---|---|---|---|
| | 위한 읽기 | 메모한다. | 확하게 이해하고 기억할 수 있다.<br>3. 수업을 듣고 중요한 내용을 메모할 수 있다. |
| 4. 매체와의 만남 | (1) 매체와 언어<br>(2) 광고 읽기<br>(3) 영화 읽기 | 법(1) 다양한 매체에 나타난 언어 사용 방식의 차이점을 파악한다.<br>듣(2) 광고를 보거나 듣고 설득의 전략을 파악한다.<br>읽(5) 영화에 등장하는 인물의 가치관이나 사고방식을 비판적으로 이해한다. | 1. 다양한 매체에 나타난 언어 사용 방식의 차이점을 안다.<br>2. 광고를 보면서 광고의 의도와 설득 방법을 파악할 수 있다.<br>3. 영화 속 인물의 가치관이나 사고방식에 대해 자신의 의견을 이야기할 수 있다. |
| 5. 언어의 세계 | (1) 모든 사물에는 이름이 있다<br>(2) 한글의 위대함<br>(3) 피동 표현과 사동 표현 | 읽(4) 특별한 경험을 기록한 글을 읽고 글쓴이의 경험에 비추어 자신의 삶을 성찰한다.<br>읽(1) 읽기의 개념, 특성, 원리, 방법을 안다.<br>법(4) 표현 의도에 따라 사동·피동 표현이 달리 사용됨을 안다. | 1. 가치 있고 감동적인 경험에 공감하면서 글을 읽을 수 있다.<br>2. 맥락을 고려하여 글을 읽을 수 있다.<br>3. 표현 의도에 따라 사동 표현과 피동 표현을 달리 사용할 수 있다. |
| 6. 문학과 사회 | (1) 38도선<br>(2) 홍길동전<br>(3) 안네의 일기 | 문(2) 문학 작품의 전체적인 정서와 분위기를 파악한다.<br>문(3) 역사적 상황이 문학 작품에 어떻게 나타나는지 이해한다.<br>읽(4) 특별한 경험을 기록한 글을 읽고 글쓴이의 경험에 | 1. 문학 작품의 전체적인 정서와 분위기를 파악할 수 있다.<br>2. 작품에 담긴 사회 상황을 이해할 수 있다.<br>3. 간접 경험을 통해 자신의 삶을 성찰할 수 있다. |

| | | 비추어 자신의 삶을 성찰한다. | |
|---|---|---|---|

## 사. 1학년 1학기 교과서의 영역별 성취 기준 단원별 배정 방안 설계

(○ : 국어, (활) : 생활 국어)

| 영역 | 성취 기준 | 1학기 | | | | | |
|---|---|---|---|---|---|---|---|
| | | 1. 마음을 담은 언어 | 2. 아름다운 삶, 표현의 즐거움 | 3. 읽기와 공부 | 4. 매체와 만남 | 5. 언어의 세계 | 6. 문학과 사회 |
| | | 나의 미래 설계 | 소설 감상문 쓰기 | 공부를 잘하려면 | 인터넷 토론하기 | 보고서 쓰기 | 여행을 떠나요 |
| 듣기 | (1) 수업을 듣고 교과 특성을 고려하여 중요한 내용을 메모한다. | | | ○ (활) | | | |
| | (2) 광고를 보거나 듣고 설득의 전략을 파악한다. | | | | ○ | | |
| | (3) 주변 인물과 면담을 하고 결과를 분석한다. | (활) | | | | | |
| | (4) 재담에 나타난 재미있는 말의 발상과 의미를 파악한다. | | | | | | |
| 말하기 | (1) 대상의 특성을 살려 주변의 인물이나 관심사를 인상 깊게 소개한다. | ○ (활) | | | | | |
| | (2) 대화 상대의 공감을 이끌어 낼 수 있도록 호소력 있게 말한다. | | | | | | |
| | (3) 인터넷 게시판의 내용을 비판적으로 분석하고 인터넷 토론에 주체적으로 참여한다. | | | | (활) | | |
| | (4) 말의 내용이나 말하기 방식의 차이를 고려하여 대화를 나눈다. | ○ | | | | | |
| 읽 | (1) 읽기의 개념, 특성, 원리, 방법을 | | | ○ | | ○ | |

| | | | | | | | |
|---|---|---|---|---|---|---|---|
| 기 | 안다. | | | 활 | | | |
| | (2) 독자의 관점, 입장 지식 등에 따라 글의 내용이 다르게 이해될 수 있음을 안다. | | | | | | |
| | (3) 건의하는 글을 읽고 주장의 합리성과 수용 가능성을 평가한다. | | | | | | |
| | (4) 특별한 경험을 기록한 글을 읽고 글쓴이의 경험에 비추어 자신의 삶을 성찰한다. | | | | | ○ | ○ |
| | (5) 영화에 등장하는 인물의 가치관이나 사고방식을 비판적적으로 이해한다. | | | | ○ | | |
| 쓰기 | (1) 다양한 매체에서 내용을 선정하여 통일성 있게 설명문을 쓴다. | | | | | | |
| | (2) 절차와 결과가 드러나게 보고서를 쓴다. | | | | | 활 | |
| | (3) 문제 해결 방안이나 요구 사항을 담아 건의하는 글을 쓴다. | | | | | | |
| | (4) 여러 가지 표현 전략을 사용하여 격려하거나 위로하는 글을 쓴다. | ○<br>활 | | | | | |
| | (5) 자신의 생활 체험을 바탕으로 독자에게 감동이나 즐거움을 주는 글을 쓴다. | | ○ | | | | |
| 문법 | (1) 다양한 매체에 나타난 언어 사용 방식의 차이점을 파악한다. | | | | ○<br>활 | | |
| | (2) 관용 표현의 개념과 효과를 이해한다. | | | | | | |
| | (3) 품사의 개념, 분류 기준, 특성을 이해한다. | | | | | | |
| | (4) 표현 의도에 따라 사동/피동 표현이 달리 사용됨을 안다. | | | | | ○ | |
| | (5) 지시어가 글의 구조와 의미에 미치는 영향을 분석한다. | | | | | | |
| 문학 | (1) 문학 작품에 드러난 인물의 심리 상태와 갈등의 해결 과정을 파악한다. | | ○<br>활 | | | | |
| | (2) 문학 작품의 전체적인 정서와 분위기를 파악한다. | | ○<br>활 | | | | ○ |
| | (3) 역사적 상황이 문학 작품에 어떻 | | | | | | ○ |

| | | | | | | | |
|---|---|---|---|---|---|---|---|
| | 게 나타나는지 이해한다. | | | | | | ㉬ |
| | (4) 시어와 일상어의 관계에 대한 이해를 바탕으로 노랫말을 쓴다. | | | | | | |

2007 국어과 교육과정에 따라 개발한 중학교 1학년 국어 교과서와 생활국어 교과서(천재교육, 2009)는 그 설계 및 개발 과정에서 미래 사회를 대비하는 창의성과 인성 교육, 다문화와 글로벌 사회에 대비한 교육 등 국가·사회적 요구를 수용하였다. 그리고 학습자 발달 수준을 고려한 교육 내용의 적정화와 국어과 영역 간의 자연스러운 통하여 창의적인 국어 능력을 효과적으로 신장하는 데 최선의 도움을 줄 수 있도록 할 수 있도록 개발하였다.

# 참 고 문 헌

곽병선 (1991) 교육과정, 배영사.

곽병선 (2005), “교육과정 개정 연구와 교과서 정책 방향”, 『교과서연구』, 46호.

곽병선 외 (1988), 『교과서 공급 제도 개선에 관한 연구』, 한국교육개발원.

교육과정•교과서 연구회 (1990). 한국 교과 교육과정의 변천: 국민학교. 서울: 대한교과서주식회사.

교육과학기술부 (2008), 2007 국어과 교육과정 해설.

교육과학기술부 (2009a) 2009 개정 초·중등학교 교육과정 총론 해설.

교육과학기술부 (2009b), 2009 고등학교 국어과 선택과목 교육과정.

교육과학기술부 (2010), 2009 고등학교 국어과 선택과목 교육과정 해설.

교육과학기술부 (2011) 2009년 개정 교육과정에 따른 교과 교육과정 적용을 위한 국어과 교과서 집필 기준.

교육과학기술부 (2011) 초·중등학교 교육과정 총론. 교육과학기술부 고시 제2011-361호.

교육부 (1992) 국민학교 교육과정.

교육부 (1992), 제6차 국어과 교육 과정.

교육부 (1993), 제6차 국어과 교육 과정 해설.

교육부 (1997) 초·중등학교 교육과정.

교육부 (1997), 제7차 국어과 교육 과정.

교육부 (1998), 제7차 국어과 교육 과정 해설.

교육인적자원부 (2007) 2007년 개정 교육과정 총론 해설.

교육인적자원부 (2007), 2007 국어과 교육과정.

김대행 (1995), 국어교과학의 지평, 서울대학교 출판부.

김만곤 (2003), "교과서 제도의 현황 및 발전 방향", 『교과서연구』, 41호.

김봉순 (2002), 국어교육과 텍스트 구조, 서울대학교 출판부.

김수업 (1989), 국어교육의 원리, 청하.

김정호 (2003), "교과용 도서 검정기능의 질적 향상 방안", 『교과서연구』, 40호.

김종서 이영덕 이홍우 (1982) 교육과정. 서울: 한국방송통신대학출판부.

김종서 이영덕 황정규 이홍우 (1988) 교육과정과 교육평가, 교육과학사.

노명완 박영목 권경안 (1988), 국어과 교육론, 갑을출판사.

노명완 박영목 외 (2008), 문식성 교육 연구, 한국문화사.

노명완 외 (2004), 『교과용 도서 내적 체제 개선에 관한 연구』, 한국교과서연구재단.

문교부 (1963) 국민학교 중학교 고등학교 교육과정.

문교부 (1973) 국민학교 중학교 고등학교 교육과정.

문교부 (1987) 국민학교 중학교 고등학교 교육과정.

박경재 (1993), "프랑스 교과서 제도", 『교과서 연구』, 16 .

박도순 외 (2001), 『교과서 심의·채택 제도 국제 비교 연구』, 한국교과서연구재단.

박삼서 (2003), "좋은 교과서' 개발과 정책 수립의 방향", 『교과서연구』, 40호.

박영목 (1991), 국어과 교육과정 개정의 기본 방향, 교육과정 교과서연구 제1권 1호, 한국교육과정교과서연구회.

박영목 (1993), 제6차 국어과 교육과정의 특성, 홍익어문 12집, 홍익어문연구회.

박영목 (1997a), 국어과 교육내용 구조화와 수준 결정의 준거, 한국교
육 개발원 학술세미나 논문집.

박영목 (1997b), 국어교육학의 정체성 확립 방안 연구, 교과교육연구 1권 1호, 한국교과교육학회.

박영목 (2003), 21세기의 문식성과 국어교육의 과제, 국어교육 110호, 한국국어교육연구학회.

박영목 (2003), 교과교육학의 학문적 발전 방향과 과제, 한국교육과정평가원 창립 5주년 기념 세미나 자료집(연구자료 ORM 2003-6).

박영목 (2005a), 국어과 교육과정의 새로운 방향, 국어교육연구 23호, 국어교육학회.

박영목 (2005b), 국어교육 평가의 질 관리 방안, 교육연구 21집, 홍익대학교 교육연구소.

박영목 (2005b), 국어교육학의 학문적 성격, 국어교육 117호 별책 1권, 한국어교육학회.

박영목 (2007), 검정 도서로서의 국어 교과서 개선 방향, 국어교육연구 27호, 국어교육학회.

박영목 (2008), 독서교육론, 박이정.

박영목 (2008), 쓰기 평가 연구의 주요 과제, 작문연구 제6집, 한국작

문학회.

박영목 (2008), 작문교육론, 역락.

박영목 (2011), 국어과 교수 학습 방법 연구, 박이정.

박영목 김종철 이성영 이충우 천경록 (2004), 국어과 교사의 학생 평가 전문성 신장 모형과 기준, 한국교육과정평가원 연구보고서 RRE 2004-5-3.

박영목 한철우 윤희원 (2001), 국어과 교수 학습론, 교학사.

박영목 한철우 윤희원 (2003), 국어교육학 원론 제2판, 박이정.

박인기 (1996), 문학 교육과정의 구조와 이론, 서울대학교 출판부.

백명진 외 (1998), 『교과서 외적 체제 개선에 관한 연구, 한국교과서연구소.

신세호 김성훈 김홍원 (1991), 교육 과정 국제 비교 연구, 한국 교육개발원.

유학영 외 (2003), 『국정 도서 발행 제도 개선에 관한 연구』, 한국교과서연구재단.

윤여탁 (2005), "국어 교과서 발행 제도의 변천과 검정제의 발전 방향", 『교과서연구』, 45호.

이경환 박제윤 권영민 (2002) 한국 교육과정의 변천, 대한교과서주식회사.

이성영 (1995), 국어교육의 내용 연구, 서울대학교 출판부.

이용주 (1995), 국어교육의 반성과 개혁, 서울대학교 출판부.

이인제 박영목 (2004), 국어과 교사의 학생 평가 전문성 신장 모형과 기준, 한국교육과정평가원 연구보고서 RRE 2004-5-3.

이인제 외 (1997), 제7차 국어과 교육과정 개발 연구, 한국교 육개발원 연구 보고 CR 97-23.

이재승 (1997), 국어 교육의 원리와 방법, 박이정.

이재승 (2005), 좋은 국어 수업 어떻게 할 것인가: 수업 방법 19가지, 교학사.

이종승 (1988) Tyler 교육과정과 수업의 원리, 교육과학사.

이주섭 (2002), 국어과 교육 내실화 방안 연구, 한국교육과정평가원 연구보고서.

이창덕 임칠성 심영택 원진숙 (2010), 화법교육론, 역락.

이혜영 (2004), "개방적이고 공정한 교과서 발행 제도 확립", 『교과서연구』, 43호.

임지룡 임칠성 심영택 이문규 권재일 (2010), 문법교육론, 역락.

임찬빈 노은희 (2006), 수업평가 매뉴얼-국어과 수업평가 기준-, 한국교육과정평가원 연구자료 ORM 2006-24-3.

임찬빈 이화진 (2006), 수업 전문성 일반 기준과 활용 방안, 한국교육과정평가원 연구자료 ORM 2006-24-1.

정동화 이현복 최현섭 (1989), 국어과 교육론, 선일 문화사.

정범모 (1974), 교육과 교육학, 배영사.

정준섭 (1995) 국어과 교육과정의 변천 (교과서연구총서 16), 대한교과서주식회사.

정혜승 (2002), 국어과 교육과정 실행 연구, 박이정.

조난심 외 (1999), 『제 7차 교육과정에 따른 2종 교과용 도서 검정 체제 개선 연구』, 한국교과서연구원.

조난심 외 (2000), 『초등학교 교과서의 검정제 도입 방안 연구』, 한국교과서연구재단.

조난심 외 (2004), 『초중등학교 국정 도서의 검인정화 방안 연구』, 한국교과서연구재단.

조성준 (2004), "교과서 편집 디자인 체제 구축 및 기능 제고", 『교과서연구』, 42호.

차봉희(1993), 독자 반응 비평, 기린원.

천경록 (1997), 국어과 평가의 새로운 방향 (1) 읽기 영역의 평가, 함께여는 국어교육 97년 겨울호, 전국국어교사모임.

천재교육 (2009) 중학교 1학년 1-2학기 '국어' 교과서와 '생활국 어' 교과서.

최지현 외 (2007), 국어과 교수 학습 방법. 역락.

최현섭 외 (1996), 국어교육학개론, 삼지원.

한국교육과정·교과서 연구회 (1998) 한국 교육 과정 변천에 관한 연구, 1998 교육부 위탁 연구 과제 답신 보고서.

한준상 김종량 김명희 (공역) (1988) 교육과정 논쟁, 집문당.

한철우 김명순 박영민 (2001), 문학 중심 독서지도, 대한교과서.

함수곤 (2000) 교육과정과 교과서, 대한교과서주식회사.

함수곤 (2002), "새로운 교과서의 기능", 『교과서연구』, 39호.

함수곤 외 (2002), 『교과용도서 검정 업무 개선 방안 연구』, 연구보고서, 한국교과서연구재단.

허강 (1998), 『각국의 교과서 제도』, 한국교과서연구소.

허강 외 (2000), 『한국 편수사 연구 Ⅰ』, 연구보고서 2000-4, 한국교과서연구재단.

허강 외 (2002), 『한국의 검인정 교과서 변천에 관한 연구』, 연구보고서 02-03, 한국교과서연구재단.

Anderson, R. C., Hiebert, E., Scott. J., & Wilinson,

I.(1985). *Becoming a nation of readers.* Washington, DC: The National Institute of Education, U.S. Department of Education.

Applebee, A. N.(1996). *Curriculum as conversation.* The University of Chicago Press.

Barr, R., Kamil, M., Mosenthal, P., & Pearson, P. D.(1991). *Handbook of Reading Research II*. Longman.

Beach, R. & Bridwell, L. S.(1983). Learning through writing. In A. Pellegrini & T. Yawkey (Eds.), *The development of oral and written language in social contexts.* Guilford.

Blenkin, G. M. et al (1992) Change and the Curriculum,, London: Paul Chapman.

Brand, A. G.(1989). *The psychology of writing: the affective experience.* Greenwood.

Breiter, C.(1980) Development in writng, In L Gregg, & E Steinberg (Eds.), *Cognitive processes in writing.* LEA

Britton, B. K. and Graesser, A. C.(1996). *Models of understanding text.* LEA.

Britton. J. Burgess, T., Martin, N., McLeod, A., & Rosen, H.(1975). *The development of writing abilites (*11-18). Macmillan Education.

Collins, A. & Gentner, D.(1980), A framework for a cognitive theory of writing, In L. Gregg. & E. Steinberg (Eds.), *Cognitive processes in writing.* LEA.

Cornbleth, C. (1990) Curriculum in Context. Basingstoke: Falmer Press.

de Beaugrande, R. & Dressler, W.(1981). Introduction to Text Linguistics. Longman.

Diederich, P. B.(1961). *Measuring Growth in English,* Urbana, NCTE.

Diederich, P. B., French, J. W., Carlton, S. T.(1961). Factors in the Judgment of written Composition. *Research Bulletin* RB 61-15. ETS.

Eisner, E. W. (1985) The Art of Educational Evaluation. Lewes: Falmer Press.

Flood, J., Lapp, D., Squire, J. R. & Jensen< J. M. (Eds.).(2003). *Handbook of research on teaching the English language arts.* LEA.

Flower, L.(1993). *Problem solving strategies for writing* (4thed.). Harcourt.

Gagńe, R., & Briggs, L.(1979). Principles of instructional

design. Holt, Reinhart & Winston.

Giroux, H. A., Penna, A. N. & Pinar W. F. (eds.) (1981). Curriculum and Instruction. McCutchan Publishing: CA.

Giroux, H. A., Penna, A. N., & Pinar, W. F. (Eds.), (1981). *Curriculum and instruction.* McCutchan Press.

Glaser, R.(1965). Toward a behavioral science base for instructional design. In R. Glaser (Ed.), Teaching machines and programmed learning, II: Data and directions. NEA.

Grundy, S. (1987) Curriculum: product or praxis? Lewes: Falmer Press.

Halliday, M. A. K.(1978). *Language as social semiotics.* Edward Arnold.

Hillocks, G. Jr.(1986). *Research on written composition.* NCRE.

IRA & NCTE(1996) *Standards for the English language arts.* IRA & NCTE.

Joyce, B., & Weil, M.(2008). Models of Teaching (8th Edition). Allyn & Bacon.

Kamil, M., Mosenthal, P., Pearson, P. D. & Barr, R.(1991). *Handbook of Reading Research III.* Longman.

Kelly, A. V. (1999) The Curriculum, Theory and practice, 4th edition. London: Paul Chapman.

Morrison, G., Ross, S., Kalman, H., & Kemp, J.(2010). Designing effective instruction (6th edition). John Wiley & Sons.

Nagy, W., Herman, P., & Anderson, R.(1985). Learning words from context. *Reading Research Quarterly, 20, 233-253.*

Park, Y. M.(1986). *The Influence of the Task upon Writing Performance.* Ph.D. Dissertation. University of Illinois at Urbana-Champaign.

Park, Y. M.(1988). Academic and ethnic background as factors affecting writing performance. In A. C. Purves (ed.), *Writing Across Language and Cultures.* Sage Publication.

Pinar, William F. (1981). "The reconceptualization of curriculum studies." Curriculum and instruction: alternatives in education. Edited by H. A. Giroux, A. N. Penna, and W. F. Pinar. Berkeley: McCutchan Publishing Corporation.

Probst, R. E.(2003). Response to literature. In Flood, Lapp, Squire, & Jensen (Eds.), *Handbook of research on teaching the English language arts.* LEA.

Pugh, S. L., Hicks, J. W., & Davis, M.(1997). *Metaphorical ways of Knowing.* NCTE.

Purves, A. C.(1968). Elements of writing about a literary work. NCTE.

Reigeluth, C. M.(1983). Instructional Design Theories and Models: An Overview of Their Current Status. Routledge.

Sanahan, T.(1994). *Teachers thinking, teachers knowing.* NCTE.

Smith, M. K. (2000) 'Curriculum theory and practice' the encyclopaedia of informal education, www.infed.org/biblio/b-curric.htm.

Stenhouse, L. (1975) An introduction to Curriculum Research and Development. London: Heineman.

Stern, H. H.(1983). *Fundamental Concepts of language teaching.* Oxford University Press.

Taba, H. (1962) Curriculum Development: Theory and practice. New York: Harcourt Brace and World.

Tierney, R. J., & Readence, J. E. (Eds.)(2000). *Reading strategies and practices.* Allyn & Bacon.

Tompkins, G. E.(2004). *Teaching writing: Balancing process and product.* Pearson Prentice Hall.

Tyler, R. W. (1949) Basic Principles of Curriculum and Instruction. Chicago: University of Chicago Press.

# 저자 소개


## - 박영목

- 서울대학교 사범대학 국어교육과 및 동 대학원 국어교육과 졸업
- 미국 일리노이대학교(어배나-샘페인)
  대학원 교육심리학과 졸업(철학박사)
- 한국교육개발원 국어교육연구부장(책임연구원) 역임
- 홍익대학교 교육대학원장, 사범대학 학장 역임
- 한국독서학회 회장, 한국어교육학회 회장,
  한국작문학회 회장 등 역임
- 현, 홍익대학교 사범대학 국어교육과 교수,


## - 저서

- '국어과 교육론'(공저)
- '국어 이해론'
- '국어과 교수 학습 방법 탐구'(공저)
- '국어과 교수 학습론'(공저)
- '국어교육학 원론'(공저)
- '작문교육론'
- '독서교육론'
- 고등학교 '작문', '독서' 교과서(공저)
- 중학교 '국어', '생활국어' 교과서(공저)
- 고등학교 '국어', '화법과 작문', '독서와 문법' 교과서(공저)
- '국어과 교수 학습 방법 연구'

**국어과 교육과정론**

2012년 11월 19일 초판 인쇄
2012년 11월 23일 초판 발행

**저 자** 박영목
**발행자** 오동석

**발행처** **강현출판사**
서울 중랑구 묵동 58-5 제1호
전화 : 02)965-4955, 010-5712-9630
등록 : 2007년 5월 21일(제307-2007-29호)
E-mail : oods1205@hanmail.net
ISBN : 978-89-94320-35-9 93370

※ 잘못된 책은 교환해 드립니다. **정가 18,000원**